◆ 希汉对照 ◆
柏拉图全集
VII. 1

大希庇阿斯

溥林 译

Platon
HIPPIAS MAIOR
(ΙΠΠΙΑΣ ΜΕΙΖΩΝ)
本书依据牛津古典文本（Oxford Classical Texts）中由约翰·伯内特（John Burnet）所编辑和校勘的《柏拉图全集》（*Platonis Opera*）第Ⅲ卷译出

前　言

商务印书馆120余年来一直致力于移译世界各国学术名著，除了皇皇的"汉译世界学术名著丛书"之外，更是组织翻译了不少伟大思想家的全集。柏拉图是严格意义上的西方哲学的奠基人，其思想不仅在西方哲学的整个历史中起着继往开来的作用，也远远超出了哲学领域而在文学、教育学、政治学等领域发生着巨大的影响。从19世纪开始，德语世界、英语世界、法语世界等着手系统整理柏拉图的古希腊文原文，并将之译为相应的现代语言，出版了大量的单行本和全集本，至今不衰；鉴于柏拉图著作的经典地位和历史地位，也出版了古希腊文-拉丁文、古希腊文-德文、古希腊文-英文、古希腊文-法文等对照本。

商务印书馆既是汉语世界柏拉图著作翻译出版的奠基者，也一直有心系统组织翻译柏拉图的全部作品。近20年来，汉语学界对柏拉图的研究兴趣和热情有增无减，除了商务印书馆之外，国内其他出版社也出版了一系列柏拉图著作的翻译和研究著作；无论是从语文学上，还是从思想理解上，都取得了长足的进步。有鉴于此，我们希望在汲取西方世界和汉语世界既有成就的基础上，从古希腊文完整地翻译出柏拉图的全部著作，并以古希腊文-汉文对照的形式出版。现就与翻译相关的问题做以下说明。

1. 翻译所依据的古希腊文本是牛津古典文本（Oxford Classical Texts）中由约翰·伯内特（John Burnet）所编辑和校勘的《柏拉图全集》（*Platonis Opera*）；同时参照法国布德本（Budé）希腊文《柏拉图全集》（*Platon: Œuvres complètes*），以及牛津古典文本中1995年出版的第 I 卷最新校勘本等。

2. 公元前后，亚历山大的忒拉叙洛斯（Θράσυλλος, Thrasyllus）按照古希腊悲剧"四联剧"（τετραλογία, Tetralogia）的演出方式编订柏拉图的全部著作，每卷四部，共九卷，一共 36 部作品（13 封书信整体被视为一部作品）；伯内特编辑的《柏拉图全集》所遵循的就是这种编订方式，但除了 36 部作品之外，外加 7 篇"伪作"。中文翻译严格按照该全集所编订的顺序进行。

3. 希腊文正文前面的 SIGLA 中的内容，乃是编辑校勘者所依据的各种抄本的缩写。希腊文正文下面的校勘文字，原样保留，但不做翻译。译文中〈 〉所标示的，乃是为了意思通顺和完整，由译者加上的补足语。翻译中的注释以古希腊文法和文史方面的知识为主，至于义理方面的，交给读者和研究者本人。

4. 除了"苏格拉底""高尔吉亚"等这些少数约定俗成的译名之外，希腊文专名（人名、地名等）后面的"斯"一般都译出。

译者给自己确定的翻译原则是在坚持"信"的基础上再兼及"达"和"雅"。在翻译时，译者在自己能力所及的范围内，对拉丁文、德文、英文以及中文的重要译本（包括注释、评注等）均认真研读，一一看过，但它们都仅服务于译者对希腊原文的理解。

译者的古希腊文启蒙老师是北京大学哲学系的靳希平教授，谨将此译作献给他，以示感激和敬意。

鉴于译者学养和能力有限，译文中必定有不少疏漏和错讹，敬请读者不吝批评指正。

溥林
2018 年 10 月 22 日于成都

SIGLA

B = cod. Bodleianus, MS. E. D. Clarke 39 = Bekkeri 𝔄

T = cod. Venetus Append. Class. 4, cod. 1 = Bekkeri t

W = cod. Vindobonensis 54, suppl. phil. Gr. 7 = Stallbaumii Vind. 1

C = cod. Crusianus sive Tubingensis = Stallbaumii 𝔗

D = cod. Venetus 185 = Bekkeri Π

G = cod. Venetus Append. Class. 4, cod. 54 = Bekkeri Λ

V = cod. Vindobonensis 109 = Bekkeri Φ

Arm. = Versio Armeniaca

Ars. = Papyrus Arsinoitica a Flinders Petrie reperta

Berol. = Papyrus Berolinensis 9782 (ed. Diels et Schubart 1905)

Recentiores manus librorum B T W litteris b t w significantur

Codicis W lectiones cum T consentientes commemoravi, lectiones cum B consentientes silentio fere praeterii

目　录

大希庇阿斯 ·· 1
注释 ··· 76
术语索引 ·· 122
专名索引 ·· 181
参考文献 ·· 183

要 目

大希庇阿斯

[或论美]¹

---

1 忒拉叙洛斯（Θράσυλλος, Thrasyllus）给该对话加的副标题是"或论美"（ἢ περὶ τοῦ καλοῦ）；按照希腊化时期人们对柏拉图对话风格的分类，《大希庇阿斯》属于"驳斥性的"（ἀνατρεπτικός）。

ΙΠΠΙΑΣ ΜΕΙΖΩΝ

ΣΩΚΡΑΤΗΣ ΙΠΠΙΑΣ

ΣΩ. Ἱππίας ὁ καλός τε καὶ σοφός· ὡς διὰ χρόνου ἡμῖν a
κατῆρας εἰς τὰς Ἀθήνας.

ΙΠ. Οὐ γὰρ σχολή, ὦ Σώκρατες. ἡ γὰρ Ἦλις ὅταν τι
δέηται διαπράξασθαι πρός τινα τῶν πόλεων, ἀεὶ ἐπὶ πρῶτον
ἐμὲ ἔρχεται τῶν πολιτῶν αἱρουμένη πρεσβευτήν, ἡγουμένη 5
δικαστὴν καὶ ἄγγελον ἱκανώτατον εἶναι τῶν λόγων οἳ ἂν
παρὰ τῶν πόλεων ἑκάστων λέγωνται. πολλάκις μὲν οὖν b
καὶ εἰς ἄλλας πόλεις ἐπρέσβευσα, πλεῖστα δὲ καὶ περὶ
πλείστων καὶ μεγίστων εἰς τὴν Λακεδαίμονα· διὸ δή, ὃ σὺ
ἐρωτᾷς, οὐ θαμίζω εἰς τούσδε τοὺς τόπους.

ΣΩ. Τοιοῦτον μέντοι, ὦ Ἱππία, ἔστι τὸ τῇ ἀληθείᾳ 5
σοφόν τε καὶ τέλειον ἄνδρα εἶναι. σὺ γὰρ καὶ ἰδίᾳ ἱκανὸς
εἶ παρὰ τῶν νέων πολλὰ χρήματα λαμβάνων ἔτι πλείω
ὠφελεῖν ὧν λαμβάνεις, καὶ αὖ δημοσίᾳ τὴν σαυτοῦ πόλιν c
ἱκανὸς εὐεργετεῖν, ὥσπερ χρὴ τὸν μέλλοντα μὴ καταφρο-
νήσεσθαι ἀλλ' εὐδοκιμήσειν ἐν τοῖς πολλοῖς. ἀτάρ, ὦ Ἱππία,
τί ποτε τὸ αἴτιον ὅτι οἱ παλαιοὶ ἐκεῖνοι, ὧν ὀνόματα μεγάλα
λέγεται ἐπὶ σοφίᾳ, Πιττακοῦ τε καὶ Βίαντος καὶ τῶν ἀμφὶ 5
τὸν Μιλήσιον Θαλῆν καὶ ἔτι τῶν ὑστέρων μέχρι Ἀναξαγόρου,
ὡς ἢ πάντες ἢ οἱ πολλοὶ αὐτῶν φαίνονται ἀπεχόμενοι τῶν
πολιτικῶν πράξεων;

a 6 δικαστὴν] διαιτητὴν Burges: δοκιμαστὴν Naber: ἀκροατὴν
H. Richards   b 3 μεγίστων TW: περὶ μεγίστων F   ὃ σὺ TW
et suprascr. f: om. F   b 6 σὺ TWf: οὗ F

大希庇阿斯

苏格拉底　希庇阿斯

苏格拉底：希庇阿斯[1]，你这位俊美且智慧的人[2]；对我们来说，281a1 好长时间之后[3]你才再次乘船莅临雅典[4]。

希庇阿斯：确实没有丝毫的空闲，苏格拉底啊。因为，每当埃利斯[5]需要同诸城邦中的任何一个达成任何一件事情，在它的那些公民中，它总是首先前来〈找〉我[6]，选我做一位使节，鉴于它认为我在下面这 281a5 件事上是一个最有能力的判断者和报告者，那就是〈判断和报告〉在每 281b1 个城邦那儿被谈论的各种消息。因此，我虽然[7]也经常出使其他一些城邦，但是，最频繁地[8]，并且在最多和最重大的一些事情方面，则是出使拉栖岱蒙[9]。所以，正由于此，就你所问的，我才没有经常来这里的这些地方[10]。

苏格拉底：确实就是这个样子，希庇阿斯啊，是一个真正智慧的和 281b5 完满的人[11]！因为，在私人方面，你有能力从一些年轻人那里获得了许多的钱财——虽然同你所取得的相比，你更为多得多地有益于[12]他们——，进而在公共方面[13]，你也有能力对你的城邦行好事[14]，就像一 281c1 个期望不被藐视而是在众人中有好名声的人所必须做的那样。然而，希庇阿斯啊，究竟什么是下面这点的原因呢，那就是：那些古代的人——由于智慧的缘故他们的名字广为流传[15]，既有庇塔科斯和比阿斯，也有 281c5 米利都人泰勒斯[16]的圈子中的那些人[17]，还有一些更晚的人，直至阿那克萨戈拉——，要么全部，要么其中的大多数人，他们都显得在远离各种城邦事务[18]？

ΠΛΑΤΩΝΟΣ

ΙΠ. Τί δ' οἴει, ὦ Σώκρατες, ἄλλο γε ἢ ἀδύνατοι ἦσαν καὶ οὐχ ἱκανοὶ ἐξικνεῖσθαι φρονήσει ἐπ' ἀμφότερα, τά τε κοινὰ καὶ τὰ ἴδια;

ΣΩ. Ἆρ' οὖν πρὸς Διός, ὥσπερ αἱ ἄλλαι τέχναι ἐπιδεδώκασι καὶ εἰσὶ παρὰ τοὺς νῦν δημιουργοὺς οἱ παλαιοὶ φαῦλοι, οὕτω καὶ τὴν ὑμετέραν τὴν τῶν σοφιστῶν τέχνην ἐπιδεδωκέναι φῶμεν καὶ εἶναι τῶν ἀρχαίων τοὺς περὶ τὴν σοφίαν φαύλους πρὸς ὑμᾶς;

ΙΠ. Πάνυ μὲν οὖν ὀρθῶς λέγεις.

ΣΩ. Εἰ ἄρα νῦν ἡμῖν, ὦ Ἱππία, ὁ Βίας ἀναβιοίη, γέλωτ' ἂν ὄφλοι πρὸς ὑμᾶς, ὥσπερ καὶ τὸν Δαίδαλόν φασιν οἱ ἀνδριαντοποιοί, νῦν εἰ γενόμενος τοιαῦτ' ἐργάζοιτο οἷα ἦν ἀφ' ὧν τοὔνομ' ἔσχεν, καταγέλαστον ἂν εἶναι.

ΙΠ. Ἔστι μὲν ταῦτα, ὦ Σώκρατες, οὕτως ὡς σὺ λέγεις· εἴωθα μέντοι ἔγωγε τοὺς παλαιούς τε καὶ προτέρους ἡμῶν προτέρους τε καὶ μᾶλλον ἐγκωμιάζειν ἢ τοὺς νῦν, εὐλαβούμενος μὲν φθόνον τῶν ζώντων, φοβούμενος δὲ μῆνιν τῶν τετελευτηκότων.

ΣΩ. Καλῶς γε σύ, ὦ Ἱππία, ὀνομάζων τε καὶ διανοούμενος, ὡς ἐμοὶ δοκεῖς. συμμαρτυρῆσαι δέ σοι ἔχω ὅτι ἀληθῆ λέγεις, καὶ τῷ ὄντι ὑμῶν ἐπιδέδωκεν ἡ τέχνη πρὸς τὸ καὶ τὰ δημόσια πράττειν δύνασθαι μετὰ τῶν ἰδίων. Γοργίας τε γὰρ οὗτος ὁ Λεοντῖνος σοφιστὴς δεῦρο ἀφίκετο δημοσίᾳ οἴκοθεν πρεσβεύων, ὡς ἱκανώτατος ὢν Λεοντίνων τὰ κοινὰ πράττειν, καὶ ἔν τε τῷ δήμῳ ἔδοξεν ἄριστα εἰπεῖν, καὶ ἰδίᾳ ἐπιδείξεις ποιούμενος καὶ συνὼν τοῖς νέοις χρήματα πολλὰ ἠργάσατο καὶ ἔλαβεν ἐκ τῆσδε τῆς πόλεως· εἰ δὲ βούλει, ὁ ἡμέτερος ἑταῖρος Πρόδικος οὗτος πολλάκις μὲν καὶ ἄλλοτε δημοσίᾳ

d 5 τὴν τῶν σοφιστῶν TWF : τῶν σοφιστῶν al. : secl. Naber (etiam τέχνην secl. Cobet)   a 1 φασὶν F et ex φησὶν T: φασὶ W
a 3 ἔσχεν TF : ἔσχε W : γρ. εἶχε in marg. f)   ἂν TW : om. F
a 5 μέντοι WF : μέντοι γε T   a 6 προτέρους TWF : πρότερον Schanz   b 1 ὀνομάζων TWF : νομίζων corr. Coisl.   b 2 δοκεῖς TW : δοκεῖ F (sed s erasum videtur)   b 6 Λεοντίνων secl. Schanz
b 7 ἰδίᾳ TW : ἰδία καὶ F   c 1 καὶ ἔλαβεν TWF : secl. Cobet

希庇阿斯：除了下面这点，苏格拉底啊，你还能设想别的什么吗，那就是：他们既没有能力也无法胜任凭借明智[19]抵达两方面的事情，即公共领域的事情和私人方面的事情？ 281d1

苏格拉底：那么，宙斯在上，正如一些其他的技艺已经取得了进步，并且古代的那些匠人同现在的这些匠人相比是微不足道的，因此，你们的技艺，即智者们的技艺，我们也会宣称它也已经同样地取得了进步，并且古人中那些致力于智慧的人在你们面前也是微不足道的吗？ 281d5

希庇阿斯：完全如此，你说得非常正确。

苏格拉底：因此，如果现在，希庇阿斯啊，比阿斯在我们中间复活，那么，他在你们面前会招致嘲笑[20]；其实也就像那些雕塑家说代达罗斯[21]那样，如果他现在降生而制造出他曾由之获得名声的诸如此类的那些作品，那么，他会是可笑的。 282a1

希庇阿斯：的确如此，苏格拉底啊，完全就像你所说的那样。然而，我无论如何都还是习惯于赞扬那些古代的人和那些在我们之前的人，同现在的这些人相比，我优先并且更为赞扬他们[22]，因为，一方面，我警惕那些活着的人的嫉妒，另一方面，我害怕那些已经死去的人的愤怒。 282a5

苏格拉底：无论如何，希庇阿斯啊，你的所说和所思[23]，在我看来都很正确[24]。而我也能够为你证明[25]下面这点：你在说真话，并且事实上[26]你们的技艺也已经在下面这个方面取得了进步，那就是，在关注私人事情的同时也能够从事各种公共事务[27]。因为，高尔吉亚，这位〈众所周知的〉来自勒昂提诺伊的智者[28]，从家乡来到了这里，在公共方面，他当使节，鉴于他是勒昂提诺伊人中最有能力从事一些公共事务的人，并且在公众集会上[29]他也看起来最擅长讲话；在私人方面，他也通过展示〈其智慧〉和同年轻人结交赚取并且从这里的这个城邦那里得到了许多的钱财。而如果你愿意〈再听听〉，我们的伙伴，这位〈众所周知的〉普洛狄科斯[30]，在公共方面，他也经常在别的时候来到这里，但 282b1

282b5

282c1

ΙΠΠΙΑΣ ΜΕΙΖΩΝ

ἀφίκετο, ἀτὰρ τὰ τελευταῖα ἔναγχος ἀφικόμενος δημοσίᾳ ἐκ Κέω λέγων τ' ἐν τῇ βουλῇ πάνυ ηὐδοκίμησεν καὶ ἰδίᾳ ἐπιδείξεις ποιούμενος καὶ τοῖς νέοις συνὼν χρήματα ἔλαβεν θαυμαστὰ ὅσα. τῶν δὲ παλαιῶν ἐκείνων οὐδεὶς πώποτε ἠξίωσεν ἀργύριον μισθὸν πράξασθαι οὐδ' ἐπιδείξεις ποιήσασθαι ἐν παντοδαποῖς ἀνθρώποις τῆς ἑαυτοῦ σοφίας· οὕτως ἦσαν εὐήθεις καὶ ἐλελήθει αὐτοὺς ἀργύριον ὡς πολλοῦ ἄξιον εἴη. τούτων δ' ἑκάτερος πλέον ἀργύριον ἀπὸ σοφίας εἴργασται ἢ ἄλλος δημιουργὸς ἀφ' ἡστινος τέχνης· καὶ ἔτι πρότερος τούτων Πρωταγόρας.

ΙΠ. Οὐδὲν γάρ, ὦ Σώκρατες, οἶσθα τῶν καλῶν περὶ τοῦτο. εἰ γὰρ εἰδείης ὅσον ἀργύριον εἴργασμαι ἐγώ, θαυμάσαις ἄν· καὶ τὰ μὲν ἄλλα ἐῶ, ἀφικόμενος δέ ποτε εἰς Σικελίαν, Πρωταγόρου αὐτόθι ἐπιδημοῦντος καὶ εὐδοκιμοῦντος καὶ πρεσβυτέρου ὄντος πολὺ νεώτερος ὢν ἐν ὀλίγῳ χρόνῳ πάνυ πλέον ἢ πεντήκοντα καὶ ἑκατὸν μνᾶς ἠργασάμην, καὶ ἐξ ἑνός γε χωρίου πάνυ σμικροῦ, Ἰνυκοῦ, πλέον ἢ εἴκοσι μνᾶς· καὶ τοῦτο ἐλθὼν οἴκαδε φέρων τῷ πατρὶ ἔδωκα, ὥστε ἐκεῖνον καὶ τοὺς ἄλλους πολίτας θαυμάζειν τε καὶ ἐκπεπλῆχθαι. καὶ σχεδόν τι οἶμαι ἐμὲ πλείω χρήματα εἰργάσθαι ἢ ἄλλους σύνδυο οὕστινας βούλει τῶν σοφιστῶν.

ΣΩ. Καλόν γε, ὦ Ἱππία, λέγεις καὶ μέγα τεκμήριον σοφίας τῆς τε σεαυτοῦ καὶ τῶν νῦν ἀνθρώπων πρὸς τοὺς ἀρχαίους ὅσον διαφέρουσι. τῶν γὰρ προτέρων [περὶ Ἀναξαγόρου λέγεται] πολλὴ ἀμαθία κατὰ τὸν σὸν λόγον. τοὐναντίον γὰρ Ἀναξαγόρᾳ φασὶ συμβῆναι ἢ ὑμῖν· καταλειφθέντων γὰρ αὐτῷ πολλῶν χρημάτων καταμελῆσαι καὶ

d 2 ἐλελήθει T F: λελήθει W   d 3 εἴη T W et suprascr. γρ. εἴη F: εἶναι F   ἀργύριον F: ἀργυρίου T et re vera W   d 4 ἡστινος T W: ἡστινος βούλει F   d 6 τοῦτο T W: τούτων F   e 1 ἐπιδημοῦντος T W et in marg. γρ. F: ἐπιδημήσαντος F   e 2 πολὺ F: καὶ πολὺ T W   χρόνῳ πάνυ T W F: χρόνῳ πολὺ olim Stallbaum: πάνυ χρόνῳ Schanz   a 1 τε T F: om. W   a 2 ὅσον διαφέρουσι T W: διαφέρουσιν ὅσον τῶν νῦν F   a 3 Ἀναξαγόρου secl. Sydenham (qui προτέρων περί): περὶ Ἀναξαγόρου om. Bekker: περὶ Ἀναξαγόρου λέγεται secl. Stallbaum

最后一次[31]到达，是不久前因公共事务从刻俄斯[32]来，因在议事会[33]上演讲而赢得了极高的声誉；在私人方面，他也通过展示〈其智慧〉和同年轻人结交而获得了一大笔令人惊讶的钱财。然而，在那些古代的人中间，没有任何一位曾认为下面这样是合适的，那就是：把银子作为酬金来为自己索取[34]，或者在五花八门的人面前展示他自己的智慧。他们是何等的头脑简单[35]啊，他们甚至没有觉察到银子所值甚多！而这两人中的每个都靠智慧赚取了很多的银子，远多于其他任何一个匠人从任何一种技艺那里〈所赚取的〉。其实早在这两人之前，普罗塔戈拉[36]〈也就已经在这样做了〉。

希庇阿斯：其实，苏格拉底啊，在这方面的那些美好之处，你完全对之一无所知。因为，如果你知道我已经赚了多少银子，那你才会感到吃惊呢。其他那些事情我暂且将之放到一边，但是，我曾前往过西西里岛，普罗塔戈拉那时侨居在那里[37]并且有着很好的名声，在年龄上他也要老得多，我虽然要年轻得多，却在非常短的时间内就赚取了超过一百五十米那的钱，甚至从一个非常小的地方，即从伊倪科斯[38]，我所赚取的就多于二十米那。而当我拿着这些钱回到家里之后，我将之交给了我的父亲，以至于他和其他一些同邦的人既感到惊讶，也目瞪口呆。并且我也差不多[39]认为，我已经赚到的钱财，要比那些智者中的其他任何两个——随便你选哪两个出来——加在一起所赚到的还要多。

苏格拉底：确实，希庇阿斯啊，你关于下面这点说出了一个漂亮且重大的证据，那就是：你自己的智慧以及现在的这些人的智慧之于古代的那些人，有着多么的不同。因为，在以前的那些人中间，按照你的说法有着巨大的无知[40]。因为人们说，在阿那克萨戈拉身上所发生的，同在你们身上所发生的正好相反，那就是：虽然许多的钱财被留给了

283 a ΠΛΑΤΩΝΟΣ

ἀπολέσαι πάντα—οὕτως αὐτὸν ἀνόητα σοφίζεσθαι—λέγουσι δὲ καὶ περὶ ἄλλων τῶν παλαιῶν ἕτερα τοιαῦτα. τοῦτο μὲν οὖν μοι δοκεῖς καλὸν τεκμήριον ἀποφαίνειν περὶ σοφίας τῶν b νῦν πρὸς τοὺς προτέρους, καὶ πολλοῖς συνδοκεῖ ὅτι τὸν σοφὸν αὐτὸν αὑτῷ μάλιστα δεῖ σοφὸν εἶναι· τούτου δ' ὅρος ἐστὶν ἄρα, ὃς ἂν πλεῖστον ἀργύριον ἐργάσηται. καὶ ταῦτα μὲν ἱκανῶς ἐχέτω· τόδε δέ μοι εἰπέ, σὺ αὐτὸς πόθεν πλεῖστον
5 ἀργύριον ἠργάσω τῶν πόλεων εἰς ἃς ἀφικνῇ; ἢ δῆλον ὅτι ἐκ Λακεδαίμονος, οἷπερ καὶ πλειστάκις ἀφῖξαι;

ΙΠ. Οὐ μὰ τὸν Δία, ὦ Σώκρατες.

ΣΩ. Πῶς φῄς; ἀλλ' ἐλάχιστον;

c ΙΠ. Οὐδὲν μὲν οὖν τὸ παράπαν πώποτε.

ΣΩ. Τέρας λέγεις καὶ θαυμαστόν, ὦ Ἱππία. καί μοι εἰπέ· πότερον ἡ σοφία ἡ σὴ οὐχ οἵα τοὺς συνόντας αὐτῇ καὶ μανθάνοντας εἰς ἀρετὴν βελτίους ποιεῖν;—ΙΠ. Καὶ
5 πολύ γε, ὦ Σώκρατες.—ΣΩ. Ἀλλὰ τοὺς μὲν Ἰνυκίνων ὑεῖς οἷός τε ἦσθα ἀμείνους ποιῆσαι, τοὺς δὲ Σπαρτιατῶν ἠδυνάτεις;—ΙΠ. Πολλοῦ γε δέω.—ΣΩ. Ἀλλὰ δῆτα Σικελιῶται μὲν ἐπιθυμοῦσιν ἀμείνους γίγνεσθαι, Λακεδαιμόνιοι
d δ' οὔ;—ΙΠ. Πάντως γέ που, ὦ Σώκρατες, καὶ Λακεδαιμόνιοι.—ΣΩ. Ἆρ' οὖν χρημάτων ἐνδείᾳ ἔφευγον τὴν σὴν ὁμιλίαν;—ΙΠ. Οὐ δῆτα, ἐπεὶ ἱκανὰ αὐτοῖς ἐστιν.

ΣΩ. Τί δῆτ' ἂν εἴη ὅτι ἐπιθυμοῦντες καὶ ἔχοντες χρή-
5 ματα, καὶ σοῦ δυναμένου τὰ μέγιστα αὐτοὺς ὠφελεῖν, οὐ πλήρη σε ἀργυρίου ἀπέπεμψαν; ἀλλ' ἐκεῖνο, μῶν μὴ Λακεδαιμόνιοι σοῦ βέλτιον ἂν παιδεύσειαν τοὺς αὑτῶν παῖδας; ἢ τοῦτο φῶμεν οὕτω, καὶ σὺ συγχωρεῖς;

e ΙΠ. Οὐδ' ὁπωστιοῦν.

a 6 ἀνόητα] ἀνόνητα scr. Par. 1812   b 1 συνδοκεῖ TW : ξυνδοκεῖ F (sed οὖν supra εἶ F)   b 6 οἷπερ Heindorf: οὗπερ TWF   c 5 Ἰνυκίνων ci. Bekker: ινυκινῶν T : ινυκηνῶν W : ινυνινῶν F   c 6 ἦσθα TF : οἶσθα W   ποιῆσαι TWf : ποιήσειν F   d 1 γέ F : om. TW   d 4 ἀρετῆς post ἐπιθυμοῦντες add. F : om. TW   d 5 αὐτοὺς TF : αὑτοῖς W   d 6 πλήρη T : πλήρη* W : πλήρης F μὴ TW : om. F   d 8 σὺ TW : om. F

他[41]，他却漠不关心，并且扔掉了它们全部——他何等没有理智地在运用智慧啊——。而关于一些其他的古人，人们也讲了另外一些诸如此类的事情。因此，在我看来，一方面，你把这显明为了关于现在这些人的智慧——相较于以前的那些人——的一个漂亮的证据，并且许多人也对下面这点持有同样的看法[42]，那就是智慧者本人尤其应当为了他自己而是智慧的；另一方面，这种人的一个标准[43]就是，他能够为自己赚到最多的银子。那好，一则就这些已经说得够充分了，让它们就此打住[44]；一则请你告诉我下面这点，那就是，在你前往过的那些城邦中，你本人究竟从哪个那里赚到了最多的银子？岂不显然是从你最为经常前往那儿的拉栖岱蒙那里？

　　希庇阿斯：不是，宙斯在上，苏格拉底啊。

　　苏格拉底：你为何这么说呢？难道从那儿赚得最少？

　　希庇阿斯：压根儿[45]就从未挣得过任何一点。

　　苏格拉底：你在说一件怪事和令人惊讶的事，希庇阿斯啊。不过请你告诉我：你的智慧岂不是如此这般的，那就是它能够使得那些与之交往和学习它的人在德性上变得更好？——**希庇阿斯**：完全如此，苏格拉底啊。——**苏格拉底**：那么，一方面，你能够使得[46]伊倪科斯人的儿子们变得更好，另一方面，对斯巴达人的儿子们你却无能为力吗？——**希庇阿斯**：我肯定远不是这样[47]。——**苏格拉底**：那么，一定是那些西西里岛的希腊人[48]渴望变得更好，而那些拉栖岱蒙人则不？——**希庇阿斯**：无论如何，苏格拉底啊，那些拉栖岱蒙人也肯定渴望变得更好。——**苏格拉底**：那么，难道是由于钱财的缺乏他们才避开同你的往来？——**希庇阿斯**：肯定不是，因为对他们来说钱财是足够的。

　　苏格拉底：那么，这究竟是怎么回事，那就是，尽管他们满怀渴望并且拥有钱财，而你也能够带给他们最大的益处，但他们却没有让你满载着银子离开？然而会是那样吗，也即是说，难道拉栖岱蒙人比你能够更好地教育他们的孩子？或者我们会如此这般地这样说吗，并且你也会认同这点吗？

　　希庇阿斯：无论如何都不会。

ΙΠΠΙΑΣ ΜΕΙΖΩΝ

ΣΩ. Πότερον οὖν τοὺς νέους οὐχ οἷός τ' ἦσθα πείθειν ἐν Λακεδαίμονι ὡς σοὶ συνόντες πλέον ἂν εἰς ἀρετὴν ἐπιδιδοῖεν ἢ τοῖς ἑαυτῶν, ἢ τοὺς ἐκείνων πατέρας ἠδυνάτεις πείθειν ὅτι σοὶ χρὴ παραδιδόναι μᾶλλον ἢ αὐτοὺς ἐπιμελεῖσθαι, εἴπερ τι τῶν νέων κήδονται; οὐ γάρ που ἐφθόνουν γε τοῖς ἑαυτῶν παισὶν ὡς βελτίστοις γενέσθαι.

ΙΠ. Οὐκ οἶμαι ἔγωγε φθονεῖν.

ΣΩ. Ἀλλὰ μὴν εὔνομός γ' ἡ Λακεδαίμων.—ΙΠ. Πῶς γὰρ οὔ;—ΣΩ. Ἐν δέ γε ταῖς εὐνόμοις πόλεσιν τιμιώτατον ἡ ἀρετή.—ΙΠ. Πάνυ γε.—ΣΩ. Σὺ δὲ ταύτην παραδιδόναι ἄλλῳ κάλλιστ' ἀνθρώπων ἐπίστασαι.—ΙΠ. Καὶ πολύ γε, ὦ Σώκρατες.—ΣΩ. Ὁ οὖν κάλλιστ' ἐπιστάμενος ἱππικὴν παραδιδόναι ἆρ' οὐκ ἂν ἐν Θετταλίᾳ τῆς Ἑλλάδος μάλιστα τιμῷτο καὶ πλεῖστα χρήματα λαμβάνοι, καὶ ἄλλοθι ὅπου τοῦτο σπουδάζοιτο;—ΙΠ. Εἰκός γε.—ΣΩ. Ὁ δὴ δυνάμενος παραδιδόναι τὰ πλείστου ἄξια μαθήματα εἰς ἀρετὴν οὐκ ἐν Λακεδαίμονι μάλιστα τιμήσεται καὶ πλεῖστα ἐργάσεται χρήματα, ἂν βούληται, καὶ ἐν ἄλλῃ πόλει ἥτις τῶν Ἑλληνίδων εὐνομεῖται; ἀλλ' ἐν Σικελίᾳ, ὦ ἑταῖρε, οἴει μᾶλλον καὶ ἐν Ἰνυκῷ; ταῦτα πειθώμεθα, ὦ Ἱππία; ἐὰν γὰρ σὺ κελεύῃς, πειστέον.

ΙΠ. Οὐ γὰρ πάτριον, ὦ Σώκρατες, Λακεδαιμονίοις κινεῖν τοὺς νόμους, οὐδὲ παρὰ τὰ εἰωθότα παιδεύειν τοὺς υἱεῖς.

ΣΩ. Πῶς λέγεις; Λακεδαιμονίοις οὐ πάτριον ὀρθῶς πράττειν ἀλλ' ἐξαμαρτάνειν;

ΙΠ. Οὐκ ἂν φαίην ἔγωγε, ὦ Σώκρατες.

ΣΩ. Οὐκοῦν ὀρθῶς ἂν πράττοιεν βέλτιον ἀλλὰ μὴ χεῖρον παιδεύοντες τοὺς νέους;

ΙΠ. Ὀρθῶς· ἀλλὰ ξενικὴν παίδευσιν οὐ νόμιμον αὐτοῖς

---

e 2 οὖν T W : om. F   πείθειν post Λακεδαίμονι transp. F   e 4 ἢ τοὺς αὐτῶν πατέρας F (sed in marg. γρ. τοῖς ἑαυτῶν)   a 6 ὅπου T W : ὅποι F   b 2 ἥτις T F w : εἴ τις W   b 5 πειστέον T F w : πιστέον W t   c 4 νέους T W : υἱεῖς F   c 5 παίδευσιν] παιδείαν Ven. 189

苏格拉底：那么，你是没有能力劝说那些在拉栖岱蒙的年轻人，通过与你交往比与他们自己的那些人交往能够在德性方面取得更大的进步，还是说，你没有能力说服那些年轻人的父亲们下面这点，那就是：必须把他们托付给你去照料，远甚于托付给他们自己，假如他们对那些年轻人真的有所关心的话？因为他们无论如何都不会嫉妒他们自己的孩子们[49]变得尽可能的优秀[50]？ 283e5

希庇阿斯：我肯定认为他们不会嫉妒。

苏格拉底：真的[51]，拉栖岱蒙肯定是有好法律的。——**希庇阿斯**：那还用说？——**苏格拉底**：而在那些有好法律的城邦，德性无论如何都是最受敬重的。——**希庇阿斯**：当然。——**苏格拉底**：而在世上你最为优秀地知道[52]如何把它传授给另外一个人[53]。——**希庇阿斯**：也完全如此，苏格拉底啊。——**苏格拉底**：因此，那最优秀地知道如何传授骑术的人，他岂不在希腊的忒塔利亚[54]会最为受到敬重和得到最多的钱财，并且在〈希腊的〉其他任何地方这门技艺也会被认真对待？——**希庇阿斯**：无论如何都有可能。——**苏格拉底**：因此，那能够在德性方面传授那些最有价值的东西的人，他岂不将在拉栖岱蒙最为受到敬重和赚取到最多的钱财——如果他愿意的话——，以及在希腊的诸城邦中的其他任何一个有着好法律的城邦？抑或，朋友啊，你认为更为是在西西里[55]和在伊倪科斯？我们会相信这点吗，希庇阿斯啊？因为，如果你这样要求，那就必须得相信。 284a1 284a5 284b1 284b5

希庇阿斯：其实对拉栖岱蒙人来说，这不是世代相袭的传统，苏格拉底啊，无论是改动法律，还是违背各种习惯来教育儿子们。

苏格拉底：你为何这么讲呢？对拉栖岱蒙人来说，正确地行事不是世代相袭的传统，而犯错误才是？ 284c1

希庇阿斯：我肯定不会这么主张，苏格拉底啊。

苏格拉底：那么，如果他们以更好的方式，而不是以更坏的方式来教育年轻人，他们岂不就在正确地行事？

希庇阿斯：正确！但是，以外邦人的教育方式来教育〈年轻人〉， 284c5

παιδεύειν, ἐπεὶ εὖ ἴσθι, εἴπερ τις ἄλλος ἐκεῖθεν χρήματα ἔλαβεν πώποτε ἐπὶ παιδεύσει, καὶ ἐμὲ ἂν λαβεῖν πολὺ μάλιστα—χαίρουσι γοῦν ἀκούοντες ἐμοῦ καὶ ἐπαινοῦσιν— ἀλλ', ὃ λέγω, οὐ νόμος.

ΣΩ. Νόμον δὲ λέγεις, ὦ Ἱππία, βλάβην πόλεως εἶναι ἢ ὠφελίαν;—ΙΠ. Τίθεται μὲν οἶμαι ὠφελίας ἕνεκα, ἐνίοτε δὲ καὶ βλάπτει, ἐὰν κακῶς τεθῇ ὁ νόμος.—ΣΩ. Τί δέ; οὐχ ὡς ἀγαθὸν μέγιστον πόλει τίθενται τὸν νόμον οἱ τιθέμενοι; καὶ ἄνευ τούτου μετὰ εὐνομίας ἀδύνατον οἰκεῖν;—ΙΠ. Ἀληθῆ λέγεις.—ΣΩ. Ὅταν ἄρα ἀγαθοῦ ἁμάρτωσιν οἱ ἐπιχειροῦντες τοὺς νόμους τιθέναι, νομίμου τε καὶ νόμου ἡμαρτήκασιν· ἢ πῶς λέγεις;—ΙΠ. Τῷ μὲν ἀκριβεῖ λόγῳ, ὦ Σώκρατες, οὕτως ἔχει· οὐ μέντοι εἰώθασιν ἄνθρωποι ὀνομάζειν οὕτω.—ΣΩ. Πότερον, ὦ Ἱππία, οἱ εἰδότες ἢ οἱ μὴ εἰδότες;—ΙΠ. Οἱ πολλοί.—ΣΩ. Εἰσὶν δ' οὗτοι οἱ εἰδότες τἀληθές, οἱ πολλοί; —ΙΠ. Οὐ δῆτα.—ΣΩ. Ἀλλὰ μήν που οἵ γ' εἰδότες τὸ ὠφελιμώτερον τοῦ ἀνωφελεστέρου νομιμώτερον ἡγοῦνται τῇ ἀληθείᾳ πᾶσιν ἀνθρώποις· ἢ οὐ συγχωρεῖς;—ΙΠ. Ναί, συγχωρῶ, ὅτι γε τῇ ἀληθείᾳ.—ΣΩ. Οὐκοῦν ἔστιν τε καὶ ἔχει οὕτως ὡς οἱ εἰδότες ἡγοῦνται;—ΙΠ. Πάνυ γε.

ΣΩ. Ἔστι δέ γε Λακεδαιμονίοις, ὡς σὺ φῄς, ὠφελιμώτερον τὴν ὑπὸ σοῦ παίδευσιν, ξενικὴν οὖσαν, παιδεύεσθαι μᾶλλον ἢ τὴν ἐπιχωρίαν.—ΙΠ. Καὶ ἀληθῆ γε λέγω.—ΣΩ. Καὶ γὰρ ὅτι τὰ ὠφελιμώτερα νομιμώτερά ἐστι, καὶ τοῦτο λέγεις, ὦ Ἱππία;—ΙΠ. Εἶπον γάρ.—ΣΩ. Κατὰ τὸν σὸν ἄρα λόγον τοῖς Λακεδαιμονίων ὑέσιν ὑπὸ Ἱππίου παιδεύεσθαι νομιμώτερόν ἐστιν, ὑπὸ δὲ τῶν πατέρων ἀνομώτερον, εἴπερ τῷ ὄντι ὑπὸ σοῦ πλείω ὠφεληθήσονται.—ΙΠ. Ἀλλὰ μὴν ὠφεληθήσονται, ὦ Σώκρατες.—ΣΩ. Παρανομοῦσιν ἄρα Λακεδαι-

c 6 εἴπερ T W : ὅτι εἴπερ F   c 7 πολὺ μάλιστα T W : μάλιστα πολὺ F   d 5 εὐνομίας] ἀνομίας T (sed ευ supra versum) W F   d 6 οἱ T F : om. W   e 2 ἄνθρωποι Hirschig : ἄνθρωποι T W F   e 8 τε F · γε T W   a 2 ἐπιχωρίαν T W : ἐπιχώριον F   a 3 νομιμώτερα F : νομικώτερα T W   a 6 ἀνομώτερον T F : ἀνομιμώτερον W   a 7 ἀλλὰ μὴν ὠφεληθήσονται T W et in marg. f : om. F

这对他们来说是不合法的；因为你得清楚 [56]，如果其他任何人曾经由于教育的缘故而从那里获得过钱财，那么，我肯定会获得最最多 [57]——他们无论如何都喜欢听我讲，并且称赞我——，然而，正如我所说，这违背法律。

苏格拉底：而你把一项法律，希庇阿斯啊，说成是对城邦的一种 284d1
伤害呢，还是一种助益？——**希庇阿斯**：我认为，一方面，它为了一种助益而被制定出来，另一方面，有时候它又会带来伤害，如果法律被糟糕地制定了出来的话。——**苏格拉底**：然后呢？那些制定法律的人岂不把它作为一种最大的善制定给一个城邦？并且没有它，就不可能过着 284d5
一种带有良好秩序的生活 [58]？——**希庇阿斯**：你说得对。——**苏格拉底**：因此，每当那些着手制定法律的人对善的东西犯错，他们也就已经对合法的东西以及法律犯错了 [59]；抑或你怎么说？——**希庇阿斯**：虽然 284e1
严格说来，苏格拉底啊，事情就是这样，然而，人们并不习惯于这样表达。——**苏格拉底**：希庇阿斯啊，〈你所说的人们是〉那些知道的人 [60]
呢，还是那些不知道的人？——**希庇阿斯**：〈我说的是〉大众 [61]。——**苏格拉底**：而大众，他们就是那些知道真相的人吗？——**希庇阿斯**：肯定 284e5
不是。——**苏格拉底**：无疑那些知道〈真相〉的人，他们其实无论如何都把那对所有人更为有益的东西——同那不那么有益的东西相比——，视为更合法的东西；难道你不同意吗？——**希庇阿斯**：不，我同意，其实就是这样。——**苏格拉底**：因此，事情岂不就是和处于如那些知道〈真相〉的人所视为的那个样子？——**希庇阿斯**：完全如此。

苏格拉底：而对于拉栖岱蒙人，如你所说，被你的教育方式——尽 284e10
管它是外邦的——所教育，无论如何都远比被本地的教育方式所教育， 285a1
是更为有益的。——**希庇阿斯**：而我也肯定在说真话。——**苏格拉底**：并且那些更为有益的东西也是更为合法的，你也这么说过吧，希庇阿斯啊？——**希庇阿斯**：我的确说过。——**苏格拉底**：那么，根据你的说法，对拉栖岱蒙人的儿子们来说，被希庇阿斯教育是更为合法的，而被他们 285a5
的父亲们教育则是更为不合法的，假如他们确实由于你而将更多地获益的话。——**希庇阿斯**：他们无疑将〈由于我而更多地〉获益，苏格拉底啊。——**苏格拉底**：拉栖岱蒙人在做违背法律的事情，当他们不对你奉 285b1

ΙΠΠΙΑΣ ΜΕΙΖΩΝ

μόνιοι οὐ διδόντες σοι χρυσίον καὶ ἐπιτρέποντες τοὺς αὑτῶν ὑεῖς.—ΙΠ. Συγχωρῶ ταῦτα· δοκεῖς γάρ μοι τὸν λόγον πρὸς ἐμοῦ λέγειν, καὶ οὐδέν με δεῖ αὐτῷ ἐναντιοῦσθαι.

ΣΩ. Παρανόμους μὲν δή, ὦ ἑταῖρε, τοὺς Λάκωνας εὑρίσκομεν, καὶ ταῦτ' εἰς τὰ μέγιστα, τοὺς νομιμωτάτους δοκοῦντας εἶναι. ἐπαινοῦσι δὲ δή σε πρὸς θεῶν, ὦ Ἱππία, καὶ χαίρουσιν ἀκούοντες ποῖα; ἢ δῆλον δὴ ὅτι ἐκεῖνα ἅ σὺ κάλλιστα ἐπίστασαι, τὰ περὶ τὰ ἄστρα τε καὶ τὰ οὐράνια πάθη;— ΙΠ. Οὐδ' ὁπωστιοῦν· ταῦτά γε οὐδ' ἀνέχονται.—ΣΩ. Ἀλλὰ περὶ γεωμετρίας τι χαίρουσιν ἀκούοντες;—ΙΠ. Οὐδαμῶς, ἐπεὶ οὐδ' ἀριθμεῖν ἐκείνων γε, ὡς ἔπος εἰπεῖν, πολλοὶ ἐπίστανται.—ΣΩ. Πολλοῦ ἄρα δέουσιν περί γε λογισμῶν ἀνέχεσθαί σου ἐπιδεικνυμένου.—ΙΠ. Πολλοῦ μέντοι νὴ Δία. —ΣΩ. Ἀλλὰ δῆτα ἐκεῖνα ἃ σὺ ἀκριβέστατα ἐπίστασαι ἀνθρώπων διαιρεῖν, περί τε γραμμάτων δυνάμεως καὶ συλλαβῶν καὶ ῥυθμῶν καὶ ἁρμονιῶν;—ΙΠ. Ποίων, ὠγαθέ, ἁρμονιῶν καὶ γραμμάτων;—ΣΩ. Ἀλλὰ τί μήν ἐστιν ἃ ἡδέως σου ἀκροῶνται καὶ ἐπαινοῦσιν; αὐτός μοι εἰπέ, ἐπειδὴ ἐγὼ οὐχ εὑρίσκω.

ΙΠ. Περὶ τῶν γενῶν, ὦ Σώκρατες, τῶν τε ἡρώων καὶ τῶν ἀνθρώπων, καὶ τῶν κατοικίσεων, ὡς τὸ ἀρχαῖον ἐκτίσθησαν αἱ πόλεις, καὶ συλλήβδην πάσης τῆς ἀρχαιολογίας ἥδιστα ἀκροῶνται, ὥστ' ἔγωγε δι' αὐτοὺς ἠνάγκασμαι ἐκμεμαθηκέναι τε καὶ ἐκμεμελετηκέναι πάντα τὰ τοιαῦτα.

ΣΩ. Ναὶ μὰ Δί', ὦ Ἱππία, ηὐτύχηκάς γε ὅτι Λακεδαιμόνιοι οὐ χαίρουσιν ἄν τις αὐτοῖς ἀπὸ Σόλωνος τοὺς ἄρχοντας τοὺς ἡμετέρους καταλέγῃ· εἰ δὲ μή, πράγματ' ἂν εἶχες ἐκμανθάνων.

ΙΠ. Πόθεν, ὦ Σώκρατες; ἅπαξ ἀκούσας πεντήκοντα ὀνόματα ἀπομνημονεύσω.

ΣΩ. Ἀληθῆ λέγεις, ἀλλ' ἐγὼ οὐκ ἐνενόησα ὅτι τὸ

---

d 2 ποίων F : περὶ ποίων T W   d 7 τὸ ἀρχαῖον T W : τἀρχαῖον F
e 3 γε ὅτι F : γε ὅτι γε T W   e 4 τοὺς ἄρχοντας T W : om. F
e 9 ἐνενόησα T F : ἐνόησα W

上金子和把他们的儿子们托付给你时。——**希庇阿斯**：我同意这点；因为在我看来你在说一个支持我的论证[62]，而我无需反驳它。

苏格拉底：因此，朋友啊，我们发现拉孔人[63]是违背法律的，而且是在这些最重大的事情上，虽然他们看起来是一些最为守法的人。然而，诸神在上，希庇阿斯啊，他们称赞你并且究竟喜欢听你说哪样一些事情呢？抑或，显然就是你最为漂亮地知道的那些事情吗[64]，即那些关于诸星辰和天上的各种情状的事情[65]？——**希庇阿斯**：无论如何都不是；他们肯定不容忍这些。——**苏格拉底**：那么，关于几何学的某种东西，他们喜欢听吗？——**希庇阿斯**：绝对不；因为那些人中的许多人，几乎可以说[66]，甚至不知道如何进行计算。——**苏格拉底**：那么，他们肯定远不会容忍你，如果你在计算方面进行展示的话。——**希庇阿斯**：当然远不会，以宙斯的名义。——**苏格拉底**：那么，肯定就是在世上你最准确地知道如何将之进行区分的那些东西了，也就是关于文字的意思，以及关于各种音节、各种节奏和各种和谐的含义[67]？——**希庇阿斯**：优秀的人啊，关于哪样一些和谐与文字呢[68]？——**苏格拉底**：然而，他们乐于聆听你说并且对之进行称赞的那些东西，它们究竟是什么呢？请你自己告诉我吧，因为我没能发现它们。

285b5

285c1

285c5

285d1

285d5

希庇阿斯：关于英雄的家族，苏格拉底啊，和世人的家族，还有关于城邦的建立——即在古代各个城邦如何被建立——，简而言之，关于对古代历史的所有讲述[69]，这些都是他们最乐于聆听的，以至于因为他们的缘故[70]，我已经被迫去彻彻底底地学习了和认认真真地练习了所有诸如此类的事情。

285e1

苏格拉底：是的，宙斯在上，希庇阿斯啊，其实就下面这点来说你已经走运了，那就是：拉栖岱蒙人并不会喜欢〈听〉一个人向他们逐一列举我们的那些自梭伦以来的执政官[71]。否则，你就得努力彻彻底底地进行学习[72]。

285e5

希庇阿斯：怎么可能呢[73]，苏格拉底啊？五十个名字，我听一次，就能靠记忆把它们复述出来[74]。

苏格拉底：你说得对，只不过我完全忘了下面这点[75]，那就是你拥

ΠΛΑΤΩΝΟΣ

μνημονικὸν ἔχεις· ὥστ' ἐννοῶ ὅτι εἰκότως σοι χαίρουσιν οἱ Λακεδαιμόνιοι ἅτε πολλὰ εἰδότι, καὶ χρῶνται ὥσπερ ταῖς πρεσβύτισιν οἱ παῖδες πρὸς τὸ ἡδέως μυθολογῆσαι.

ΙΠ. Καὶ ναὶ μὰ Δί', ὦ Σώκρατες, περί γε ἐπιτηδευμάτων καλῶν καὶ ἔναγχος αὐτόθι ηὐδοκίμησα διεξιὼν ἃ χρὴ τὸν νέον ἐπιτηδεύειν. ἔστι γάρ μοι περὶ αὐτῶν παγκάλως λόγος συγκείμενος, καὶ ἄλλως εὖ διακείμενος καὶ τοῖς ὀνόμασι· πρόσχημα δέ μοί ἐστι καὶ ἀρχὴ τοιάδε τις τοῦ λόγου. ἐπειδὴ ἡ Τροία ἥλω, λέγει ὁ λόγος ὅτι Νεοπτόλεμος Νέστορα ἔροιτο ποῖά ἐστι καλὰ ἐπιτηδεύματα, ἃ ἄν τις ἐπιτηδεύσας νέος ὢν εὐδοκιμώτατος γένοιτο· μετὰ ταῦτα δὴ λέγων ἐστὶν ὁ Νέστωρ καὶ ὑποτιθέμενος αὐτῷ πάμπολλα νόμιμα καὶ πάγκαλα. τοῦτον δὴ καὶ ἐκεῖ ἐπεδειξάμην καὶ ἐνθάδε μέλλω ἐπιδεικνύναι εἰς τρίτην ἡμέραν, ἐν τῷ Φειδοστράτου διδασκαλείῳ, καὶ ἄλλα πολλὰ καὶ ἄξια ἀκοῆς· ἐδεήθη γάρ μου Εὔδικος ὁ Ἀπημάντου. ἀλλ' ὅπως παρέσῃ καὶ αὐτὸς καὶ ἄλλους ἄξεις, οἵτινες ἱκανοὶ ἀκούσαντες κρῖναι τὰ λεγόμενα.

ΣΩ. Ἀλλὰ ταῦτ' ἔσται, ἂν θεὸς θέλῃ, ὦ Ἱππία. νυνὶ μέντοι βραχύ τί μοι περὶ αὐτοῦ ἀπόκριναι· καὶ γάρ με εἰς καλὸν ὑπέμνησας. ἔναγχος γάρ τις, ὦ ἄριστε, εἰς ἀπορίαν με κατέβαλεν ἐν λόγοις τισὶ τὰ μὲν ψέγοντα ὡς αἰσχρά, τὰ δ' ἐπαινοῦντα ὡς καλά, οὕτω πως ἐρόμενος καὶ μάλα ὑβριστικῶς· "Πόθεν δέ μοι σύ," ἔφη, "ὦ Σώκρατες, οἶσθα ὁποῖα καλὰ καὶ αἰσχρά; ἐπεὶ φέρε, ἔχοις ἂν εἰπεῖν τί ἐστι τὸ καλόν;" καὶ ἐγὼ διὰ τὴν ἐμὴν φαυλότητα ἠπορούμην τε καὶ οὐκ εἶχον αὐτῷ κατὰ τρόπον ἀποκρίνασθαι· ἀπιὼν οὖν ἐκ τῆς συνουσίας ἐμαυτῷ τε ὠργιζόμην καὶ ὠνείδιζον, καὶ ἠπείλουν, ὁπότε πρῶτον ὑμῶν τῳ τῶν σοφῶν ἐντύχοιμι, ἀκούσας καὶ μαθὼν καὶ ἐκμελετήσας ἰέναι πάλιν ἐπὶ τὸν ἐρωτήσαντα, ἀναμαχούμενος τὸν λόγον. νῦν οὖν, ὃ λέγω,

a3 γε TW : τε F   b5 φειδοστράτου TW : φιλοστράτου F
b7 εὔδικος TW : εὐδόκιμος F   c3 θέλῃ F : ἐθέλῃ TW   c6 κατέβαλεν I F : κατέβαλλεν W (sed λ alterum puncto notatum)

有记忆的技巧[76]，以至于我只是想到，拉栖岱蒙人合情合理地喜欢你 285e10
是因为你知道许多东西，并且他们利用你，就像孩子们利用那些老妇人 286a1
来愉快地讲故事一样。

希庇阿斯：是的，宙斯在上，苏格拉底啊；其实我也通过下面这件
事刚刚在那里赢得了好名声，那就是关于年轻人应当致力于的那些美好
的追求，我详细地进行了讲述。因为，对于它们我有一场被非常漂亮地 286a5
组织起来的演讲，尤其是在措辞方面它被安排得很得当。而我的这场演
讲的序曲和开头[77]约莫是下面这样。当特洛伊被攻陷后，据说有这样一
个故事[78]，那就是涅俄普托勒摩斯[79]问涅斯托耳[80]，那些美好的追求是 286b1
哪样一些，一个年轻人能够通过汲汲追求它们而变得是最有名声的；于
是，接下来涅斯托耳说了一番话，并且对他建议了非常多的既合法又极
其美好的事情[81]。这篇演讲，我的确已经在那儿进行了展示，并且后天[82] 286b5
我还打算在这儿，即在斐多斯特剌托斯[83]的学校，展示它，以及其他许
许多多也值得一听的东西；因为阿珀曼托斯的儿子欧狄科斯[84]邀请了
我。不管怎样，不仅你本人要在场，而且你还要带一些其他的人来，只 286c1
要他们听了那些被说的事情后，有能力对它们做出判断。

苏格拉底：好的，照办[85]！只要神愿意，希庇阿斯啊。然而，现
在关于它[86]请你略微简短地[87]回答我一下；真的[88]，你恰当地[89]提醒 286c5
了我。因为就在不久前，有一个人，最优秀的人啊，他把我扔进了走
投无路中[90]，当在一些讨论中，我一方面把某些东西指责为丑的，另一
方面又把一些东西赞扬为美的时；他甚至以一种非常侮慢的方式这样来
问我。"但你究竟从何处，"他说"苏格拉底啊，知道哪样一些东西是美 286d1
的，和哪样一些东西是丑的？那就来吧[91]！你能够对我说说，美是什么
吗？"而我则由于我的低劣[92]变得走投无路，并且我也不能够恰当地[93]
回答他。于是，当我从聚会[94]那里离开后，我既对我自己感到愤怒，又
谴责我自己，并且威胁道[95]，一旦我第一次遇到你们这些智慧的人中的 286d5
任何一位，我就会听和学，并且在完美地学习之后[96]，重新前往那个提
问的人那里，以便再争论一遍[97]。因此现在，正如我说的那样，你恰好

ΙΠΠΙΑΣ ΜΕΙΖΩΝ

εἰς καλὸν ἥκεις, καί με δίδαξον ἱκανῶς αὐτὸ τὸ καλὸν ὅτι ἐστί, καὶ πειρῶ μοι ὅτι μάλιστα ἀκριβῶς εἰπεῖν ἀποκρινόμενος, μὴ ἐξελεγχθεὶς τὸ δεύτερον αὖθις γέλωτα ὄφλω. οἶσθα γὰρ δήπου σαφῶς, καὶ σμικρόν που τοῦτ' ἂν εἴη μάθημα ὧν σὺ τῶν πολλῶν ἐπίστασαι.

ΙΠ. Σμικρὸν μέντοι νὴ Δί', ὦ Σώκρατες, καὶ οὐδενὸς ἄξιον, ὡς ἔπος εἰπεῖν.

ΣΩ. Ῥᾳδίως ἄρα μαθήσομαι καὶ οὐδείς με ἐξελέγξει ἔτι.

ΙΠ. Οὐδεὶς μέντοι· φαῦλον γὰρ ἂν εἴη τὸ ἐμὸν πρᾶγμα καὶ ἰδιωτικόν.

ΣΩ. Εὖ γε νὴ τὴν Ἥραν λέγεις, ὦ Ἱππία, εἰ χειρωσόμεθα τὸν ἄνδρα. ἀτὰρ μή τι κωλύω μιμούμενος ἐγὼ ἐκεῖνον, ἐὰν σοῦ ἀποκρινομένου ἀντιλαμβάνωμαι τῶν λόγων, ἵνα ὅτι μάλιστά με ἐκμελετήσῃς; σχεδὸν γάρ τι ἔμπειρός εἰμι τῶν ἀντιλήψεων. εἰ οὖν μή τί σοι διαφέρει, βούλομαι ἀντιλαμβάνεσθαι, ἵν' ἐρρωμενέστερον μάθω.

ΙΠ. Ἀλλ' ἀντιλαμβάνου. καὶ γάρ, ὃ νυνδὴ εἶπον, οὐ μέγα ἐστὶ τὸ ἐρώτημα, ἀλλὰ καὶ πολὺ τούτου χαλεπώτερα ἂν ἀποκρίνασθαι ἐγώ σε διδάξαιμι, ὥστε μηδένα ἀνθρώπων δύνασθαί σε ἐξελέγχειν.

ΣΩ. Φεῦ ὡς εὖ λέγεις· ἀλλ' ἄγ', ἐπειδὴ καὶ σὺ κελεύεις, φέρε ὅτι μάλιστα ἐκεῖνος γενόμενος πειρῶμαί σε ἐρωτᾶν. εἰ γὰρ δὴ αὐτῷ τὸν λόγον τοῦτον ἐπιδείξαις ὃν φῄς, τὸν περὶ τῶν καλῶν ἐπιτηδευμάτων, ἀκούσας, ἐπειδὴ παύσαιο λέγων, ἔροιτ' ἂν οὐ περὶ ἄλλου πρότερον ἢ περὶ τοῦ καλοῦ—ἔθος γάρ τι τοῦτ' ἔχει—καὶ εἴποι ἄν· "Ὦ ξένε Ἠλεῖε, ἆρ' οὐ δικαιοσύνῃ δίκαιοί εἰσιν οἱ δίκαιοι;" ἀπόκριναι δή, ὦ Ἱππία, ὡς ἐκείνου ἐρωτῶντος.—ΙΠ. Ἀποκρινοῦμαι ὅτι δικαιοσύνῃ. —ΣΩ. "Οὐκοῦν ἔστι τι τοῦτο, ἡ δικαιοσύνη;"—ΙΠ. Πάνυ

e3 που TW (sed τι suprascr. T) : om. F (in marg. γρ. που f)   e7 ἄρα TW f : ἅμα F   e8 ἂν TW : om. F   a3 μιμούμενος ἐγώ TF : ἐγὼ μιμούμενος W   a5 γάρ τι TW : τι γὰρ F   a6 μή τι TF : μὴ W   b4 ἀλλ' ἄγ' scr. recc. : ἀλλά γ' TWF   c1 τι TF : om. W   ἔχει TW f : ἔχειν F

已经来了，也请你充分地教导我，美本身究竟是什么；并且请你尝试尽 286e1
可能[98]准确地告诉我，当你进行回答时，以便我不会因第二次被反驳而
再次招致嘲笑。因为你无疑清楚地知道它，并且在你所知道的许多东西
中[99]，这无论如何也只会是其中的一小点学问。

希庇阿斯：宙斯在上，当然只是一小点，苏格拉底啊，并且几乎可 286e5
以说，一文不值。

苏格拉底：那么，我将容易进行学习，并且没有任何人还将反驳我。

希庇阿斯：当然没有任何人；否则我的所作所为[100]就会是微不足
道的，以及业余的[101]。 287a1

苏格拉底：真是个好消息[102]！赫拉在上，希庇阿斯啊，如果我们
制服那人的话。但是，我像下面这样做不会有什么妨碍吧，那就是，当
你回答时，如果我通过模仿那人来攻击〈你的〉各种说法[103]，以便你 287a5
尽可能地认真教我？因为，对于反驳，我或多或少还是有些经验的。因
此，如果你不反对的话[104]，那么，我打算进行反驳，以便我能够更为有
力地进行学习。

希庇阿斯：那就请你反驳吧！因为，正如我刚才所讲的，这个问题 287b1
根本就不是一个大问题，而且比这困难得多的问题，我都能够教你回答
它，以至于没有任何一个人能够驳斥你。

苏格拉底：哇，多好的消息啊！那就来吧[105]！既然你这样要求我，
请你让我通过尽可能地变成那个人来试着询问你。显然[106]，如果你把你 287b5
提到的这场演讲——即关于那些美好追求的演讲——展示给他，那么，
当他听后，一旦你停止讲话，他在就美进行提问之前不会就任何别的进
行提问——因为他有这样一种习惯——，并且他会说道："来自埃利斯 287c1
的客人啊，那些正义的人岂不根据正义[107]而是正义的吗[108]？"那就请
你回答吧，希庇阿斯啊，仿佛那个人在进行提问似的。——**希庇阿斯**：
我将回答，根据正义。——**苏格拉底**："那么，这，即正义，是某种东

ΠΛΑΤΩΝΟΣ

γε.—ΣΩ. "Οὐκοῦν καὶ σοφίᾳ οἱ σοφοί εἰσι σοφοὶ καὶ τῷ ἀγαθῷ πάντα τἀγαθὰ ἀγαθά;"—ΙΠ. Πῶς δ' οὔ;—ΣΩ. "Οὖσί γέ τισι τούτοις· οὐ γὰρ δήπου μὴ οὖσί γε."—ΙΠ. Οὖσι μέντοι.—ΣΩ. "Ἆρ' οὖν οὐ καὶ τὰ καλὰ πάντα τῷ καλῷ ἐστι καλά;"—ΙΠ. Ναί, τῷ καλῷ.—ΣΩ. "Ὄντι γέ τινι τούτῳ;"—ΙΠ. Ὄντι· ἀλλὰ τί γὰρ μέλλει;—ΣΩ. "Εἰπὲ δή, ὦ ξένε," φήσει, "τί ἐστι τοῦτο τὸ καλόν;"

ΙΠ. Ἄλλο τι οὖν, ὦ Σώκρατες, ὁ τοῦτο ἐρωτῶν δεῖται πυθέσθαι τί ἐστι καλόν;

ΣΩ. Οὔ μοι δοκεῖ, ἀλλ' ὅτι ἐστὶ τὸ καλόν, ὦ Ἱππία.

ΙΠ. Καὶ τί διαφέρει τοῦτ' ἐκείνου;

ΣΩ. Οὐδέν σοι δοκεῖ;

ΙΠ. Οὐδὲν γὰρ διαφέρει.

ΣΩ. Ἀλλὰ μέντοι δῆλον ὅτι σὺ κάλλιον οἶσθα. ὅμως δέ, ὠγαθέ, ἄθρει· ἐρωτᾷ γάρ σε οὐ τί ἐστι καλόν, ἀλλ' ὅτι ἐστὶ τὸ καλόν.

ΙΠ. Μανθάνω, ὠγαθέ, καὶ ἀποκρινοῦμαί γε αὐτῷ ὅτι ἐστι τὸ καλόν, καὶ οὐ μή ποτε ἐλεγχθῶ. ἔστι γάρ, ὦ Σώκρατες, εὖ ἴσθι, εἰ δεῖ τὸ ἀληθὲς λέγειν, παρθένος καλὴ καλόν.

ΣΩ. Καλῶς γε, ὦ Ἱππία, νὴ τὸν κύνα καὶ εὐδόξως ἀπεκρίνω. ἄλλο τι οὖν, ἂν ἐγὼ τοῦτο ἀποκρίνωμαι, τὸ ἐρωτώμενόν τε ἀποκεκριμένος ἔσομαι καὶ ὀρθῶς, καὶ οὐ μή ποτε ἐλεγχθῶ;

ΙΠ. Πῶς γὰρ ἄν, ὦ Σώκρατες, ἐλεγχθείης, ὅ γε πᾶσιν δοκεῖ καὶ πάντες σοι μαρτυρήσουσιν οἱ ἀκούοντες ὅτι ὀρθῶς λέγεις;

ΣΩ. Εἶεν· πάνυ μὲν οὖν. φέρε δή, ὦ Ἱππία, πρὸς ἐμαυτὸν ἀναλάβω ὃ λέγεις. ὁ μὲν ἐρήσεταί με οὑτωσί πως· "Ἴθι μοι, ὦ Σώκρατες, ἀπόκριναι· ταῦτα πάντα ἃ φῂς καλὰ

c 6 τἀγαθὰ ἀγαθά T W : τὰ | ἀγαθά F   d 1 ἐστι T W : εἰσι F
d 2 μέλλει T W : με δεῖ F (ἐν ἄλλῳ μέλλει in marg. f)   d 3 δὴ
T W : δὲ F   d 11 ὅτι T F : ὅτι τί W   e 5 καλῶς γε T W :
καλὸν καλοῦ F   e 6 ἀποκρίνομαι T : ἀποκρινοῦμαι W : ἀποκρίνομαι F
a 2 ποτε F : om. T W

西吗[109]？"——**希庇阿斯**：当然。——**苏格拉底**："那些智慧的人岂不 287c5
也根据智慧而是智慧的，所有善的东西根据善而是善的？"——**希庇阿斯**：
为何不呢？——**苏格拉底**："所根据的这些东西都肯定是某种东西，因为
它们无论如何都不会不是。"——**希庇阿斯**：它们当然是。——**苏格拉底**：
"因此，所有美的东西岂不也都根据美而是美的？"——**希庇阿斯**：是的， 287d1
根据美。——**苏格拉底**："所根据的这种东西肯定是某种东西吗？"——
希庇阿斯：它是；难道你还能期待别的什么吗[110]？——**苏格拉底**："那就
请你告诉〈我〉，客人啊，"他将说，"这种东西，即美是什么？"

希庇阿斯：那么，苏格拉底啊，这样问的人，他是不是[111]想了解 287d5
什么是一个美的东西[112]？

苏格拉底：在我看来他不是，而是〈想了解〉美是什么，希庇阿斯啊。

希庇阿斯：后者之于前者有什么不同吗？

苏格拉底：难道在你看来没有任何不同？

希庇阿斯：确实没有任何不同。

苏格拉底：当然，显然你肯定知道得更好些。然而，优秀的人啊， 287d10
还得请你考虑一下；因为他没有问你，什么是一个美的东西，而是美是 287e1
什么。

希庇阿斯：我明白了，优秀的人啊；并且我也肯定将回答他，美是
什么，而我也永不会被反驳。因为，苏格拉底啊，你得清楚，如果必须
说出真相，那么，一位美的少女是一个美的东西。

苏格拉底：的确很好，希庇阿斯啊，以狗起誓[113]，你甚至已经引人 287e5
注目地进行了回答[114]。因此，如果我这样进行回答，是不是我也将回答 288a1
了被问的事情呢，并且是正确地回答了，而且我也永不会被反驳？

希庇阿斯：你怎么可能会被反驳呢，苏格拉底啊，〈如果你的回答〉
确实在所有人看来都是那样，并且所有听到的人都将为你作证，即你说 288a5
得正确？

苏格拉底：好吧[115]！确实如此。那就来吧，希庇阿斯啊，让我为
我自己重新拾起你所说的。那个人约莫会像下面这样问我："过来！苏
格拉底啊，请你回答我。对之你宣称是美的所有那些东西，如果美本身

ΙΠΠΙΑΣ ΜΕΙΖΩΝ

εἶναι, εἰ τί ἐστιν αὐτὸ τὸ καλόν, ταῦτ' ἂν εἴη καλά;" ἐγὼ δὲ δὴ ἐρῶ ὅτι εἰ παρθένος καλὴ καλόν, ἔστι δι' ὃ ταῦτ' ἂν εἴη καλά;

ΙΠ. Οἴει οὖν ἔτι αὐτὸν ἐπιχειρήσειν σε ἐλέγχειν ὡς οὐ καλόν ἐστιν ὃ λέγεις, ἢ ἐὰν ἐπιχειρήσῃ, οὐ καταγέλαστον ἔσεσθαι;

ΣΩ. Ὅτι μὲν ἐπιχειρήσει, ὦ θαυμάσιε, εὖ οἶδα· εἰ δὲ ἐπιχειρήσας ἔσται καταγέλαστος, αὐτὸ δείξει. ἃ μέντοι ἐρεῖ, ἐθέλω σοι λέγειν.

ΙΠ. Λέγε δή.

ΣΩ. "'Ὡς γλυκὺς εἶ,'' φήσει, " ὦ Σώκρατες. θήλεια δὲ ἵππος καλὴ οὐ καλόν, ἣν καὶ ὁ θεὸς ἐν τῷ χρησμῷ ἐπήνεσεν;" τί φήσομεν, ὦ Ἱππία; ἄλλο τι ἢ φῶμεν καὶ τὴν ἵππον καλὸν εἶναι, τήν γε καλήν; πῶς γὰρ ἂν τολμῷμεν ἔξαρνοι εἶναι τὸ καλὸν μὴ καλὸν εἶναι;

ΙΠ. Ἀληθῆ λέγεις, ὦ Σώκρατες· ἐπεί τοι καὶ ὀρθῶς αὐτὸ ὁ θεὸς εἶπεν· πάγκαλαι γὰρ παρ' ἡμῖν ἵπποι γίγνονται.

ΣΩ. " Εἶεν,'' φήσει δή· " τί δὲ λύρα καλή; οὐ καλόν;" φῶμεν, ὦ Ἱππία;

ΙΠ. Ναί.

ΣΩ. Ἐρεῖ τοίνυν μετὰ τοῦτ' ἐκεῖνος, σχεδόν τι εὖ οἶδα ἐκ τοῦ τρόπου τεκμαιρόμενος· "Ὦ βέλτιστε σύ, τί δὲ χύτρα καλή; οὐ καλὸν ἄρα;"

ΙΠ. Ὦ Σώκρατες, τίς δ' ἐστὶν ὁ ἄνθρωπος; ὡς ἀπαίδευτός τις ὃς οὕτω φαῦλα ὀνόματα ὀνομάζειν τολμᾷ ἐν σεμνῷ πράγματι.

ΣΩ. Τοιοῦτός τις, ὦ Ἱππία, οὐ κομψὸς ἀλλὰ συρφετός,

a 9 εἰ τί F: εἴ τι TW   ἐγὼ ... a 11 καλά om. W   a 10 εἴ secl. ci. Sydenham   post καλόν dist. Hoenebeek Hissink   καλόν ... a 11 καλά secl. Hermann   ἔστι] ἔστι τι Schanz   δι' ὅ] διὸ TW: διότι F   b 4 εἰ δ' TW: ὅτι F   c 1 καλὸν fort. pr. F: καλὴν TW et corr. f   c 2 τολμῶμεν F: τολμῷμεν TW   ἔξαρνοι εἶναι TWf: ἐξαρνώσεων F   c 3 μὴ TWF: μὴ οὐ scr. Ven. 189   c 7 ὦ TWf: τῷ F   c 9 μετὰ TW: καὶ μετὰ F   εὖ TW et suprascr. f: om. F

毕竟是某种东西[116]，那么，那些东西才会是美的吗[117]？"而我竟然将 288a10
会这样说吗，那就是：如果一位美的少女是一个美的东西，那么，由此
那些东西就会是美的[118]？

希庇阿斯：那么，你认为他仍然将试图反驳你，〈宣称〉你所说的不 288b1
是一个美的东西吗，或者，如果他将尝试那样做，那他岂不将是可笑的？

苏格拉底：他肯定将尝试那么做，令人钦佩的人啊，我很清楚这
点。但是，他是否因尝试那么做而将是可笑的，这件事自身将会显明[119]。288b5
然而，他将说的那些，我愿意对你说说。

希庇阿斯：那就请你说说吧。

苏格拉底："你是何等的天真[120]，"他将说，"苏格拉底啊。而一匹
美的母马难道就不是一个美的东西吗，其实神在神谕中称赞过它？"我 288c1
们将说什么呢，希庇阿斯啊？是不是我们会说，一匹母马也是一个美的
东西，至少一匹美的母马是？因为，我们如何敢于否认[121]下面这点呢，
即美的东西是美的[122]？

希庇阿斯：你说得对，苏格拉底啊；因为神毫无疑问[123]也在正确
地说这件事。其实在我们那里[124]就出现了一些非常美的马。 288c5

苏格拉底："好吧，"那么他将说，"而一把美的七弦琴又如何？它
难道不是一个美的东西？"我们会同意吗[125]，希庇阿斯啊？

希庇阿斯：会。

苏格拉底：那么，此后那个人会说——我差不多很清楚，通过从其 288c10
性情推测[126]——："你，最优秀的人啊，一个美的陶器又如何呢？难道
它不是一个美的东西？"

希庇阿斯：苏格拉底啊，这家伙究竟是谁呢？多么没有受过教育 288d1
的一个人啊，他居然敢于在一件严肃的事情上说出一些如此低俗的字
眼来！

苏格拉底：他就是一个如此这般的人，希庇阿斯啊，不是一个优雅

ΠΛΑΤΩΝΟΣ

οὐδὲν ἄλλο φροντίζων ἢ τὸ ἀληθές. ἀλλ' ὅμως ἀποκριτέον τῷ ἀνδρί, καὶ ἔγωγε προαποφαίνομαι· εἴπερ ἡ χύτρα κεκεραμευμένη εἴη ὑπὸ ἀγαθοῦ κεραμέως λεία καὶ στρογγύλη καὶ καλῶς ὠπτημένη, οἷαι τῶν καλῶν χυτρῶν εἰσί τινες δίωτοι, τῶν ἓξ χοᾶς χωρουσῶν, πάγκαλαι, εἰ τοιαύτην ἐρωτῴη χύτραν, καλὴν ὁμολογητέον εἶναι. πῶς γὰρ ἂν φαῖμεν καλὸν ὂν μὴ καλὸν εἶναι;

ΙΠ. Οὐδαμῶς, ὦ Σώκρατες.

ΣΩ. "Οὐκοῦν καὶ χύτρα," φήσει, "καλὴ καλόν; ἀποκρίνου."

ΙΠ. Ἀλλ' οὕτως, ὦ Σώκρατες, ἔχει, οἶμαι· καλὸν μὲν καὶ τοῦτο τὸ σκεῦός ἐστι καλῶς εἰργασμένον, ἀλλὰ τὸ ὅλον τοῦτο οὐκ ἔστιν ἄξιον κρίνειν ὡς ὂν καλὸν πρὸς ἵππον τε καὶ παρθένον καὶ τἆλλα πάντα τὰ καλά.

ΣΩ. Εἶεν· μανθάνω, ὦ Ἱππία, ὡς ἄρα χρὴ ἀντιλέγειν πρὸς τὸν ταῦτα ἐρωτῶντα τάδε· Ὦ ἄνθρωπε, ἀγνοεῖς ὅτι τὸ τοῦ Ἡρακλείτου εὖ ἔχει, ὡς ἄρα "Πιθήκων ὁ κάλλιστος αἰσχρὸς ἀνθρώπων γένει συμβάλλειν," καὶ χυτρῶν ἡ καλλίστη αἰσχρὰ παρθένων γένει συμβάλλειν, ὥς φησιν Ἱππίας ὁ σοφός. οὐχ οὕτως, ὦ Ἱππία;

ΙΠ. Πάνυ μὲν οὖν, ὦ Σώκρατες, ὀρθῶς ἀπεκρίνω.

ΣΩ. Ἄκουε δή. μετὰ τοῦτο γὰρ εὖ οἶδ' ὅτι φήσει· "Τί δέ, ὦ Σώκρατες; τὸ τῶν παρθένων γένος θεῶν γένει ἄν τις συμβάλλῃ, οὐ ταὐτὸν πείσεται ὅπερ τὸ τῶν χυτρῶν τῷ τῶν παρθένων συμβαλλόμενον; οὐχ ἡ καλλίστη παρθένος αἰσχρὰ φανεῖται; ἢ οὐ καὶ Ἡράκλειτος αὐτὸ τοῦτο λέγει, ὃν σὺ ἐπάγῃ, ὅτι "Ἀνθρώπων ὁ σοφώτατος πρὸς θεὸν πίθηκος

---

d 9 πάγκαλαι T W : πάγκαλοι F   e 4 φήσει T W f : φῂς ει F
e 7 τοῦτο τὸ F : τοῦτο T W   e 8 ὂν T W f : ἂν F   a 1 μανθάνω
T W f : μανθάνων F (om. Ang.)   a 3 αἰσχρὸς T W f : ἐχθρὸς F
a 4 ἀνθρώπων ci. Bekker (ἀνθρωπίνῳ Sydenham : ἀνθρωπείῳ Heindorf) :
ἄλλῳ T W F   a 5 αἰσχρὰ T W : ναί· ἐχθρὰ F (αἰσχθρὰ corr. f) : ναὶ
αἰσχρὰ Ang.   a 7 ἀπεκρίνω T W f : ἀπεκρίνου F   b 1 συμβάλλῃ
T W : συμβάλαι F sed corr. f (συμβάλλῃ ἢ Ang.)   τῷ W F : τὸ T
b 3 αὐτὸ F : ταὐτὸ T W

的人，而是乌合之众的一员[127]，除了真相，他根本就不操心别的什么。然而[128]，必须得回答这个人，并且我也肯定要提前表达一种意见：假如该陶器被一个优秀的陶匠制作出来了，既光滑又圆润，并且被烧制得美，就像在那些美的、容纳近二十升液体[129]的陶器中，有着某些两柄[130]陶器，它们是非常美的，如果他问一件如此这般的陶器，那就必须得承认它是美的。因为，我们如何可能宣称，某个东西，它虽然是某种美的东西，但不是美的？

288d5

288e1

希庇阿斯：绝不可能，苏格拉底啊。

苏格拉底："因此，一件美的陶器，"他将说，"岂不也是一个美的东西？请你回答！"

288e5

希庇阿斯：当然是这个样子，苏格拉底啊，我认为。虽然这种器具也是一种美的东西，只要它被制作得美，但是，整体地讲[131]，这种东西不值得被判断为是某种美的东西，同一匹母马和一位少女，以及同其他所有美的东西相比。

苏格拉底：好吧！我懂了，希庇阿斯啊，面对这样提问的那个人，肯定必须得这样进行反驳：人啊，你不知道赫拉克利特的话是正确的[132]，那就是"最美的猴子同人这个族类相比[133]，也是丑陋的。"并且最美的器具同少女这个族类相比，也是丑陋的，就像希庇阿斯这位智慧的人所宣称的那样。难道不是这样吗，希庇阿斯啊？

289a1

289a5

希庇阿斯：完全如此，苏格拉底啊，你回答得正确。

苏格拉底：那你就得听听。因为此后我很清楚他将说："怎么回事，苏格拉底啊？如果一个人把少女这个族类同神这个族类相比，那岂不将发生同样的事情，就像他把器具这个族类同少女这个族类相比一样？最美的少女岂不也将显得是丑陋的？或者你所引入的那位赫拉克利特其实没有说过这同样的事情，那就是：最智慧的人之于一位神，也显得像

289b1

ΙΠΠΙΑΣ ΜΕΙΖΩΝ

φανεῖται καὶ σοφίᾳ καὶ κάλλει καὶ τοῖς ἄλλοις πᾶσιν;" ὁμολογήσωμεν, Ἱππία, τὴν καλλίστην παρθένον πρὸς θεῶν γένος αἰσχρὰν εἶναι;

ΙΠ. Τίς γὰρ ἂν ἀντείποι τούτῳ γε, ὦ Σώκρατες;

ΣΩ. Ἂν τοίνυν ταῦτα ὁμολογήσωμεν, γελάσεταί τε καὶ ἐρεῖ· "Ὦ Σώκρατες, μέμνησαι οὖν ὅτι ἠρωτήθης;" Ἔγωγε, φήσω, ὅτι αὐτὸ τὸ καλὸν ὅ τί ποτέ ἐστιν. "Ἔπειτα," φήσει, "ἐρωτηθεὶς τὸ καλὸν ἀποκρίνῃ ὃ τυγχάνει ὄν, ὡς αὐτὸς φῄς, οὐδὲν μᾶλλον καλὸν ἢ αἰσχρόν;" Ἔοικε, φήσω· ἢ τί μοι συμβουλεύεις, ὦ φίλε, φάναι;

ΙΠ. Τοῦτο ἔγωγε· καὶ γὰρ δὴ πρός γε θεοὺς ὅτι οὐ καλὸν τὸ ἀνθρώπειον γένος, ἀληθῆ ἐρεῖ.

ΣΩ. "Εἰ δέ σε ἠρόμην," φήσει, "ἐξ ἀρχῆς τί ἐστι καλόν τε καὶ αἰσχρόν, εἴ μοι ἅπερ νῦν ἀπεκρίνω, ἆρ' οὐκ ἂν ὀρθῶς ἀπεκέκρισο; ἔτι δὲ καὶ δοκεῖ σοι αὐτὸ τὸ καλόν, ᾧ καὶ τἆλλα πάντα κοσμεῖται καὶ καλὰ φαίνεται, ἐπειδὰν προσγένηται ἐκεῖνο τὸ εἶδος, τοῦτ' εἶναι παρθένος ἢ ἵππος ἢ λύρα;

ΙΠ. Ἀλλὰ μέντοι, ὦ Σώκρατες, εἰ τοῦτό γε ζητεῖ, πάντων ῥᾷστον ἀποκρίνασθαι αὐτῷ τί ἐστι τὸ καλὸν ᾧ καὶ τὰ ἄλλα πάντα κοσμεῖται καὶ προσγενομένου αὐτοῦ καλὰ φαίνεται. εὐηθέστατος οὖν ἐστιν ὁ ἄνθρωπος καὶ οὐδὲν ἐπαΐει περὶ καλῶν κτημάτων. ἐὰν γὰρ αὐτῷ ἀποκρίνῃ ὅτι τοῦτ' ἐστὶν ὃ ἐρωτᾷ τὸ καλὸν οὐδὲν ἄλλο ἢ χρυσός, ἀπορήσει καὶ οὐκ ἐπιχειρήσει σε ἐλέγχειν. ἴσμεν γάρ που πάντες ὅτι ὅπου ἂν τοῦτο προσγένηται, κἂν πρότερον αἰσχρὸν φαίνηται, καλὸν φανεῖται χρυσῷ γε κοσμηθέν.

b 6 ὁμολογήσωμεν W : ὁμολογήσομεν TF   ὦ ante Ἱππία add. Coisl. : om. TWF   c 7 γὰρ F : om. TW   c 9 δέ σε TWf : δέ γε F   d 1 ἆρ' οὐκ W : ἄρα οὐκ T : ἆρ' οὐκ F : ἄρα σὺ Schanz   d 2 ἔτι TWf : ὅτι F   d 3 καλὰ TW : τἆλλα F   d 5 λύρα TW et suprascr. f : χύτρα F   d 6 γε ζητεῖ TWf : γ' ἐζήτει F   d 7 τί TWf : ὅτι F   e 2 κτημάτων TW : γρ. ἐρωτημάτων in marg. T : ἐρωτημάτων F (in marg. ἐν ἄλλοις κτημάτων f)   e 4 σε TWf : γε F   e 5 κἂν F : καὶ TW

一只猴子，无论是在智慧方面，还是在美丽方面，以及在其他所有方面？"我们将同意，希庇阿斯啊，最美的少女之于神这个族类是丑陋的吗？ 289b5

希庇阿斯：难道有谁竟然能够反驳这点，苏格拉底啊？

苏格拉底：那么，如果我们同意这些，那么他就将进行嘲笑，并且将说："苏格拉底啊，那你还记得你曾被问的事情吗？""我肯定记得，我将说，那就是，美本身究竟是什么。""然后，"他将说，"虽然关于美你被问，但你岂不在回答何种东西，就像你自己所说的那样，它实际上并不更多地是美的，同是丑的相比[134]？""似乎是这样，我将说；或者，你建议我说什么，朋友啊？" 289c1

289c5

希庇阿斯：这其实也就是我所建议的；因为同诸神相比，人的族类无论如何都不是美的，这点他确实说得对。

苏格拉底："但是，如果我，"他将说，"从一开始就问你什么东西既是美的，又是丑的[135]，如果你也像现在这样回答了我[136]，那么，你岂不已经回答得正确了？而你依然认为美本身——根据它，其他所有的东西被装饰[137]并且显得是美的，每当那种形式在场[138]——，它是一个少女，或者一匹母马，或者一把七弦琴吗？" 289d1

289d5

希庇阿斯：然而，苏格拉底啊，如果他确实是在寻找这种东西，那么，在一切中就最容易回答他美是什么了——根据它，其他所有的东西被装饰，并且当它在场时它们显得是美的——。所以，这人是极其头脑简单的，并且关于各种美的所有物他也毫无领会[139]，因为，如果你回答他，他所询问的这种东西，即美，无非就是黄金，那么，他既将走投无路，也不会试图反驳你。因为我们无论如何都知道，〈黄金〉这种东西无论于何处在场，即使一个东西先前显得是丑的，至少被黄金装饰后它也将显得是美的。 289e1

289e5

ΠΛΑΤΩΝΟΣ

ΣΩ. Ἄπειρος εἶ τοῦ ἀνδρός, ὦ Ἱππία, ὡς σχέτλιός ἐστι καὶ οὐδὲν ῥᾳδίως ἀποδεχόμενος.

ΙΠ. Τί οὖν τοῦτο, ὦ Σώκρατες; τὸ γὰρ ὀρθῶς λεγόμενον ἀνάγκη αὐτῷ ἀποδέχεσθαι, ἢ μὴ ἀποδεχομένῳ καταγελάστῳ εἶναι.

ΣΩ. Καὶ μὲν δὴ ταύτην γε τὴν ἀπόκρισιν, ὦ ἄριστε, οὐ μόνον οὐκ ἀποδέξεται, ἀλλὰ πάνυ με καὶ τωθάσεται, καὶ ἐρεῖ· "Ὦ τετυφωμένε σύ, Φειδίαν οἴει κακὸν εἶναι δημιουργόν;" καὶ ἐγὼ οἶμαι ἐρῶ ὅτι Οὐδ' ὁπωστιοῦν.

ΙΠ. Καὶ ὀρθῶς γ᾽ ἐρεῖς, ὦ Σώκρατες.

ΣΩ. Ὀρθῶς μέντοι. τοιγάρτοι ἐκεῖνος, ἐπειδὰν ἐγὼ ὁμολογῶ ἀγαθὸν εἶναι δημιουργὸν τὸν Φειδίαν, "Εἶτα," φήσει, "οἴει τοῦτο τὸ καλὸν ὃ σὺ λέγεις ἠγνόει Φειδίας;" Καὶ ἐγώ· Τί μάλιστα; φήσω. "Ὅτι," ἐρεῖ, "τῆς Ἀθηνᾶς τοὺς ὀφθαλμοὺς οὐ χρυσοῦς ἐποίησεν, οὐδὲ τὸ ἄλλο πρόσωπον οὐδὲ τοὺς πόδας οὐδὲ τὰς χεῖρας, εἴπερ χρυσοῦν γε δὴ ὂν κάλλιστον ἔμελλε φαίνεσθαι, ἀλλ᾽ ἐλεφάντινον· δῆλον ὅτι τοῦτο ὑπὸ ἀμαθίας ἐξήμαρτεν, ἀγνοῶν ὅτι χρυσὸς ἄρ' ἐστὶν ὁ πάντα καλὰ ποιῶν, ὅπου ἂν προσγένηται." ταῦτα οὖν λέγοντι τί ἀποκρινώμεθα, ὦ Ἱππία;

ΙΠ. Οὐδὲν χαλεπόν· ἐροῦμεν γὰρ ὅτι ὀρθῶς ἐποίησε. καὶ γὰρ τὸ ἐλεφάντινον οἶμαι καλόν ἐστιν.

ΣΩ. "Τοῦ οὖν ἕνεκα," φήσει, "οὐ καὶ τὰ μέσα τῶν ὀφθαλμῶν ἐλεφάντινα ἠργάσατο, ἀλλὰ λίθινα, ὡς οἷόν τ' ἦν ὁμοιότητα τοῦ λίθου τῷ ἐλέφαντι ἐξευρών; ἢ καὶ ὁ λίθος ὁ καλὸς καλόν ἐστι;" φήσομεν, ὦ Ἱππία;

ΙΠ. Φήσομεν μέντοι, ὅταν γε πρέπων ᾖ.

ΣΩ. "Ὅταν δὲ μὴ πρέπων, αἰσχρόν;" ὁμολογῶ ἢ μή;

ΙΠ. Ὁμολόγει, ὅταν γε μὴ πρέπῃ.

b 6 ἐξήμαρτεν secl. Schanz   χρυσὸς T F : ὁ χρυσὸς W   b 8 ἀποκρινώμεθα T W : ἀποκρινόμεθα F   c 5 ὁμοιότητα T W : ἀνθομοιότητα F   τῷ ἐλέφαντι T W f : τῷ ἐλεφαντίνῳ w : τοῦ ἐλεφαντίνου F   c 6 ὦ W F : om. T   c 7 μέντοι F : τοι T W   πρέπων T (et mox) : πρέπον W F (et mox)   c 9 ὁμολόγει T W : ὁμολογῶ F

苏格拉底：你对这人是没有经验的，希庇阿斯啊，他是多么的固执己见，并且不会轻易地接受任何东西。

希庇阿斯：这是怎么回事呢，苏格拉底啊？因为他必须接受那被正确地说出来的东西，或者，如果他不接受，那么，他就必然是可笑的。 290a1

苏格拉底：而事实上[140]，这个问答，最优秀的人啊，他不仅不会接受，而且还肯定会嘲讽我，他将说："哎，你已经精神错乱了吗，你认为 290a5 斐狄阿斯[141]是一个拙劣的匠人？"而我认为我将说：无论如何都不是。

希庇阿斯：而你也肯定说得正确，苏格拉底啊。

苏格拉底：当然正确。因此，一旦我承认斐狄阿斯是一个优秀的匠人，"那么，"那个人就将说，"你认为斐狄阿斯不知道你所说的这种 290b1 美的东西吗？"而我将说，究竟怎么回事呢[142]？"那是因为，"他将回应到，"他既没有使雅典娜的双眸成为黄金制的，也没有使她的脸部的其他任何部位成为黄金制的，也没有使她的双脚或者双手成为黄金制的——既然一种黄金制的东西肯定将显得是最美的，而〈他却把它们弄 290b5 成了〉象牙制的——；下面这点就是显而易见的，那就是：他由于无知才犯下这种错误，因为他不知道黄金确实是使得一切东西成为美的那种东西，无论它于何处在场。"因此，当他说出这些时，我们该回答他什么呢，希庇阿斯啊？

希庇阿斯：一点也不困难；我们将说他做得正确。因为我认为象牙 290c1 制的东西也是美的。

苏格拉底："那么，为何，"他将说，"他没有把她的双眸的中间部分制作成象牙制的，而是石头制的，只是因为他发现了石头之于象牙是 290c5 最可能相似的吗？抑或，一块美的石头也是一个美的东西吗？"我们将承认吗，希庇阿斯啊？

希庇阿斯：我们当然会承认，至少当它是合适的时候。

苏格拉底："而当它不合适的时候，它就是丑的？"我同意与否？

希庇阿斯：你得同意，至少当它不合适的时候。

ΙΠΠΙΑΣ ΜΕΙΖΩΝ

ΣΩ. "Τί δὲ δή; ὁ ἐλέφας καὶ ὁ χρυσός," φήσει, "ὦ σοφὲ σύ, οὐχ ὅταν μὲν πρέπῃ, καλὰ ποιεῖ φαίνεσθαι, ὅταν δὲ μή, αἰσχρά;" ἔξαρνοι ἐσόμεθα ἢ ὁμολογήσομεν αὐτῷ ὀρθῶς λέγειν αὐτόν;

ΙΠ. Ὁμολογήσομεν τοῦτό γε, ὅτι ὃ ἂν πρέπῃ ἑκάστῳ, τοῦτο καλὸν ποιεῖ ἕκαστον.

ΣΩ. "Πότερον οὖν πρέπει," φήσει, "ὅταν τις τὴν χύτραν ἣν ἄρτι ἐλέγομεν, τὴν καλήν, ἕψῃ ἔτνους καλοῦ μεστήν, χρυσῆ τορύνη αὐτῇ ἢ συκίνη;"

ΙΠ. Ἡράκλεις, οἷον λέγεις ἄνθρωπον, ὦ Σώκρατες. οὐ βούλει μοι εἰπεῖν τίς ἐστιν;

ΣΩ. Οὐ γὰρ ἂν γνοίης, εἴ σοι εἴποιμι τοὔνομα.

ΙΠ. Ἀλλὰ καὶ νῦν ἔγωγε γιγνώσκω, ὅτι ἀμαθής τίς ἐστιν.

ΣΩ. Μέρμερος πάνυ ἐστίν, ὦ Ἱππία· ἀλλ' ὅμως τί φήσομεν; ποτέραν πρέπειν τοῖν τορύναιν τῷ ἔτνει καὶ τῇ χύτρᾳ; ἢ δῆλον ὅτι τὴν συκίνην; εὐωδέστερον γάρ που τὸ ἔτνος ποιεῖ, καὶ ἅμα, ὦ ἑταῖρε, οὐκ ἂν συντρίψασα ἡμῖν τὴν χύτραν ἐκχέαι τὸ ἔτνος καὶ τὸ πῦρ ἀποσβέσειεν καὶ τοὺς μέλλοντας ἑστιᾶσθαι ἄνευ ὄψου ἂν πάνυ γενναίου ποιήσειεν· ἡ δὲ χρυσῆ ἐκείνη πάντα ἂν ταῦτα ποιήσειεν, ὥστ' ἔμοιγε δοκεῖν τὴν συκίνην ἡμᾶς μᾶλλον φάναι πρέπειν ἢ τὴν χρυσῆν, εἰ μή τι σὺ ἄλλο λέγεις.

ΙΠ. Πρέπει μὲν γάρ, ὦ Σώκρατες, μᾶλλον· οὐ μεντἂν ἔγωγε τῷ ἀνθρώπῳ τοιαῦτα ἐρωτῶντι διαλεγοίμην.

ΣΩ. Ὀρθῶς γε, ὦ φίλε· σοὶ μὲν γὰρ οὐκ ἂν πρέποι τοιούτων ὀνομάτων ἀναπίμπλασθαι, καλῶς μὲν οὑτωσὶ ἀμπεχομένῳ, καλῶς δὲ ὑποδεδεμένῳ, εὐδοκιμοῦντι δὲ ἐπὶ σοφίᾳ ἐν πᾶσι τοῖς Ἕλλησιν. ἀλλ' ἐμοὶ οὐδὲν πρᾶγμα φύρεσθαι

d 1 ὦ σοφὲ σύ TW: ὦ ἱππία F (ἐν ἄλλοις ὦ σοφὲ σὺ in marg. f)
d 6 τοῦτο F: τοῦτον TW   d 7 οὖν F: om. TW   d 9 αὐτῇ TWf: αὔτη F   e 5 τοῖν TF: ταῖν W   e 6 εὐωδέστερον TWf: ἐν ὦ δ' ἕτερον F   e 9 ὄψου ἂν W: ὄψου TF   e 10 ὥστ' ἔμοιγε δοκεῖν F: ὥς γε μοι δοκεῖ TW   a 3 γὰρ TWf: γε F
a 7 ὑποδεδεμένῳ TWf: ὑποδεχομένῳ F   a 8 πᾶσι τοῖς TWf: πλείστοις F

苏格拉底："然后呢？象牙和黄金，"他将说，"你这个智慧的人啊，290d1
岂不当它们合适的时候，它们使得事物显得是美的，而当它们不合适
的时候，则使得事物显得是丑的？"我们是将否认呢，还是承认他说得
正确？

希庇阿斯：我们至少会同意下面这点，那就是：任何会适合于某一 290d5
特定事物的东西，它使得该特定的事物成为美的。

苏格拉底："那么，"他将说，"当一个人把我们刚才说过的那具陶
器——它是一个美的东西，充满了美的浓豆汤——烧开了，与它相适合
的，是黄金制的搅拌勺呢，还是无花果木制的搅拌勺？"

希庇阿斯：赫拉克勒斯[143]！你在说一个什么样的人，苏格拉底啊！ 290d10
你就不愿意告诉我他是谁吗？ 290e1

苏格拉底：你根本不认识他，即使我告诉你名字。

希庇阿斯：但至少我现在已经认识到，他是一个无知的人。

苏格拉底：他是一个非常爱挑剔的人，希庇阿斯啊。然而，我们将
说什么呢？这两个搅拌勺中的哪一个适合于浓豆汤和陶器呢？或者显而 290e5
易见的是无花果木制的搅拌勺？因为，它肯定使得浓豆汤更加的芳香，
此外[144]，朋友啊，它还不会因打破我们的陶器而洒掉浓豆汤，并把火
浇灭，从而使得那些打算赴宴的人在缺乏一种真正贵重的菜肴的情况下
〈就餐〉；而黄金制的那种搅拌勺则会导致所有这些，因此至少在我看 290e10
来，我们会说无花果木制的搅拌勺比黄金制的搅拌勺更为合适，除非你 291a1
有别的什么要说。

希庇阿斯：它确实更为合适，苏格拉底啊；然而，我无论如何都不
愿同问诸如此类的事情的一个人进行讨论。

苏格拉底：你肯定说得正确，朋友啊。因为对你来说，被一些如此 291a5
这般的语词所玷污[145]，这肯定会不合适；因为，一方面，你围着如此
漂亮的衣服，穿着如此漂亮的鞋，另一方面，在所有希腊人中，你在智
慧方面有着如此好的名声。但是对我来说，同这人交往[146]则不打紧[147]。

ΠΛΑΤΩΝΟΣ

b πρὸς τὸν ἄνθρωπον· ἐμὲ οὖν προδίδασκε καὶ ἐμὴν χάριν
ἀποκρίνου. "Εἰ γὰρ δὴ πρέπει γε μᾶλλον ἡ συκίνη τῆς
χρυσῆς," φήσει ὁ ἄνθρωπος, "ἄλλο τι καὶ καλλίων ἂν εἴη,
ἐπειδήπερ τὸ πρέπον, ὦ Σώκρατες, κάλλιον ὡμολόγησας εἶναι
5 τοῦ μὴ πρέποντος;" ἄλλο τι ὁμολογῶμεν, ὦ Ἱππία, τὴν
συκίνην καλλίω τῆς χρυσῆς εἶναι;

ΙΠ. Βούλει σοι εἴπω, ὦ Σώκρατες, ὃ εἰπὼν εἶναι τὸ καλὸν
ἀπαλλάξεις σαυτὸν τῶν πολλῶν λόγων;

c ΣΩ. Πάνυ μὲν οὖν· μὴ μέντοι πρότερόν γε πρὶν ἄν μοι
εἴπῃς ποτέραν ἀποκρίνωμαι οἷν ἄρτι ἔλεγον τοῖν τορύναιν
πρέπουσάν τε καὶ καλλίω εἶναι.

ΙΠ. Ἀλλ', εἰ βούλει, αὐτῷ ἀπόκριναι ὅτι ἡ ἐκ τῆς συκῆς
5 εἰργασμένη.

ΣΩ. Λέγε δὴ νυνὶ ὃ ἄρτι ἔμελλες λέγειν. ταύτῃ μὲν γὰρ
τῇ ἀποκρίσει, [ᾗ] ἂν φῶ τὸ καλὸν χρυσὸν εἶναι, οὐδὲν ὡς
ἔοικέ μοι ἀναφανήσεται κάλλιον ὂν χρυσὸς ἢ ξύλον σύκινον·
τὸ δὲ νῦν τί αὖ λέγεις τὸ καλὸν εἶναι;

d ΙΠ. Ἐγώ σοι ἐρῶ. ζητεῖν γάρ μοι δοκεῖς τοιοῦτόν τι
τὸ καλὸν ἀποκρίνασθαι, ὃ μηδέποτε αἰσχρὸν μηδαμοῦ μηδενὶ
φανεῖται.

ΣΩ. Πάνυ μὲν οὖν, ὦ Ἱππία· καὶ καλῶς γε νῦν ὑπο-
5 λαμβάνεις.

ΙΠ. Ἄκουε δή· πρὸς γὰρ τοῦτο ἴσθι, ἐάν τις ἔχῃ ὅτι
ἀντείπῃ, φάναι ἐμὲ μηδ' ὁτιοῦν ἐπαΐειν.

ΣΩ. Λέγε δὴ ὡς τάχιστα πρὸς θεῶν.

ΙΠ. Λέγω τοίνυν ἀεὶ καὶ παντὶ καὶ πανταχοῦ κάλλιστον
10 εἶναι ἀνδρί, πλουτοῦντι, ὑγιαίνοντι, τιμωμένῳ ὑπὸ τῶν Ἑλ-

b 5 ὁμολογῶμεν T W F : ὁμολογοῦμεν f   b 6 καλλίω τῆς χρυσῆς
T W : τῆς χρυσῆς καλλίω F   b 7 σοι T W : οὖν σοι F   b 8 σαυτὸν
corr. Coisl. : αὑτὸν W : αὐτὸν T F   c 2 οἷν T F : οἷον W   τοῖν
T F : ταῖν W   c 4 αὐτῷ T F : αὐτὸ W   ἀπόκριναι T W f : αὐτὸ
κρῖναι F   c 6 νυνὶ T W f : νῦν F   c 7 ᾗ T W : ἡ F : secl.
Hermann   τὸ T W f : τί F   d 2 μηδαμοῦ μηδενὶ T W : μηδενὶ
μηδαμοῦ F   d 4 καὶ T F : om. W   d 7 ἐπαΐειν F : ἐπαινεῖν
T W

因此，请你预先教我，也请你为了我的缘故[148]而进行回答。"如果无花 291b1
果木制的搅拌勺的确比黄金制的搅拌勺更为合适，"那个人将说，"那
么，它是不是也会是更美的呢，既然合适的东西，苏格拉底啊，你确实
已经同意它比不合适的东西是更美的？"我们是不是会同意，希庇阿斯 291b5
啊，无花果木制的搅拌勺比黄金制的搅拌勺是更美的？

希庇阿斯：你是希望我告诉你下面这点吗，苏格拉底啊，那就是，
你通过说美是什么而让你自己摆脱冗长的讨论[149]？

苏格拉底：完全如此。然而，在这之前你至少得先告诉我，就我刚 291c1
才说的那两个搅拌勺，我们将回答其中哪个是合适的，以及是更美的。

希庇阿斯：当然，如果你希望的话，请你告诉那人，由无花果树所 291c5
制成的那个搅拌勺。

苏格拉底：那么，现在就请你说说你刚才想说的。因为，至少根据
这个回答，如果我说美是黄金[150]，那么，如对我显得的那样，黄金看起来
根本就不比无花果树的木头是更美的。但现在[151]，你重新说，美是什么？

希庇阿斯：我将告诉你。其实在我看来，你在寻求回答美是这样一 291d1
种东西，那就是：在任何时候，在任何地方，对于任何人，它都从不显
得是丑的。

苏格拉底：完全如此，希庇阿斯啊；并且现在你确实把握得很正确。 291d5

希庇阿斯：那就请你听吧！你得清楚，对于这点，如果有人还有任
何反对的话要说[152]，那么，我就会承认，我对任何事情都一无所知。

苏格拉底：诸神在上，那就请你尽快说。

希庇阿斯：那好，我说，在所有时候[153]，并且对于每个人，以及
在每个地方，当一个人是下面这样时，对他来说是最美的，那就是：富 291d10

ΙΠΠΙΑΣ ΜΕΙΖΩΝ   291 d

λήνων, ἀφικομένῳ εἰς γῆρας, τοὺς αὑτοῦ γονέας τελευτή-
σαντας καλῶς περιστείλαντι, ὑπὸ τῶν αὑτοῦ ἐκγόνων καλῶς e
καὶ μεγαλοπρεπῶς ταφῆναι.

ΣΩ. Ἰοὺ ἰού, ὦ Ἱππία, ἦ θαυμασίως τε καὶ μεγαλείως
καὶ ἀξίως σαυτοῦ εἴρηκας· καὶ νὴ τὴν Ἥραν ἄγαμαί σου ὅτι
μοι δοκεῖς εὐνοϊκῶς, καθ' ὅσον οἷός τ' εἶ, βοηθεῖν· ἀλλὰ γὰρ 5
τοῦ ἀνδρὸς οὐ τυγχάνομεν, ἀλλ' ἡμῶν δὴ νῦν καὶ πλεῖστον
καταγελάσεται, εὖ ἴσθι.

ΙΠ. Πονηρόν γ', ὦ Σώκρατες, γέλωτα· ὅταν γὰρ πρὸς
ταῦτα ἔχῃ μὲν μηδὲν ὅτι λέγῃ, γελᾷ δέ, αὑτοῦ καταγελάσεται
καὶ ὑπὸ τῶν παρόντων αὐτὸς ἔσται καταγέλαστος.   292

ΣΩ. Ἴσως οὕτως ἔχει· ἴσως μέντοι ἐπί γε ταύτῃ τῇ
ἀποκρίσει, ὡς ἐγὼ μαντεύομαι, κινδυνεύσει οὐ μόνον μου
καταγελᾶν.

ΙΠ. Ἀλλὰ τί μήν;   5

ΣΩ. Ὅτι, ἂν τύχῃ βακτηρίαν ἔχων, ἂν μὴ ἐκφύγω φεύγων
αὐτόν, εὖ μάλα μου ἐφικέσθαι πειράσεται.

ΙΠ. Πῶς λέγεις; δεσπότης τίς σου ὁ ἄνθρωπός ἐστιν, καὶ
τοῦτο ποιήσας οὐκ ἀχθήσεται καὶ δίκας ὀφλήσει; ἢ οὐκ
ἔνδικος ὑμῖν ἡ πόλις ἐστίν, ἀλλ' ἐᾷ ἀδίκως τύπτειν ἀλλήλους b
τοὺς πολίτας;

ΣΩ. Οὐδ' ὁπωστιοῦν ἐᾷ.

ΙΠ. Οὐκοῦν δώσει δίκην ἀδίκως γέ σε τύπτων.

ΣΩ. Οὔ μοι δοκεῖ, ὦ Ἱππία, οὔκ, εἰ ταῦτά γε ἀποκρι-   5
ναίμην, ἀλλὰ δικαίως, ἔμοιγε δοκεῖ.

ΙΠ. Καὶ ἐμοὶ τοίνυν δοκεῖ, ὦ Σώκρατες, ἐπειδήπερ γε
αὐτὸς ταῦτα οἴει.

ΣΩ. Οὐκοῦν εἴπω σοι καὶ ᾗ αὐτὸς οἴομαι δικαίως ἂν
τύπτεσθαι ταῦτα ἀποκρινόμενος; ἢ καὶ σύ με ἄκριτον   10
τυπτήσεις; ἢ δέξῃ λόγον;

e 1 ἐκγόνων TW: ἐγγόνων F   e 6 δὴ νῦν TF: νῦν δὴ W
e 9 λέγῃ TF: λέγει W   a 7 ἐφικέσθαι] in marg. καταλαβεῖν T
a 9 ἀχθήσεται F: ἀχθέσεται TW: ἀπαχθήσεται ci. Naber   b 1 ἐᾷ
TW: ἐᾶν F (ἐᾶν Ang.)   b 11 δέξῃ TWf: λέξειν F (λέξεις Ang.)

有、健康，被希腊人所尊重，生活到老年，当自己的父母终了后漂漂亮亮地安葬他们，被自己的后裔漂漂亮亮地和风风光光地举行葬礼。 291e1

苏格拉底：哟！哟！希庇阿斯啊，你已经说得多么的精彩、恢宏和配得上你自己！赫拉在上，我也因为下面这点而惊服你[154]，那就是，你看起来在善意地，在你力所能及的范围内，帮助我[155]。但其实[156]我们并未同那人短兵相接[157]，相反，他现在甚至将最为嘲笑我们[158]，你很清楚。 291e5

希庇阿斯：肯定是一个邪恶的嘲笑，苏格拉底啊。因为，当他对此没有任何话要说，而只是进行嘲笑，那么，他其实将嘲笑他自己，并且他自己在那些在场的人面前将是可笑的。 292a1

苏格拉底：或许是这样。然而，也有可能，针对这种回答，如我所预感的那样，他也许将不仅仅是嘲笑我[159]。

希庇阿斯：难道还有别的什么？ 292a5

苏格拉底：因为，如果他碰巧有一根棍子，除非我通过逃跑避开他，他将试着实实在在地揍我一顿[160]。

希庇阿斯：你为何这么说呢？难道这人是你的一位主人吗，并且当他做了这件事，他将不会被拘捕并招致一些惩罚吗？抑或，你们的城邦 292b1 不是一个正义得到伸张的城邦[161]，而是允许公民们不正当地互殴？

苏格拉底：无论如何都不会允许。

希庇阿斯：那么，他将受到惩罚，当他确实不正当地殴打你时。

苏格拉底：在我看来不是这样，希庇阿斯啊，不是这样的，如果我 292b5 那么回答的话，相反，他打得正当，至少在我看来。

希庇阿斯：那么在我看来也如此，苏格拉底啊，既然连你自己都的确那么认为。

苏格拉底：那么，我会告诉你，为何我本人认为我被打得正当，当 292b10 我进行了那样的回答？或者，你也未经判决就要打我？抑或，你将接受一种理由吗[162]？

ΙΠ. Δεινὸν γὰρ ἂν εἴη, ὦ Σώκρατες, εἰ μὴ δεχοίμην·
ἀλλὰ πῶς λέγεις;

ΣΩ. Ἐγώ σοι ἐρῶ, τὸν αὐτὸν τρόπον ὅνπερ νυνδή, μιμούμενος ἐκεῖνον, ἵνα μὴ πρὸς σὲ λέγω ῥήματα, οἷα ἐκεῖνος εἰς ἐμὲ ἐρεῖ, χαλεπά τε καὶ ἀλλόκοτα. εὖ γὰρ ἴσθι, "Εἰπέ μοι," φήσει, "ὦ Σώκρατες, οἴει ἂν ἀδίκως πληγὰς λαβεῖν, ὅστις διθύραμβον τοσουτονὶ ᾄσας οὕτως ἀμούσως πολὺ ἀπῇσας ἀπὸ τοῦ ἐρωτήματος;" Πῶς δή; φήσω ἐγώ. "Ὅπως;" φήσει· "οὐχ οἷός τ' εἶ μεμνῆσθαι ὅτι τὸ καλὸν αὐτὸ ἠρώτων, ὃ παντὶ ᾧ ἂν προσγένηται, ὑπάρχει ἐκείνῳ καλῷ εἶναι, καὶ λίθῳ καὶ ξύλῳ καὶ ἀνθρώπῳ καὶ θεῷ καὶ πάσῃ πράξει καὶ παντὶ μαθήματι; αὐτὸ γὰρ ἔγωγε, ὤνθρωπε, κάλλος ἐρωτῶ ὅτι ἐστίν, καὶ οὐδέν σοι μᾶλλον γεγωνεῖν δύναμαι ἢ εἴ μοι παρεκάθησο λίθος, καὶ οὗτος μυλίας, μήτε ὦτα μήτε ἐγκέφαλον ἔχων." εἰ οὖν φοβηθεὶς εἴποιμι ἐγὼ ἐπὶ τούτοις τάδε, ἆρα οὐκ ἂν ἄχθοιο, ὦ Ἱππία; Ἀλλὰ μέντοι τόδε τὸ καλὸν εἶναι Ἱππίας ἔφη· καίτοι ἐγὼ αὐτὸν ἠρώτων οὕτως ὥσπερ σὺ ἐμέ, ὃ πᾶσι καλὸν καὶ ἀεί ἐστι. πῶς οὖν φῇς; οὐκ ἀχθέσῃ, ἂν εἴπω ταῦτα;

ΙΠ. Εὖ γ' οὖν οἶδα, ὦ Σώκρατες, ὅτι πᾶσι καλὸν τοῦτ' ἐστίν, ὃ ἐγὼ εἶπον, καὶ δόξει.

ΣΩ. "Ἦ καὶ ἔσται;" φήσει· "ἀεὶ γάρ που τό γε καλὸν καλόν."—ΙΠ. Πάνυ γε.—ΣΩ. "Οὐκοῦν καὶ ἦν;" φήσει.—ΙΠ. Καὶ ἦν.—ΣΩ. "Ἦ καὶ τῷ Ἀχιλλεῖ," φήσει, "ὁ ξένος ὁ Ἠλεῖος ἔφη καλὸν εἶναι ὑστέρῳ τῶν προγόνων ταφῆναι, καὶ τῷ πάππῳ αὐτοῦ Αἰακῷ, καὶ τοῖς ἄλλοις ὅσοι ἐκ θεῶν γεγόνασι, καὶ αὐτοῖς τοῖς θεοῖς;"

c 2 ἀλλὰ πῶς TWf: ἀλλ' ἁπλῶς F   c 7 τοσουτονὶ TW: τουτονὶ F   c 8 δή TW: ἂν F sed δή suprascr. f (ἂν δή Ang.)
c 9 μεμνῆσθαι TW: μνησθῆναι F   d 1 ὅ) ᾧ vel δι' ὅ Stallbaum
d 2 θεῷ TW: θείῳ F   πάσῃ F: ἁπάσῃ TW   d 5 παρεκάθησο WF: παρεκάθισο T   ὦτα TW: νοῦν F (in marg. μήτε ὦτα f)
e 4 εὖ TWf: σὺ F   e 6 φήσει TF: φύσει W   τό γε καλὸν καλόν F: τό γε καλὸν TP: καλὸν τό γε καλὸν W   e 8 ἦ TWf: εἰ ἦ F   e 9 ἠλεῖος TWf: ἥλιος F

希庇阿斯：那一定会是可怕的，苏格拉底啊，如果我不接受的话；但你如何说呢？

苏格拉底：我将告诉你，就像刚才那样以同样的方式，即我来模仿那个人，以免我在针对你说一些那个人将针对我说的那样一些话，它们既尖锐刺耳，又奇奇怪怪。因为你得清楚，"请你告诉我，"那个人将说，"苏格拉底啊，你会认为，任何一个人，他是在不正当地挨打吗，当他以如此无音乐修养的方式吟唱了如此长的酒神颂而远远地背离了被询问的事情时。"究竟怎么回事呢？我将回应道。"怎么回事？"他将说："难道你不能够记得下面这件事了吗，那就是我在问美本身——对于所有东西来说，如果它在场于哪个东西那里，哪个东西就被允许是美的[163]，无论它是一块石头，还是一根木头，还是一个人，还是一位神，还是任何的行为，或者任何的学问——？其实我一直在问，人啊，美本身是什么，并且为了使我自己被你听见我也不能够做得更多了[164]，除非你是作为一个石头坐在我旁边，而且还是这种磨石，既无耳朵，也无脑子。"因此，如果我由于被吓到了而针对这些说出下面这番话，你不会恼怒吧，希庇阿斯啊？那就是：然而，确确实实是希庇阿斯在说，这就是美；而我恰恰如你问我一样在问他，即对于每个人来说以及在所有时候，美是什么。那么，你将如何说呢？你不会恼怒吧，如果我说这些？

希庇阿斯：我肯定很清楚，苏格拉底啊，对所有人来说，我所说的这种东西是并且将看起来是美的。

苏格拉底："它也一定将是美的吗？"他将说："因为无论如何美肯定永远[165]是美的。"——**希庇阿斯**：当然。——**苏格拉底**："那么，它也曾是〈美的〉吗？"他将说。——**希庇阿斯**：也曾是。——**苏格拉底**："那么，对于阿喀琉斯来说，"他将回应道，"来自埃利斯的客人宣称过，对他来说在其父母之后被埋葬是美的，并且对于其祖父埃阿科斯[166]来说也如此，对于从诸神那里降生的其他所有人来说[167]也如此，甚至对于诸神自己来说也如此吗[168]？"

ΙΠΠΙΑΣ ΜΕΙΖΩΝ

ΙΠ. Τί τοῦτο; βάλλ' ἐς μακαρίαν. τοῦ ἀνθρώπου οὐδ' εὔφημα, ὦ Σώκρατες, ταῦτά γε τὰ ἐρωτήματα.

ΣΩ. Τί δέ; τὸ ἐρομένου ἑτέρου φάναι ταῦτα οὕτως ἔχειν οὐ πάνυ δύσφημον;

ΙΠ. Ἴσως.

ΣΩ. "Ἴσως τοίνυν σὺ εἶ οὗτος," φήσει, "ὃς παντὶ φῂς καὶ ἀεὶ καλὸν εἶναι ὑπὸ μὲν τῶν ἐκγόνων ταφῆναι, τοὺς δὲ γονέας θάψαι· ἢ οὐχ εἷς τῶν ἁπάντων καὶ Ἡρακλῆς ἦν καὶ οὓς νυνδὴ ἐλέγομεν πάντες;"

ΙΠ. Ἀλλ' οὐ τοῖς θεοῖς ἔγωγε ἔλεγον.

ΣΩ. "Οὐδὲ τοῖς ἥρωσιν, ὡς ἔοικας."

ΙΠ. Οὐχ ὅσοι γε θεῶν παῖδες ἦσαν.

ΣΩ. "Ἀλλ' ὅσοι μή;"

ΙΠ. Πάνυ γε.

ΣΩ. "Οὐκοῦν κατὰ τὸν σὸν αὖ λόγον, ὡς φαίνεται, τῶν ἡρώων τῷ μὲν Ταντάλῳ καὶ τῷ Δαρδάνῳ καὶ τῷ Ζήθῳ δεινόν τε καὶ ἀνόσιον καὶ αἰσχρόν ἐστι, Πέλοπι δὲ καὶ τοῖς ἄλλοις τοῖς οὕτω γεγονόσι καλόν."

ΙΠ. Ἔμοιγε δοκεῖ.

ΣΩ. "Σοὶ τοίνυν δοκεῖ," φήσει, "ὃ ἄρτι οὐκ ἔφησθα, τὸ θάψαντι τοὺς προγόνους ταφῆναι ὑπὸ τῶν ἐκγόνων ἐνίοτε καὶ ἐνίοις αἰσχρὸν εἶναι· ἔτι δὲ μᾶλλον, ὡς ἔοικεν, ἀδύνατον πᾶσι τοῦτο γενέσθαι καὶ εἶναι καλόν, ὥστε τοῦτό γε ὥσπερ καὶ τὰ ἔμπροσθεν ἐκεῖνα, ἥ τε παρθένος καὶ ἡ χύτρα, ταὐτὸν πέπονθε, καὶ ἔτι γελοιοτέρως τοῖς μέν ἐστι καλόν, τοῖς δ' οὐ καλόν. καὶ οὐδέπω καὶ τήμερον," φήσει, "οἷός τ' εἶ, ὦ Σώκρατες, περὶ τοῦ καλοῦ ὅτι ἐστὶ τὸ ἐρωτώμενον ἀποκρίνασθαι." ταῦτά μοι καὶ τοιαῦτα ὀνειδιεῖ δικαίως, ἐὰν αὐτῷ

---

a 4 ἐρομένου Bipontina: ἐρωμένου F (sed suprascr. τω f): ἐρωτωμένου T W   a 8 ἀεὶ T W: δὴ F   ἐκγόνων T W f: ἐγγόνων F
a 10 πάντες T F: πάντας W   b 10 φήσει T W f: φησὶν F   τὸ T W: τῷ F: τὸ τῷ f (et sic Ang.)   b 11 ἐκγόνων T W: ἐγγόνων F   c 2 πᾶσι τοῦτο T W: τοῦτο πᾶσι F   γε T W f: om. F
c 3 ἐκεῖνα F: κεῖνα T W   c 4 γελοιοτέρως T W F: γελοιοτέροις f
c 6 ἐρωτώμενον T W f: ἐρωτημένον ut videtur F

希庇阿斯：这是怎么回事？见鬼去吧[169]！这家伙的这些提问，苏格拉底啊，是不吉祥的。

苏格拉底：然后呢？当另外一个人问，说事情就是这样，这岂不也是非常不吉祥的？

希庇阿斯：也许。

苏格拉底："那么，也许你就是这个人，"他将说，"你宣称，对所有人来说并且在所有的时候，被自己的后裔安葬了，而且也安葬了自己的父母，这是美的；难道赫拉克勒斯[170]以及我们刚才提到过的所有那些人，不是所有人中的一员吗？"

希庇阿斯：但是，我肯定没有说过对于诸神来说也如此。

苏格拉底："对于英雄们[171]来说也不会，如看起来的那样。"

希庇阿斯：至少所有那些是诸神的孩子的，不会。

苏格拉底：但所有那些不是其孩子的，则会？

希庇阿斯：当然。

苏格拉底："那么，重新根据你的说法，如显得的那样，在诸英雄中，对于坦塔罗斯[172]、达耳达诺斯[173]和仄托斯[174]来说，这是可怕的、不虔敬的和丑陋的，但对于珀罗普斯[175]以及对于其他那些也如此降生的人来说，则是美的。"

希庇阿斯：至少在我看来是这样。

苏格拉底："因此，似乎对你来说，"他将回应道，"下面这点是你刚才未曾宣称的，那就是，既安葬了自己的父母又被自己的后裔所安葬，这件事在有的时候、对有些人来说是丑陋的。而且如看起来的那样，下面这点愈发[176]不可能，即对所有人来说这件事已经变得和是美的，以至于它也恰如早前的那些东西一样——少女和陶器——，遭受了同样的情形，并且还更为可笑，那就是，它对一些人是美的，而对另一些人不是美的。甚至在今天，"他将说，"你都尚未能够，苏格拉底啊，关于美回答这个问题，即它是什么。"用这些话以及一些如此这般的话，

ΠΛΑΤΩΝΟΣ

οὕτως ἀποκρίνωμαι. τὰ μὲν οὖν πολλά, ὦ Ἱππία, σχεδόν τί μοι οὕτω διαλέγεται· ἐνίοτε δὲ ὥσπερ ἐλεήσας μου τὴν ἀπειρίαν καὶ ἀπαιδευσίαν αὐτός μοι προβάλλει ἐρωτῶν εἰ τοιόνδε μοι δοκεῖ εἶναι τὸ καλόν, ἢ καὶ περὶ ἄλλου ὅτου ἂν τύχῃ πυνθανόμενος καὶ περὶ οὗ ἂν λόγος ᾖ.

ΙΠ. Πῶς τοῦτο λέγεις, ὦ Σώκρατες;

ΣΩ. Ἐγώ σοι φράσω. "Ὦ δαιμόνιε," φησί, "Σώκρατες, τὰ μὲν τοιαῦτα ἀποκρινόμενος καὶ οὕτω παῦσαι—λίαν γὰρ εὐήθη τε καὶ εὐεξέλεγκτά ἐστιν—ἀλλὰ τὸ τοιόνδε σκόπει εἴ σοι δοκεῖ καλὸν εἶναι, οὗ καὶ νυνδὴ ἐπελαβόμεθα ἐν τῇ ἀποκρίσει, ἡνίκ' ἔφαμεν τὸν χρυσὸν οἷς μὲν πρέπει καλὸν εἶναι, οἷς δὲ μή, οὔ, καὶ τἆλλα πάντα οἷς ἂν τοῦτο προσῇ· αὐτὸ δὴ τοῦτο τὸ πρέπον καὶ τὴν φύσιν αὐτοῦ τοῦ πρέποντος σκόπει εἰ τοῦτο τυγχάνει ὂν τὸ καλόν." ἐγὼ μὲν οὖν εἴωθα συμφάναι τὰ τοιαῦτα ἑκάστοτε—οὐ γὰρ ἔχω ὅτι λέγω—σοὶ δ' οὖν δοκεῖ τὸ πρέπον καλὸν εἶναι;

ΙΠ. Πάντως δήπου, ὦ Σώκρατες.

ΣΩ. Σκοπώμεθα, μή πῃ ἄρ' ἐξαπατώμεθα.

ΙΠ. Ἀλλὰ χρὴ σκοπεῖν.

ΣΩ. Ὅρα τοίνυν· τὸ πρέπον ἆρα τοῦτο λέγομεν, ὃ παραγενόμενον ποιεῖ ἕκαστα φαίνεσθαι καλὰ τούτων οἷς ἂν παρῇ, ἢ ὃ εἶναι ποιεῖ, ἢ οὐδέτερα τούτων;

ΙΠ. Ἔμοιγε δοκεῖ [πότερα] ὃ ποιεῖ φαίνεσθαι καλά· ὥσπερ γε ἐπειδὰν ἱμάτιά τις λάβῃ ἢ ὑποδήματα ἁρμόττοντα, κἂν ᾖ γελοῖος, καλλίων φαίνεται.

ΣΩ. Οὐκοῦν εἴπερ καλλίω ποιεῖ φαίνεσθαι ἢ ἔστι τὸ πρέπον, ἀπάτη τις ἂν εἴη περὶ τὸ καλὸν τὸ πρέπον, καὶ οὐκ ἂν εἴη τοῦτο ὃ ἡμεῖς ζητοῦμεν, ὦ Ἱππία; ἡμεῖς μὲν γάρ που

---

d 2 προβάλλει TWf: προσβαλεῖ F   d 3 εἶναι τὸ καλὸν TF: τὸ καλὸν εἶναι W   d 4 λόγος TWF: ὁ λόγος scr. recc.   d 7 μὲν TF: μέντοι W   d 8 εὐήθη TWf: εὐνοῇ F (εὖ Ang.)   e 6 γὰρ ἔχω TWf: παρέχω F   a 2 οὐδέτερα] ἀμφότερα ci. Sydenham   a 3 πότερα secl. Baumann, Socrati tribuit Apelt   ὃ ... a 5 φαίνεται Hippiae tribuunt Apelt Baumann   a 8 μὲν γάρ F: γάρ TW

他将正当地斥责我[177]，如果我以这种方式回答他的话。因此，一方面，在大部分时候[178]他差不多都以这种方式同我交谈；另一方面，在有的时候他又似乎因可怜我的无经验和缺乏教育而自己抛给我〈某个问题〉，通过问，是否在我看来如此这般的东西就是美，或者恰好在被询问的其他任何东西以及讨论所涉及的东西〈是美〉。

293d1

希庇阿斯：你为何这么说呢，苏格拉底啊？

293d5

苏格拉底：我将对你说明[179]。"非凡的人啊[180]，"他将说，"苏格拉底！请你停止以这种方式给出一些如此这般的回答——因为它们是非常愚蠢的和太容易被反驳了——，相反，请你考察一下，是否如此这般的东西在你看来是美的，其实刚才在回答时我们曾把握到它，当我们宣称黄金对于那些它与之相适合的东西来说是美的，但对于那些它与之不相适合的东西来说，则不是美的，并且这种〈合适的〉东西于之在场的其他所有东西[181]也如此；因此，这种东西，即合适本身，以及合适本身之本性，请你考察一下，是否它恰好就是美。"那么，虽然我已经每次都习惯于赞同诸如此类的事情——因为我不知道我要说什么[182]——，但在你看来合适就是美吗？

293e1

293e5

希庇阿斯：无疑完全是这样，苏格拉底啊。

苏格拉底：让我们考察一下，免得我们在某种方式上被欺骗。

希庇阿斯：当然必须进行考察。

293e10

苏格拉底：那就请你看看：我们把合适称作这样一种东西吗，那就是由于它在场，它使得它于之在场的那些东西中的每一个显得是美的呢，还是使得它是美的，还是这两者中一个都不是？

294a1

希庇阿斯：我肯定认为它使得它们显得是美的；正如一个人，当他穿上合适的衣服或合适的鞋时，即使他是可笑的，但他显得更美的[183]。

294a5

苏格拉底：那么，假如合适使得事物显得比它们所是的是更美的，那么，合适岂不就会是关于美的某种欺骗，并且也就不会是我们所寻找

ΙΠΠΙΑΣ ΜΕΙΖΩΝ

ἐκεῖνο ἐζητοῦμεν, ᾧ πάντα τὰ καλὰ πράγματα καλά ἐστιν— b
ὥσπερ ᾧ πάντα τὰ μεγάλα ἐστὶ μεγάλα, τῷ ὑπερέχοντι·
τούτῳ γὰρ πάντα μεγάλα ἐστί, καὶ ἐὰν μὴ φαίνηται, ὑπερέχῃ
δέ, ἀνάγκη αὐτοῖς μεγάλοις εἶναι—οὕτω δή, φαμέν, καὶ τὸ
καλόν, ᾧ καλὰ πάντα ἐστίν, ἄντ' οὖν φαίνηται ἄντε μή, τί 5
ἂν εἴη; τὸ μὲν γὰρ πρέπον οὐκ ἂν εἴη· καλλίω γὰρ ποιεῖ
φαίνεσθαι ἢ ἔστιν, ὡς ὁ σὸς λόγος, οἷα δ' ἔστιν οὐκ ἐᾷ
φαίνεσθαι. τὸ δὲ ποιοῦν εἶναι καλά, ὅπερ νυνδὴ εἶπον,
ἐάντε φαίνηται ἐάντε μή, πειρατέον λέγειν τί ἐστι· τοῦτο c
γὰρ ζητοῦμεν, εἴπερ τὸ καλὸν ζητοῦμεν.

ΙΠ. Ἀλλὰ τὸ πρέπον, ὦ Σώκρατες, καὶ εἶναι καὶ φαίνεσθαι ποιεῖ καλὰ παρόν.

ΣΩ. Ἀδύνατον ἄρα τῷ ὄντι καλὰ ὄντα μὴ φαίνεσθαι 5
καλὰ εἶναι, παρόντος γε τοῦ ποιοῦντος φαίνεσθαι;

ΙΠ. Ἀδύνατον.

ΣΩ. Ὁμολογήσομεν οὖν τοῦτο, ὦ Ἱππία, πάντα τὰ τῷ
ὄντι καλὰ καὶ νόμιμα καὶ ἐπιτηδεύματα καὶ δοξάζεσθαι καλὰ
εἶναι καὶ φαίνεσθαι ἀεὶ πᾶσιν, ἢ πᾶν τοὐναντίον ἀγνοεῖσθαι d
καὶ πάντων μάλιστα ἔριν καὶ μάχην περὶ αὐτῶν εἶναι καὶ
ἰδίᾳ ἑκάστοις καὶ δημοσίᾳ ταῖς πόλεσιν;

ΙΠ. Οὕτω μᾶλλον, ὦ Σώκρατες· ἀγνοεῖσθαι.

ΣΩ. Οὐκ ἄν, εἴ γέ που τὸ φαίνεσθαι αὐτοῖς προσῆν· 5
προσῆν δ' ἄν, εἴπερ τὸ πρέπον καλὸν ἦν καὶ μὴ μόνον καλὰ
ἐποίει εἶναι ἀλλὰ καὶ φαίνεσθαι. ὥστε τὸ πρέπον, εἰ μὲν
τὸ καλὰ ποιοῦν ἐστιν εἶναι, τὸ μὲν καλὸν ἂν εἴη, ὃ ἡμεῖς
ζητοῦμεν, οὐ μέντοι τό γε ποιοῦν φαίνεσθαι· εἰ δ' αὖ τὸ
φαίνεσθαι ποιοῦν ἐστιν τὸ πρέπον, οὐκ ἂν εἴη τὸ καλόν, ὃ e

b 1 ἐζητοῦμεν TWF: ζητοῦμεν scr. recc.   καλά ἐστιν TF: καλὰ ἔσται W   b 3 καὶ ἐὰν W: καὶ ἂν T: κἂν F   ὑπερέχῃ δέ TW: ὑπερέχει δὲ ἃ F   b 7 ᾗ F: ἢ TW   c 8 ὁμολογήσομεν TW et suprascr. f: ὁμολόγησον ἐν F (sed corr. ὁμολογήσωμεν f)   c 9 νόμιμα καὶ TW: νόμιμα F   d 1 ἀγνοεῖσθαι TWf: διαλέγεσθαι F   d 3 ἑκάστοις TWf: ἑκάσταις F   d 8 καλὰ ποιοῦν TWf: καλοποιοῦν F μὲν TWF: secl. Bekker   e 1 φαίνεσθαι ποιοῦν ἐστιν TWf: ποιοῦν ἐστι φαίνεσθαι F

的那种东西了，希庇阿斯啊？因为，我们无论如何都在寻找由之所有美 294b1
的事物才是美的那种东西——就像由于这点所有大的东西才是大的，即
由于超过；因为由于这种〈超过〉所有大的东西〈才是大的〉，即使它
们显得不是〈大的〉，但只要它们超过，那它们必然是大的[184]——，那
么以同样的方式，我们说，美，由之所有美的东西才是〈美的〉，无论 294b5
它们显得是〈美的〉还是显得不是〈美的〉，会是什么呢？它肯定不会
是合适；因为合适使得事物比它们所是的显得是更美的，根据你的说
法，而没有让它们显得是它们所是的那样。而使得它们是美的那种东
西，就像我刚才所说的那样，不管它们显得是〈美的〉还是显得不是 294c1
〈美的〉，必须尝试说它是什么。因为我们在寻找这种东西，如果我们真
的在寻找美的话。

希庇阿斯：然而，合适，苏格拉底啊，它使得事物既是又显得是美
的，当它在场时。

苏格拉底：因此，那些在是的方式上是美的东西[185]，就不可能不显 294c1
得是美的，至少当那使得它们显得是〈美的〉东西在场时？

希庇阿斯：不可能。

苏格拉底：那么，我们将同意这点吗，希庇阿斯啊：所有在是的方
式上是美的东西，既有各种合法的东西，也有各种追求，它们都被所有 294d1
人认为是和对所有人永远显得是美的，抑或完全相反，它们不为人知，
并且在所有事情中关于它们最为[186]有着一种争执和斗争[187]，无论是在
私人方面对于每个人来说，还是在公共方面对于各个城邦来说。

希庇阿斯：更加是后面这样，苏格拉底啊，即不为人知。

苏格拉底：不会〈不为人知〉，如果显得是〈美的〉无论如何都在 294d5
场于它们那里的话[188]。而它会在场，如果合适就是美，并且不仅使得事
物是美的，而且使得它们显得是美的话。因此，合适，一方面，如果它
是使得事物是美的那种东西，那么，它就会是我们在寻找的美〈本身〉，
而肯定不是使得事物显得是美的那种东西；另一方面，如果合适是使得 294e1

ἡμεῖς ζητοῦμεν. εἶναι γὰρ ἐκεῖνό γε ποιεῖ, φαίνεσθαι δὲ καὶ [ποιεῖν] εἶναι οὐ μόνον καλὰ οὐκ ἄν ποτε δύναιτο τὸ αὐτό, ἀλλ᾽ οὐδὲ ἄλλο ὁτιοῦν. ἑλώμεθα δὴ πότερα δοκεῖ τὸ πρέπον εἶναι τὸ φαίνεσθαι καλὰ ποιοῦν, ἢ τὸ εἶναι.

ΙΠ. Τὸ φαίνεσθαι, ἔμοιγε δοκεῖ, ὦ Σώκρατες.

ΣΩ. Βαβαῖ, οἴχεται ἄρ᾽ ἡμᾶς διαπεφευγός, ὦ Ἱππία, τὸ καλὸν γνῶναι ὅτι ποτέ ἐστιν, ἐπειδή γε τὸ πρέπον ἄλλο τι ἐφάνη ὂν ἢ καλόν.

ΙΠ. Ναὶ μὰ Δία, ὦ Σώκρατες, καὶ μάλα ἔμοιγε ἀτόπως.

ΣΩ. Ἀλλὰ μέντοι, ὦ ἑταῖρε, μήπω γε ἀνῶμεν αὐτό· ἔτι γάρ τινα ἐλπίδα ἔχω ἐκφανήσεσθαι τί ποτ᾽ ἐστὶν τὸ καλόν.

ΙΠ. Πάντως δήπου, ὦ Σώκρατες· οὐδὲ γὰρ χαλεπόν ἐστιν εὑρεῖν. ἐγὼ μὲν οὖν εὖ οἶδ᾽ ὅτι, εἰ ὀλίγον χρόνον εἰς ἐρημίαν ἐλθὼν σκεψαίμην πρὸς ἐμαυτόν, ἀκριβέστερον ἄν αὐτό σοι εἴποιμι τῆς ἁπάσης ἀκριβείας.

ΣΩ. Ἃ μὴ μέγα, ὦ Ἱππία, λέγε. ὁρᾷς ὅσα πράγματα ἡμῖν ἤδη παρέσχηκε· μὴ καὶ ὀργισθὲν ἡμῖν ἔτι μᾶλλον ἀποδρᾷ. καίτοι οὐδὲν λέγω· σὺ μὲν γὰρ οἶμαι ῥᾳδίως αὐτὸ εὑρήσεις, ἐπειδὰν μόνος γένῃ. ἀλλὰ πρὸς θεῶν ἐμοῦ ἐναντίον αὐτὸ ἔξευρε, εἰ δὲ βούλει, ὥσπερ νῦν ἐμοὶ συζήτει· καὶ ἐὰν μὲν εὕρωμεν, κάλλιστα ἕξει, εἰ δὲ μή, στέρξω οἶμαι ἐγὼ τῇ ἐμῇ τύχῃ, σὺ δ᾽ ἀπελθὼν ῥᾳδίως εὑρήσεις· καὶ ἐὰν μὲν νῦν εὕρωμεν, ἀμέλει οὐκ ὀχληρὸς ἔσομαί σοι πυνθανόμενος ὅτι ἦν ἐκεῖνο ὃ κατὰ σαυτὸν ἐξηῦρες· νῦν δὲ θέασαι αὐτὸ ὅ σοι δοκεῖ εἶναι τὸ καλόν. λέγω δὴ αὐτὸ εἶναι—ἀλλὰ γὰρ ἐπισκόπει μοι πάνυ προσέχων τὸν νοῦν μὴ παραληρήσω—τοῦτο γὰρ δὴ ἔστω ἡμῖν καλόν, ὃ ἄν χρήσιμον ᾖ. εἶπον δὲ ἐκ

e 2 γε TWf: om. F   καὶ ποιεῖν εἶναι TWF: καὶ εἶναι ποιεῖν Heindorf: ποιεῖν καὶ εἶναι Hirschig: ποιεῖν seclusi   e 3 τὸ TW: om. F   ἀλλ᾽ οὐδὲ TW: ἀλλὰ καὶ οὐδὲ F   e 8 ὅ τί ποτε T: ὅ τί ποτ᾽ F: δ τί τοτὲ W   e 10 ἀτόπως TWF (sed σκ supra τ W)   a 1 μήπωγε TW: μήποτε F (sed τ refinxit f)   a 4 εὖ TW: om. F   a 5 ἂν F: om. TW   αὐτό σοι TW: αὐτὸ οἱ F: αὐτὸς σοι f   b 4 μὲν TF: om. W   b 5 τύχῃ TWf: ψυχῇ F   ἐὰν μὲν F: ἐὰν T W   b 7 δὲ] δὴ Heindorf   αὐτὸ ὅ σοι F: αὐτὸ εἰ TW: αὖ τόδ᾽ εἰ Hermann   c 3 γὰρ TW: μὲν γὰρ F

事物显得是美的那种东西，那么，它就不会是我们在寻找的美〈本身〉。因为，〈我们所寻找的〉那种东西肯定使得事物是〈美的〉，但是，同一个东西从不会可能使得事物既显得是美的[189]，又是美的，这不仅仅就美来说如此，而且就其他任何情形来说也如此。因此，让我们在两者中进行选择，合适看起来是使得事物显得是美的那种东西呢，还是〈使得它 294e5 们〉是〈美的那种东西〉。

希庇阿斯：显得是，至少在我看来，苏格拉底啊。

苏格拉底：哎呀！下面这点竟然又逃避我们而溜走了[190]，希庇阿斯啊，那就是，认识美究竟是什么，既然合适无论如何都显得是另外某种东西，而不是美。

希庇阿斯：是的，宙斯在上，苏格拉底啊，对我来说也确实非常 294e10 奇怪[191]。

苏格拉底：然而，朋友啊，我们无论如何都还不应当放它走。因为 295a1 我仍然对下面这点将被显明怀有某种希望，那就是，美究竟是什么。

希庇阿斯：无疑完全如此，苏格拉底啊；因为它根本不难发现。因此，我很清楚下面这点，那就是：如果我通过前往一个僻静的地方[192] 独自思考一小会儿时间，那么，我就会比任何精确都更为精确地对你说 295a5 出它。

苏格拉底：哎，希庇阿斯啊，请你就别说大话了[193]！你看看它已经带给了我们多少麻烦；免得它由于生气而愈发偷偷地从我们这里逃开。然而，我只是在胡说而已[194]；因为我认为，你将轻易地发现它，当 295b1 你变得是独自一个人的时候。然而，诸神在上，请你还是当着我的面[195] 来发现它，而如果你愿意，就请你如现在这样同我一起进行寻找。并且，如果我们找到了，那是最漂亮的，但如果没有，我认为，我也将满意我的运气[196]，而当你离开后，你将轻易地找到它。还有，如果我们现 295b5 在就找到它，那么，无疑对你来说我将不是令人讨厌的，由于打听你通过你自己所发现的那种东西是什么；但现在还是请你看看，下面这种东 295c1 西是否在你看来就是美。我说它是——当然，请你通过把注意力完全集中到我身上[197]来进行考察，免得我胡说八道——，也即是说，让下面

τῶνδε ἐννοούμενος· καλοί, φαμέν, οἱ ὀφθαλμοί εἰσιν, οὐχ
οἳ ἂν δοκῶσι τοιοῦτοι εἶναι οἷοι μὴ δυνατοὶ ὁρᾶν, ἀλλ' οἵ ἂν
δυνατοί τε καὶ χρήσιμοι πρὸς τὸ ἰδεῖν. ἦ γάρ;

ΙΠ. Ναί.

ΣΩ. Οὐκοῦν καὶ τὸ ὅλον σῶμα οὕτω λέγομεν καλὸν
εἶναι, τὸ μὲν πρὸς δρόμον, τὸ δὲ πρὸς πάλην, καὶ αὖ τὰ
ζῷα πάντα, ἵππον καλὸν καὶ ἀλεκτρυόνα καὶ ὄρτυγα, καὶ
τὰ σκεύη πάντα καὶ τὰ ὀχήματα τά τε πεζὰ καὶ τὰ ἐν τῇ
θαλάττῃ πλοῖά τε καὶ τριήρεις, καὶ τά γε ὄργανα πάντα
τά τε ὑπὸ τῇ μουσικῇ καὶ τὰ ὑπὸ ταῖς ἄλλαις τέχναις,
εἰ δὲ βούλει, τὰ ἐπιτηδεύματα καὶ τοὺς νόμους, σχεδόν τι
πάντα ταῦτα καλὰ προσαγορεύομεν τῷ αὐτῷ τρόπῳ· ἀπο-
βλέποντες πρὸς ἕκαστον αὐτῶν ᾗ πέφυκεν, ᾗ εἴργασται,
ᾗ κεῖται, τὸ μὲν χρήσιμον καὶ ᾗ χρήσιμον καὶ πρὸς ὃ χρή-
σιμον καὶ ὁπότε χρήσιμον καλόν φαμεν εἶναι, τὸ δὲ ταύτῃ
πάντῃ ἄχρηστον αἰσχρόν· ἆρ' οὐ καὶ σοὶ δοκεῖ οὕτως, ὦ
Ἱππία;

ΙΠ. Ἔμοιγε.

ΣΩ. Ὀρθῶς ἄρα νῦν λέγομεν ὅτι τυγχάνει παντὸς ὂν
μᾶλλον καλὸν τὸ χρήσιμον;—ΙΠ. Ὀρθῶς μέντοι, ὦ Σώ-
κρατες.—ΣΩ. Οὐκοῦν τὸ δυνατὸν ἕκαστον ἀπεργάζεσθαι, εἰς
ὅπερ δυνατόν, εἰς τοῦτο καὶ χρήσιμον, τὸ δὲ ἀδύνατον
ἄχρηστον;—ΙΠ. Πάνυ γε.—ΣΩ. Δύναμις μὲν ἄρα καλόν,
ἀδυναμία δὲ αἰσχρόν;—ΙΠ. Σφόδρα γε. τά τε γοῦν ἄλλα,
ὦ Σώκρατες, μαρτυρεῖ ἡμῖν ὅτι τοῦτο οὕτως ἔχει, ἀτὰρ οὖν
καὶ τὰ πολιτικά· ἐν γὰρ τοῖς πολιτικοῖς τε καὶ τῇ ἑαυτοῦ
πόλει τὸ μὲν δυνατὸν εἶναι πάντων κάλλιστον, τὸ δὲ ἀδύ-
νατον πάντων αἴσχιστον.—ΣΩ. Εὖ λέγεις. ἆρ' οὖν πρὸς

c 4 φαμὲν T F : μὲν W   d 1 καλὸν secl. Schanz   d 3 πλοῖά
τε καὶ τριήρεις secl. Burges   d 5 τὰ T W : καὶ τὰ F   d 7 πρὸς
T W f : om. F   πρὸς ὃ ἕκαστον αὐτῶν ᾗ πέφυκεν ᾗ εἴργασται ᾗ κεῖται
Apelt   d 8 καὶ ᾗ T W F : ᾗ Heindorf (καὶ ᾗ ... ὁπότε χρήσιμον
post d 7 κεῖται transp. Baumann)   e 1 καλόν φαμεν T W F : κἂν
ut videtur suprascr. f (καλόν φαμεν καλὸν Ang.)   e 10 γοῦν F :
οὖν T W   a 4 πάντων T W : ἁπάντων F

这种东西被姑且同意[198]为对我们来说是美的，即那向来是有用的东西。而我这么说是基于想到下面这些，那就是：我们说，眼睛是美的，因为它们不是那看起来是如此这般的东西，即它们没有能力进行看，而是那既有能力〈进行看〉又对看来说是有用的东西。是这样吗？

希庇阿斯：是。

苏格拉底：因此，就整个身体，我们也以这种方式说它是美的，一则对于奔跑来说〈是有用的〉，一则对于摔跤来说〈是有用的〉；此外，所有的活物也如此，马是美的[199]，公鸡和鹌鹑也如此；并且所有的器具，以及运输工具——无论是陆上的那些，还是海上的那些，也无论是货船还是三列桨战船——也如此；而且所有的工具也肯定如此——无论是在音乐方面的那些，还是在其他技艺方面的那些——，而如果你愿意，还有各种各样的追求和方方面面的法律，我们差不多以同样的方式把所有这些都称作美的。我们通过盯着其中的每一个，看它们以何种方式[200]生成出来了，以何种方式被创制出来的，以何种方式被制定出来了，我们宣称有用的东西——就在何种方式上它是有用的，为了何者它是有用的，以及在何时它是有用的——是美的，而那在所有这些方面都是无用的东西，则是丑的。难道在你看来不是这样吗，希庇阿斯啊？

希庇阿斯：至少在我看来是这样。

苏格拉底：那么，我们现在说得正确吗，那就是有用的东西恰好必定[201]是美的？——**希庇阿斯**：当然正确，苏格拉底啊。——**苏格拉底**：因此岂不是这样，那就是，那有能力实现某一特殊东西的，就它有能力来说，也正是就这点来说，它才是有用的，而那没有能力的东西，则是无用的？——**希庇阿斯**：当然。——**苏格拉底**：那么，有能力是美的，而无能力是丑的？——**希庇阿斯**：完全如此。至少[202]其他一些东西，苏格拉底啊，向我们证明事情就是这样，而且尤其是那些城邦事务。因为，在各种城邦事务中，以及在一个人自己的城邦中，有能力是一切中最美的，而无能力则是一切中最丑的。——**苏格拉底**：你说得很好。那

295c5

295d1

295d5

295e1

295e5

295e10

296a1

θεῶν, Ἱππία, διὰ ταῦτα καὶ ἡ σοφία πάντων κάλλιστον, ἡ δὲ ἀμαθία πάντων αἴσχιστον;—ΙΠ. Ἀλλὰ τί οἴει, ὦ Σώκρατες;

ΣΩ. Ἔχε δὴ ἠρέμα, ὦ φίλε ἑταῖρε· ὡς φοβοῦμαι τί ποτ' αὖ λέγομεν.

ΙΠ. Τί δ' αὖ φοβῇ, ὦ Σώκρατες, ἐπεὶ νῦν γέ σοι ὁ λόγος παγκάλως προβέβηκε;

ΣΩ. Βουλοίμην ἄν, ἀλλά μοι τόδε συνεπίσκεψαι· ἆρ' ἄν τίς τι ποιήσειεν ὃ μήτ' ἐπίσταιτο μήτε τὸ παράπαν δύναιτο; —ΙΠ. Οὐδαμῶς· πῶς γὰρ ἂν ὅ γε μὴ δύναιτο;—ΣΩ. Οἱ οὖν ἐξαμαρτάνοντες καὶ κακὰ ἐργαζόμενοί τε καὶ ποιοῦντες ἄκοντες, ἄλλο τι οὗτοι, εἰ μὴ ἐδύναντο ταῦτα ποιεῖν, οὐκ ἄν ποτε ἐποίουν;—ΙΠ. Δῆλον δή.—ΣΩ. Ἀλλὰ μέντοι δυνάμει γε δύνανται οἱ δυνάμενοι· οὐ γάρ που ἀδυναμίᾳ γε.—ΙΠ. Οὐ δῆτα.—ΣΩ. Δύνανται δέ γε πάντες ποιεῖν οἱ ποιοῦντες ἃ ποιοῦσιν;—ΙΠ. Ναί.—ΣΩ. Κακὰ δέ γε πολὺ πλείω ποιοῦσιν ἢ ἀγαθὰ πάντες ἄνθρωποι, ἀρξάμενοι ἐκ παίδων, καὶ ἐξαμαρτάνουσιν ἄκοντες.—ΙΠ. Ἔστι ταῦτα.—ΣΩ. Τί οὖν; ταύτην τὴν δύναμιν καὶ ταῦτα τὰ χρήσιμα, ἃ ἂν ᾖ ἐπὶ τὸ κακόν τι ἐργάζεσθαι χρήσιμα, ἆρα φήσομεν ταῦτα εἶναι καλά, ἢ πολλοῦ δεῖ;—ΙΠ. Πολλοῦ, ἔμοιγε δοκεῖ, ὦ Σώκρατες.—ΣΩ. Οὐκ ἄρα, ὦ Ἱππία, τὸ δυνατόν τε καὶ τὸ χρήσιμον ἡμῖν, ὡς ἔοικεν, ἐστὶ τὸ καλόν.

ΙΠ. Ἐάν γε, ὦ Σώκρατες, ἀγαθὰ δύνηται καὶ ἐπὶ τοιαῦτα χρήσιμον ᾖ.

ΣΩ. Ἐκεῖνο μὲν τοίνυν οἴχεται, τὸ δυνατόν τε καὶ χρήσιμον ἁπλῶς εἶναι καλόν· ἀλλ' ἆρα τοῦτ' ἦν ἐκεῖνο, ὦ Ἱππία, ὃ ἐβούλετο ἡμῶν ἡ ψυχὴ εἰπεῖν, ὅτι τὸ χρήσιμόν τε καὶ τὸ δυνατὸν ἐπὶ τὸ ἀγαθόν τι ποιῆσαι, τοῦτ' ἐστὶ τὸ καλόν;—ΙΠ. Ἔμοιγε δοκεῖ.—ΣΩ. Ἀλλὰ μὴν τοῦτό γε ὠφέλιμόν ἐστιν. ἢ οὔ;—ΙΠ. Πάνυ γε.—ΣΩ. Οὕτω δὴ

a 5 ἱππία TF: ὦ ἱππία W   a 6 ὦ TW: om. F   a 9 λέγομεν] λέγωμεν Stephanus   b 3 μοι TW: om. F   b 4 ἐπίσταιτο TW: ἐπίσταται F   c 3 γε TW: om. F   c 6 ἄ TWf: om. F

么，诸神在上，希庇阿斯啊，由此一来，岂不智慧才是一切中最美的，而无知则是一切中最丑的？——**希庇阿斯**：但你究竟在想什么呢[203]，苏格拉底啊？

苏格拉底：那就请你保持安静[204]，亲爱的朋友啊；因为我对下面这点感到害怕，那就是，我们究竟又在说什么。

希庇阿斯：但为何你又感到害怕呢[205]，苏格拉底啊，既然你的说法现在无论如何都已经极其漂亮地往前走了？

苏格拉底：我倒是希望！然而，请你同我一道考察下面这点：一个人能够做某件事吗，当他既不知道如何去做它，也压根儿就没有能力去做它时？——**希庇阿斯**：绝不可能；因为他如何能够做他根本没有能力去做的事情呢？——**苏格拉底**：那么，一些人，当他们犯错和在做一些坏事，甚至他们是无意在做，这些人是不是——如果他们没有能力做这些事——就从不会做它们呢？——**希庇阿斯**：显然。——**苏格拉底**：然而，那些有能力的人无论如何都是凭借能力而有能力，因为，肯定不是凭借无能力。——**希庇阿斯**：无疑不是。——**苏格拉底**：而所有那些在做的人，他们肯定都有能力去做他们在做的那些事情吗？——**希庇阿斯**：是的。——**苏格拉底**：而同善事相比，所有人在做多得多的恶事，他们打从孩提时期起，并且他们是在无意作恶[206]。——**希庇阿斯**：是这样。——**苏格拉底**：然后呢？这种能力以及这些有用的东西，为了做成某件坏事它们可能是有用的，难道我们将宣称它们是美的吗，抑或远非如此[207]？——**希庇阿斯**：远非如此，至少在我看来，苏格拉底啊。——**苏格拉底**：因此，希庇阿斯啊，有能力和有用，如看起来的那样，对我们来说就不是美。

希庇阿斯：肯定是，苏格拉底啊，如果它在善事方面有能力，并且在诸如此类的事情上向来是有用的话。

苏格拉底：因此，那种东西无论如何又溜走了，即有能力以及有用绝对地是美[208]；但是，难道下面这点其实才是，希庇阿斯啊，我们的灵魂曾想要说的那种东西吗，那就是：为了做某种善事[209]而有用和有能力，这才是美？——**希庇阿斯**：至少在我看来是这样。——**苏格拉底**：无疑这其实就是有益。抑或不？——**希庇阿斯**：肯定是。——**苏格拉底**：

καὶ τὰ καλὰ σώματα καὶ τὰ καλὰ νόμιμα καὶ ἡ σοφία καὶ
ἃ νυνδὴ ἐλέγομεν πάντα καλά ἐστιν, ὅτι ὠφέλιμα.—ΙΠ.
Δῆλον ὅτι.—ΣΩ. Τὸ ὠφέλιμον ἄρα ἔοικεν ἡμῖν εἶναι τὸ
καλόν, ὦ Ἱππία.—ΙΠ. Πάντως δήπου, ὦ Σώκρατες.

ΣΩ. Ἀλλὰ μὴν τό γε ὠφέλιμον τὸ ποιοῦν ἀγαθόν ἐστιν.
—ΙΠ. Ἔστι γάρ.—ΣΩ. Τὸ ποιοῦν δέ γ' ἐστὶν οὐκ ἄλλο
τι ἢ τὸ αἴτιον· ἦ γάρ;—ΙΠ. Οὕτως.—ΣΩ. Τοῦ ἀγαθοῦ ἄρα
αἴτιόν ἐστιν τὸ καλόν.—ΙΠ. Ἔστι γάρ.

ΣΩ. Ἀλλὰ μὴν τό γε αἴτιον, ὦ Ἱππία, καὶ οὗ ἂν αἴτιον
ᾖ τὸ αἴτιον, ἄλλο ἐστίν· οὐ γάρ που τό γε αἴτιον αἰτίου
αἴτιον ἂν εἴη. ὧδε δὲ σκόπει· οὐ τὸ αἴτιον ποιοῦν ἐφάνη;
—ΙΠ. Πάνυ γε.—ΣΩ. Οὐκοῦν ὑπὸ τοῦ ποιοῦντος ποιεῖται
οὐκ ἄλλο τι ἢ τὸ γιγνόμενον, ἀλλ' οὐ τὸ ποιοῦν;—ΙΠ.
Ἔστι ταῦτα.—ΣΩ. Οὐκοῦν ἄλλο τι τὸ γιγνόμενον, ἄλλο
δὲ τὸ ποιοῦν;—ΙΠ. Ναί.—ΣΩ. Οὐκ ἄρα τό γ' αἴτιον αἴτιον
αἰτίου ἐστίν, ἀλλὰ τοῦ γιγνομένου ὑφ' ἑαυτοῦ.—ΙΠ. Πάνυ
γε.—ΣΩ. Εἰ ἄρα τὸ καλόν ἐστιν αἴτιον ἀγαθοῦ, γίγνοιτ' ἂν
ὑπὸ τοῦ καλοῦ τὸ ἀγαθόν· καὶ διὰ ταῦτα, ὡς ἔοικε, σπου-
δάζομεν καὶ τὴν φρόνησιν καὶ τἆλλα πάντα τὰ καλά, ὅτι
τὸ ἔργον αὐτῶν καὶ τὸ ἔκγονον σπουδαστόν ἐστι, τὸ ἀγαθόν,
καὶ κινδυνεύει ἐξ ὧν εὑρίσκομεν ἐν πατρός τινος ἰδέᾳ εἶναι
τὸ καλὸν τοῦ ἀγαθοῦ.—ΙΠ. Πάνυ μὲν οὖν· καλῶς γὰρ
λέγεις, ὦ Σώκρατες.

ΣΩ. Οὐκοῦν καὶ τόδε καλῶς λέγω, ὅτι οὔτε ὁ πατὴρ ὑός
ἐστιν, οὔτε ὁ ὑὸς πατήρ;—ΙΠ. Καλῶς μέντοι.—ΣΩ. Οὐδέ
γε τὸ αἴτιον γιγνόμενόν ἐστιν, οὐδὲ τὸ γιγνόμενον αὖ αἴτιον.
—ΙΠ. Ἀληθῆ λέγεις.—ΣΩ. Μὰ Δία, ὦ ἄριστε, οὐδὲ ἄρα
τὸ καλὸν ἀγαθόν ἐστιν, οὐδὲ τὸ ἀγαθὸν καλόν· ἢ δοκεῖ σοι

e 4 ὅτι T W et in marg. f : καὶ F sed punctis del. f   e 9 ἄρα
αἴτιόν ἐστιν T F sed post ἄρα add. ἑκάστου f (ἄρ' ἑκάστου Ang.) : ἄρα
ἔστιν αἴτιον W   a 3 αἰτίου] αὑτοῦ Dobree (et mox b 1)   a 8 ποιοῦν
T W : ποιούμενον F   γ' T W : om. F   b 5 ἔκγονον T W f :
ἔγγονον F   b 6 ἐν F : om. T W   ἰδέᾳ T W : εἰδέᾳ F (εἰ ἰδέᾳ
Ang.)   c 4 καλόν· ἢ corr. Coisl. : ἢ καλόν· ἢ T : ἢ καλὸν W :
καλὸν F   σοι οἷόν T W f : σοι ον F (σοι Ang.)

因此，各种美的身体、各种美的合法的东西[210]、智慧，以及我们刚才所说的所有那些东西，它们是美的，因为它们是有益的。——希庇阿斯：显然。——苏格拉底：那么，有益对我们显得就是美，希庇阿斯啊。——希庇阿斯：无疑完全如此，苏格拉底啊。 296e5

苏格拉底：无疑，有益者肯定就是创生善者。——希庇阿斯：当然是。——苏格拉底：而创生者无论如何都不是别的，除了是原因[211]；是这样吗？——希庇阿斯：是这样。——苏格拉底：因此，美是善的一种原因。——希庇阿斯：确实是。 297a1

苏格拉底：无疑，原因，希庇阿斯啊，它之于它作为原因向来会是其一种原因的那种东西，是不同的；因为原因无论如何都不可能是一种原因的一种原因[212]。但请你以下面这种方式来进行考察：原因岂不显得是一个进行创生的东西？——希庇阿斯：当然。——苏格拉底：那么，由创生者所创生出来的，岂不无非就是被生成者，而不是创生者？——希庇阿斯：是这样。——苏格拉底：那么，岂不被生成者是一种东西，而创生者是另一种东西？——希庇阿斯：是。——苏格拉底：因此，原因就肯定不是一种原因的一种原因，而是被它自身所生成出来的东西的一种原因。——希庇阿斯：当然。——苏格拉底：那么，如果美是善的一种原因，那么，善就会被美所生成；也正由于此，如看起来的那样，我们才汲汲追求明智以及其他所有美的东西，因为它们的产物和后代即善，是值得追求的[213]，并且由此我们发现，美之于善，似乎是处在一种父亲的样子上[214]。——希庇阿斯：完全如此；你的确说得正确，苏格拉底啊。 297a5 297b1 297b5

苏格拉底：那么，我岂不这样也说得正确，那就是：父亲不是一个儿子，儿子也不是一个父亲？——希庇阿斯：当然正确。——苏格拉底：原因肯定不是一个生成出来的东西，生成出来的东西也不是一个原因。——希庇阿斯：你说得对。——苏格拉底：宙斯在上，最优秀的人啊，那么，美不是一种善，善也不是一种美；或者，基于前面已经说的 297c1 297c5

οἷόν τε εἶναι ἐκ τῶν προειρημένων;—ΙΠ. Οὐ μὰ τὸν Δία, οὔ μοι φαίνεται.

ΣΩ. Ἀρέσκει οὖν ἡμῖν καὶ ἐθέλοιμεν ἂν λέγειν ὡς τὸ καλὸν οὐκ ἀγαθὸν οὐδὲ τὸ ἀγαθὸν καλόν;

ΙΠ. Οὐ μὰ τὸν Δία, οὐ πάνυ μοι ἀρέσκει.

ΣΩ. Ναὶ μὰ τὸν Δία, ὦ Ἱππία· ἐμοὶ δέ γε πάντων ἥκιστα ἀρέσκει ὧν εἰρήκαμεν λόγων.

ΙΠ. Ἔοικε γὰρ οὕτως.

ΣΩ. Κινδυνεύει ἄρα ἡμῖν, οὐχ ὥσπερ ἄρτι ἐφαίνετο κάλλιστος εἶναι τῶν λόγων τὸ ὠφέλιμον καὶ τὸ χρήσιμόν τε καὶ τὸ δυνατὸν ἀγαθόν τι ποιεῖν καλὸν εἶναι, οὐχ οὕτως ἔχειν, ἀλλ᾿, εἰ οἷόν τέ ἐστιν, ἐκείνων εἶναι γελοιότερος τῶν πρώτων, ἐν οἷς τήν τε παρθένον ᾠόμεθα εἶναι τὸ καλὸν καὶ ἓν ἕκαστον τῶν ἔμπροσθεν λεχθέντων.

ΙΠ. Ἔοικεν.

ΣΩ. Καὶ ἐγὼ μέν γε οὐκ ἔτι ἔχω, ὦ Ἱππία, ὅποι τράπωμαι, ἀλλ᾿ ἀπορῶ· σὺ δὲ ἔχεις τι λέγειν;

ΙΠ. Οὐκ ἔν γε τῷ παρόντι, ἀλλ᾿, ὥσπερ ἄρτι ἔλεγον, σκεψάμενος εὖ οἶδ᾿ ὅτι εὑρήσω.

ΣΩ. Ἀλλ᾿ ἐγώ μοι δοκῶ ὑπὸ ἐπιθυμίας τοῦ εἰδέναι οὐχ οἷός τε σέ εἶναι περιμένειν μέλλοντα· καὶ γὰρ οὖν δή τι καὶ οἶμαι ἄρτι ηὐπορηκέναι. ὅρα γάρ· εἰ ὃ ἂν χαίρειν ἡμᾶς ποιῇ, μήτι πάσας τὰς ἡδονάς, ἀλλ᾿ ὃ ἂν διὰ τῆς ἀκοῆς καὶ τῆς ὄψεως, τοῦτο φαῖμεν εἶναι καλόν, πῶς τι ἄρ᾿ ἂν ἀγωνιζοίμεθα; οἵ τέ γέ που καλοὶ ἄνθρωποι, ὦ Ἱππία, καὶ τὰ ποικίλματα πάντα καὶ τὰ ζωγραφήματα καὶ τὰ πλάσματα τέρπει ἡμᾶς ὁρῶντας, ἃ ἂν καλὰ ᾖ· καὶ οἱ φθόγγοι οἱ καλοὶ καὶ ἡ μουσικὴ σύμπασα καὶ οἱ λόγοι καὶ αἱ μυθολογίαι ταὐτὸν τοῦτο ἐργάζονται, ὥστ᾿ εἰ ἀποκριναίμεθα τῷ θρασεῖ

c 5 τὸν TW : om. F   c 7 ἡμῖν TW : καὶ ἡμῖν F   d 6 γελοιότερος F : γελοιότερον TW   d 8 ἔμπροσθεν TW : προσθεν F   d 10 καὶ TW : om. F   ὅποι TW : ὅπη F (sed corr. F)   e 2 οἶδ᾿ TF : δ᾿ οἶδ᾿ W   a 3 φθόγγοι TWf : φθοιτοι F   a 5 θρασεῖ TWf : ὁράσει F

那些，在你看来这是可能的[215]？——**希庇阿斯**：不，宙斯在上，对我显得不可能。

苏格拉底：那么，我们对此感到满意[216]，并且愿意说，美不是一种善，善也不是一种美吗？

希庇阿斯：不，宙斯在上，无论如何我对此都不感到满意。

苏格拉底：是的，宙斯在上，希庇阿斯啊；而在我们已经说过的所有说法中，它肯定是最少[217]让我感到满意的。

希庇阿斯：的确看来是这样。

苏格拉底：那么，就有可能并非像刚才那样这种说法在各种说法中对我们显得是最美的[218]，那就是，〈它宣称〉有益——即为了做某种善事而有用和有能力[219]——是美，根本就不是这样！相反，如果可能的话，这种说法甚至比最初的那些说法都是更可笑的，在那些说法那里，我们曾认为不仅少女是美，而且在前面被提及的那些东西中的每一个也都是美。

希庇阿斯：似乎是这样。

苏格拉底：并且我也确实不再知道，希庇阿斯啊，我该转向何处了，而是走投无路。不过，你有什么要说吗[220]？

希庇阿斯：目前肯定没有[221]，但是，正如我刚才所说[222]，当我思考一下之后，我很清楚我将找到它。

苏格拉底：然而，我认为我由于求知欲而不可能等你，虽然你打算〈那么做〉[223]；而事实上[224]，我也认为我刚才也许已经找到了某种解决之道[225]。你只需看看：如果，那能够使我们感到快乐的东西——当然不是指所有的快乐，而只是那能够通过听觉和视觉〈而使我们感到快乐的快乐〉——，我们说这种东西是美的，那么，我们在竞赛中能够如何以及取得何种奖励呢[226]？无论如何，那些美的人，希庇阿斯啊，以及所有的装饰品、各种各样的绘画和雕塑，当我们观看它们时它们都让我们感到喜悦——如果它们是美的——，而那些美的声音、所有的音乐、各种各样的谈话以及讲故事，也达成了同样的这种结果；因此，如

297c10
297d1

297d5

297d10

297e1

297e5

298a1

298a5

ΙΠΠΙΑΣ ΜΕΙΖΩΝ

ἐκείνῳ ἀνθρώπῳ ὅτι Ὦ γενναῖε, τὸ καλόν ἐστι τὸ δι' ἀκοῆς τε καὶ δι' ὄψεως ἡδύ, οὐκ ἂν οἴει αὐτὸν τοῦ θράσους ἐπισχοῖμεν;

ΙΠ. Ἐμοὶ γοῦν δοκεῖ νῦν γε, ὦ Σώκρατες, εὖ λέγεσθαι τὸ καλὸν ὃ ἔστιν.

ΣΩ. Τί δ'; ἆρα τὰ ἐπιτηδεύματα τὰ καλὰ καὶ τοὺς νόμους, ὦ Ἱππία, δι' ἀκοῆς ἢ δι' ὄψεως φήσομεν ἡδέα ὄντα καλὰ εἶναι, ἢ ἄλλο τι εἶδος ἔχειν;

ΙΠ. Ταῦτα δ' ἴσως, ὦ Σώκρατες, κἂν παραλάθοι τὸν ἄνθρωπον.

ΣΩ. Μὰ τὸν κύνα, ὦ Ἱππία, οὐχ ὅν γ' ἂν ἐγὼ μάλιστα αἰσχυνοίμην ληρῶν καὶ προσποιούμενός τι λέγειν μηδὲν λέγων.

ΙΠ. Τίνα τοῦτον;

ΣΩ. Τὸν Σωφρονίσκου, ὃς ἐμοὶ οὐδὲν ἂν μᾶλλον ταῦτα ἐπιτρέποι ἀνερεύνητα ὄντα ῥᾳδίως λέγειν ἢ ὡς εἰδότα ἃ μὴ οἶδα.

ΙΠ. Ἀλλὰ μὴν ἔμοιγε καὶ αὐτῷ, ἐπειδὴ σὺ εἶπες, δοκεῖ τι ἄλλο εἶναι τοῦτο τὸ περὶ τοὺς νόμους.

ΣΩ. Ἔχ' ἡσυχῇ, ὦ Ἱππία· κινδυνεύομεν γάρ τοι, ἐν τῇ αὐτῇ ἐμπεπτωκότες ἀπορίᾳ περὶ τοῦ καλοῦ ἐν ᾗπερ νυνδή, οἴεσθαι ἐν ἄλλῃ τινὶ εὐπορίᾳ εἶναι.

ΙΠ. Πῶς τοῦτο λέγεις, ὦ Σώκρατες;

ΣΩ. Ἐγώ σοι φράσω ὅ γ' ἐμοὶ καταφαίνεται, εἰ ἄρα τι λέγω. ταῦτα μὲν γὰρ τὰ περὶ τοὺς νόμους τε καὶ τὰ ἐπιτηδεύματα τάχ' ἂν φανείη οὐκ ἐκτὸς ὄντα τῆς αἰσθήσεως ἢ

a 7 δι' ὄψεως TF: ὄψεως W   αὐτὸν TWF: αὐτῶν f (αὐτῷ Ang.)
θράσους TWf: ὁράσους F   a 9 ἐμοὶ γοῦν F: ἔμοιγε οὖν TW
γε F: om. TW   b 1 ὃ ἔστιν TWf: ὅτι ἔστι F   b 3 ἡδέα
ὄντα TWf: ἢ δῆλον ὅτι F (ἢ δῆλον ὅτι καλὰ εἶναι ἡδέα Ang.)   b 5 δ'
TF: δὴ W   b 7 γ' ἂν TW: γὰρ F   b 10 τίνα... c 2 οἶδα
secl. Schleiermacher   b 11 τὸν F: σωκράτη τὸν TWf   c 1 ἐπιτρέποι T: ἐπιτρέποιεν W: ἐπιτρέπει FP   c 6 νυνδὴ scr. recc.:
δὴ νῦν TWF   c 9 γ' ἐμοὶ F: γέ μοι TW   d 2 οὐκ secl.
Stallbaum

果我们这样回答那个粗野的人，那就是，高贵的人啊，美是通过听觉以及通过视觉而来的快乐，那么，难道你不认为我们会抑制住他的那种粗野吗[227]？

希庇阿斯：现在至少在我看来，苏格拉底啊，这被正确地谈论了，即美是什么。

298b1

苏格拉底：然后呢？那些美的追求和各种各样的法律，希庇阿斯啊，我们将说，由于它们是通过听觉或通过视觉而来的快乐，因而它们才是美的吗，抑或它们具有其他某种形式？

希庇阿斯：不过这些东西，苏格拉底啊，它们或许会逃脱这家伙的注意。

298b5

苏格拉底：以狗起誓，希庇阿斯啊，但无论如何都不会逃脱下面这个人的注意，那就是：〈在他面前〉我尤其会感到羞愧，当我胡扯并且佯装说出了点什么，但其实什么也没有说时。

希庇阿斯：这人是谁？

298b10

苏格拉底：索佛洛尼斯科斯的儿子[228]，他同样不会允许我轻率地说这些东西[229]，因为它们是未经考察的，恰如不允许我说，我知道我不知道的。

298c1

希庇阿斯：无疑下面这点对我本人也显得如此，既然你说到了它，那就是，在法律方面，〈美〉这种东西是另外某种东西。

苏格拉底：请保持冷静[230]！希庇阿斯啊；因为，我们真的有可能——尽管关于美我们陷入了完全如刚才一样的走投无路中——，设想我们处在另外某种通途中。

298c5

希庇阿斯：你为何这么说呢，苏格拉底啊？

苏格拉底：我将向你解释对我所显明的那种东西，无论我说得是否在理。因为，涉及各种法律和各种追求的那些东西，它们有可能[231]显得并不是在我们通过听和看所取得的那种感觉以外。但是，让我们还是

298d1

ΠΛΑΤΩΝΟΣ

διὰ τῆς ἀκοῆς τε καὶ ὄψεως ἡμῖν οὖσα τυγχάνει· ἀλλ᾽ ὑπομείνωμεν τοῦτον τὸν λόγον, τὸ διὰ τούτων ἡδὺ καλὸν εἶναι, μηδὲν τὸ τῶν νόμων εἰς μέσον παράγοντες. ἀλλ᾽ εἰ ἡμᾶς ἔροιτο εἴτε οὗτος ὃν λέγω, εἴτε ἄλλος ὁστισοῦν· "Τί δή, ὦ Ἱππία τε καὶ Σώκρατες, ἀφωρίσατε τοῦ ἡδέος τὸ ταύτῃ ἡδὺ ᾗ λέγετε καλὸν εἶναι, τὸ δὲ κατὰ τὰς ἄλλας αἰσθήσεις σίτων τε καὶ ποτῶν καὶ τῶν περὶ τἀφροδίσια καὶ τἆλλα πάντα τὰ τοιαῦτα οὔ φατε καλὰ εἶναι; ἢ οὐδὲ ἡδέα, οὐδὲ ἡδονὰς τὸ παράπαν ἐν τοῖς τοιούτοις φατὲ εἶναι, οὐδ᾽ ἐν ἄλλῳ ἢ τῷ ἰδεῖν τε καὶ ἀκοῦσαι;" τί φήσομεν, ὦ Ἱππία;

ΙΠ. Πάντως δήπου φήσομεν, ὦ Σώκρατες, καὶ ἐν τοῖς ἄλλοις μεγάλας πάνυ ἡδονὰς εἶναι.

ΣΩ. "Τί οὖν," φήσει, "ἡδονὰς οὔσας οὐδὲν ἧττον ἢ καὶ ἐκείνας ἀφαιρεῖσθε τοῦτο τοὔνομα καὶ ἀποστερεῖτε τοῦ καλὰς εἶναι;" Ὅτι, φήσομεν, καταγελῴη ἂν ἡμῶν οὐδεὶς ὅστις οὔ, εἰ φαῖμεν μὴ ἡδὺ εἶναι φαγεῖν, ἀλλὰ καλόν, καὶ ὄζειν ἡδὺ μὴ ἡδὺ ἀλλὰ καλόν· τὰ δέ που περὶ τὰ ἀφροδίσια πάντες ἂν ἡμῖν μάχοιντο ὡς ἥδιστον ὄν, δεῖν δὲ αὐτό, ἐάν τις καὶ πράττῃ, οὕτω πράττειν ὥστε μηδένα ὁρᾶν, ὡς αἴσχιστον ὂν ὁρᾶσθαι. ταῦτα ἡμῶν λεγόντων, ὦ Ἱππία, "Μανθάνω," ἂν ἴσως φαίη, "καὶ ἐγὼ ὅτι πάλαι αἰσχύνεσθε ταύτας τὰς ἡδονὰς φάναι καλὰς εἶναι, ὅτι οὐ δοκεῖ τοῖς ἀνθρώποις· ἀλλ᾽ ἐγὼ οὐ τοῦτο ἠρώτων, ὃ δοκεῖ τοῖς πολλοῖς καλὸν εἶναι, ἀλλ᾽ ὅτι ἔστιν." ἐροῦμεν δὴ οἶμαι ὅπερ ὑπεθέμεθα, ὅτι "Τοῦθ᾽ ἡμεῖς γέ φαμεν τὸ μέρος τοῦ ἡδέος, τὸ ἐπὶ τῇ ὄψει τε καὶ ἀκοῇ γιγνόμενον, καλὸν εἶναι. ἀλλὰ ἔχεις ἔτι τι χρῆσθαι τῷ λόγῳ, ἤ τι καὶ ἄλλο ἐροῦμεν, ὦ Ἱππία;

d 4 ὑπομείνωμεν T W : ὑπομείνομεν F   d 8 λέγετε scr. Laur. vii. 85 : λέγεται T W F   e 8 οὔσας post ἐκείνας iterat F   ἀφαιρεῖσθε T : ἀφαιρεῖσθαι W F   a 1 καταγελῴη F : καταγελῷ T W   a 2 εἰ T W : εὖ σοι F   a 3 μὴ T F : μηδ᾽ W   a 4 δεῖν Heindorf : δεῖ T W F   αὐτὸ ἐάν T W f : αὐτὸς ἄν F   a 7 μανθάνω T W : μανθάνωμεν F   ἂν ἴσως T W : ἴσως ἂν F   b 2 ἀλλ᾽ ὅτι T W : ἀλλὰ τί F   b 5 ἔχεις ἔτι τι scripsi : ἔ ἔτι F (suprascr. χεις f) : ἔχεις τί T W (sed ἔτι in marg. t)   ἤ τι T F : ἔτι W

直面这种说法[232]，即通过这〈两者〉而来的快乐是美的，而不把同各 298d5
种法律相关的事情引入其中。然而，如果有人问我们——不管是我说到
的这个人，还是其他任何人——："究竟为什么，希庇阿斯和苏格拉底
啊，你们从快乐中区分出了以这种方式[233]〈所产生〉的，即你们由之
把它称作是美的那种快乐，而根据其他那些感觉——如关于各种食物和 298e1
各种饮料的感觉，以及同关乎属于阿佛洛狄忒的事情[234]以及其他所有
诸如此类的事情的那些东西相关的感觉——而来的快乐，你们则不说它
是美的？或者，它们甚至就不是快乐的，而你们宣称在诸如此类的东西
中压根儿就没有快乐吗，在其他任何东西那里都没有，除了在看和听那
里？"我们将说什么呢，希庇阿斯啊？

希庇阿斯：毫无疑问，我们无论如何都将说，苏格拉底啊，在其他 298e5
那些东西那里有着一些非常大的快乐。

苏格拉底："那么，为什么，"他将回应道，"既然这些快乐并不比
那些快乐小，你们却〈从它们那里〉取走了〈美〉这个名字，并且剥夺
了这点，即它们是美的[235]。"因为，我们将说，任何一个人都将会嘲笑 299a1
我们，如果我们宣称：吃不是快乐的，而是美的，快乐地嗅不是快乐
的，而是美的。至于属于阿佛洛狄忒的那些事情，所有人肯定都会就下
面这点同我们进行争论，那就是：虽然它们是最令人快乐的，但是，如
果一个人要做它们，他也必定这样来做，即无人看见，因为被看见，那 299a5
是一件最丑陋的事情[236]。当我们这样说时，希庇阿斯啊，"我其实也明
白，"他或许会回应道，"你们早已羞于说这些快乐是美的，因为在众人
看来它们不是；但是，我并没有问这点，即对众人来说美看起来是什 299b1
么，而是在问美是什么。"于是，我认为我们将说出我们所假设的，那
就是："我们肯定宣称，快乐的这个部分，即通过看和听而生起的那个
部分，是美的。不过，你还能够反驳这个说法吗[237]，或者我们将说出别 299b5
的什么，希庇阿斯啊？"

ΙΠΠΙΑΣ ΜΕΙΖΩΝ

ΙΠ. Ἀνάγκη πρός γε τὰ εἰρημένα, ὦ Σώκρατες, μὴ ἄλλ' ἄττα ἢ ταῦτα λέγειν.

ΣΩ. "Καλῶς δὴ λέγετε," φήσει. "οὐκοῦν εἴπερ τὸ δι' ὄψεως καὶ ἀκοῆς ἡδὺ καλόν ἐστιν, ὃ μὴ τοῦτο τυγχάνει ὂν τῶν ἡδέων, δῆλον ὅτι οὐκ ἂν καλὸν εἴη;" ὁμολογήσομεν;

ΙΠ. Ναί.

ΣΩ. "Ἦ οὖν τὸ δι' ὄψεως ἡδύ," φήσει, "δι' ὄψεως καὶ ἀκοῆς ἐστιν ἡδύ, ἢ τὸ δι' ἀκοῆς ἡδὺ δι' ἀκοῆς καὶ δι' ὄψεώς ἐστιν ἡδύ;" Οὐδαμῶς, φήσομεν, τὸ διὰ τοῦ ἑτέρου ὂν τοῦτο δι' ἀμφοτέρων εἴη ἄν—τοῦτο γὰρ δοκεῖς ἡμῖν λέγειν—ἀλλ' ἡμεῖς ἐλέγομεν ὅτι καὶ ἑκάτερον τούτων αὐτὸ καθ' αὑτὸ τῶν ἡδέων καλὸν εἴη, καὶ ἀμφότερα. οὐχ οὕτως ἀποκρινούμεθα;

ΙΠ. Πάνυ μὲν οὖν.

ΣΩ. "Ἆρ' οὖν," φήσει, "ἡδὺ ἡδέος ὁτιοῦν ὁτουοῦν διαφέρει τούτῳ, τῷ ἡδὺ εἶναι; μὴ γὰρ εἰ μείζων τις ἡδονὴ ἢ ἐλάττων ἢ μᾶλλον ἢ ἧττόν ἐστιν, ἀλλ' εἴ τις αὐτῷ τούτῳ διαφέρει, τῷ ἡ μὲν ἡδονὴ εἶναι, ἡ δὲ μὴ ἡδονή, τῶν ἡδονῶν;" Οὐχ ἡμῖν γε δοκεῖ· οὐ γάρ;

ΙΠ. Οὐ γὰρ οὖν δοκεῖ.

ΣΩ. "Οὐκοῦν," φήσει, "δι' ἄλλο τι ἢ ὅτι ἡδοναί εἰσι προείλεσθε ταύτας τὰς ἡδονὰς ἐκ τῶν ἄλλων ἡδονῶν, τοιοῦτόν τι ὁρῶντες ἐπ' ἀμφοῖν, ὅτι ἔχουσί τι διάφορον τῶν ἄλλων, εἰς ὃ ἀποβλέποντες καλάς φατε αὐτὰς εἶναι; οὐ γάρ που διὰ τοῦτο καλή ἐστιν ἡδονὴ ἡ διὰ τῆς ὄψεως, ὅτι δι' ὄψεώς ἐστιν· εἰ γὰρ τοῦτο αὐτῇ ἦν τὸ αἴτιον καλῇ εἶναι, οὐκ ἄν ποτε ἦν ἡ ἑτέρα, ἡ διὰ τῆς ἀκοῆς, καλή· οὔκουν ἔστι γε δι' ὄψεως ἡδονή." Ἀληθῆ λέγεις, φήσομεν;

b6 γε TW : τε F   b8 δὴ TW : γε δὴ F   c1 τοῦτο TW : τούτου F   c5 δι' ὄψεως TF : ὄψεως W   c8 τούτων TW : αὐτῶν τούτων F   c10 ἀποκρινούμεθα F : ἀποκρινώμεθα TW   d4 ἢ μᾶλλον ἢ TW : om. F   εἴ τις αὐτῷ τούτῳ TWf : ἐπὶ ἑαυτῶ F   d8 δι' TWf : ἢ δι' F   ὅτι TW : διότι F   e2 εἰς ὃ TWf : οἶσθ' F   e3 που F : πω TW

希庇阿斯：至少面对那些已经被说出的，苏格拉底啊，必然除了这些之外，别无其他可说。

苏格拉底："因此，你们说得正确，"他将说，"如果真的通过看和听而来的快乐才是美的，那么，任何恰好不是快乐的这个〈部分的〉，岂不显然它就不会是美的？"我们将赞同吗？ 299c1

希庇阿斯：是的。

苏格拉底："那么，莫非通过看而来的快乐，"他将说，"它〈同时〉通过看和听而是快乐的，或者，通过听而来的快乐，它〈同时〉通过听和看而是快乐的？"这绝不可能，我们将回应道，那就是，那通过两者中的一个而来的东西，会是那通过双方而来的东西——因为，在我们看来你其实就在说这点——，但我们说过，这两种快乐中的每一个都独自在其自身[238]是美的，并且两者也都是美的。难道我们不这样进行回答吗？ 299c5

299c10

希庇阿斯：当然这样进行回答。 299d1

苏格拉底："那么，"他将说，"任何一种快乐之于任何一种快乐，在这点上，即在是快乐的上，不同吗？因为〈我〉并未〈问〉是否一种快乐是更大的或更小的，抑或，是更多的或更少的，而是〈在问〉是否一种快乐恰恰在这点上不同于〈另一种快乐〉，即在诸快乐中，一个是一种快乐，而另一个则不？"在我们看来肯定不是这样，难道不是吗？ 299d5

希庇阿斯：看起来确实不是这样。

苏格拉底："那么，"他将回应道，"岂不由于别的什么，而非因为它们是快乐，你们才从其他的那些快乐中首先选择出了这〈两种〉快乐，因为你们在这两者那里看到了如此这般的某种东西，那就是：它们有着不同于其他那些快乐的某种东西，通过着眼于这种东西你们宣称它们是美的？因为，通过视觉而来的快乐无论如何都并非由于这点而是美的，即因为它是通过视觉而来的；因为，如果这就是它是美的这点的原因，那么，另外那种快乐，即通过听觉而来的快乐，就从不会是美的，既然它肯定不是一种通过视觉而来的快乐。"你说得对，我们将这样说吗？ 299e1

299e5

ΠΛΑΤΩΝΟΣ

ΙΠ. Φήσομεν γάρ.

ΣΩ. "Οὐδέ γ' αὖ ἡ δι' ἀκοῆς ἡδονή, ὅτι δι' ἀκοῆς ἐστι, διὰ ταῦτα τυγχάνει καλή· οὐ γὰρ ἄν ποτε αὖ ἡ διὰ τῆς ὄψεως καλὴ ἦν· οὔκουν ἔστι γε δι' ἀκοῆς ἡδονή." ἀληθῆ φήσομεν, ὦ Ἱππία, λέγειν τὸν ἄνδρα ταῦτα λέγοντα;

ΙΠ. Ἀληθῆ.

ΣΩ. "Ἀλλὰ μέντοι ἀμφότεραί γ' εἰσὶ καλαί, ὡς φατέ." φαμὲν γάρ;

ΙΠ. Φαμέν.

ΣΩ. "Ἔχουσιν ἄρα τι τὸ αὐτὸ ὃ ποιεῖ αὐτὰς καλὰς εἶναι, τὸ κοινὸν τοῦτο, ὃ καὶ ἀμφοτέραις αὐταῖς ἔπεστι κοινῇ καὶ ἑκατέρᾳ ἰδίᾳ· οὐ γὰρ ἄν που ἄλλως ἀμφότεραί γε καλαὶ ἦσαν καὶ ἑκατέρα." ἀποκρίνου ἐμοὶ ὡς ἐκείνῳ.

ΙΠ. Ἀποκρίνομαι, καὶ ἐμοὶ δοκεῖ ἔχειν ὡς λέγεις.

ΣΩ. Εἰ ἄρα τι αὗται αἱ ἡδοναὶ ἀμφότεραι πεπόνθασιν, ἑκατέρα δὲ μή, οὐκ ἂν τούτῳ γε τῷ παθήματι εἶεν καλαί.

ΙΠ. Καὶ πῶς ἂν εἴη τοῦτο, ὦ Σώκρατες, μηδετέρας πεπονθυίας τι τῶν ὄντων ὁτιοῦν, ἔπειτα τοῦτο τὸ πάθος, ὃ μηδετέρα πέπονθεν, ἀμφοτέρας πεπονθέναι;

ΣΩ. Οὐ δοκεῖ σοι;

ΙΠ. Πολλὴ γὰρ ἄν μ' ἔχοι ἀπειρία καὶ τῆς τούτων φύσεως καὶ τῆς τῶν παρόντων λέξεως λόγων.

ΣΩ. Ἡδέως γε, ὦ Ἱππία. ἀλλὰ γὰρ ἐγὼ ἴσως κινδυνεύω δοκεῖν μέν τι ὁρᾶν οὕτως ἔχον ὡς σὺ φῇς ἀδύνατον εἶναι, ὁρῶ δ' οὐδέν.

ΙΠ. Οὐ κινδυνεύεις, ὦ Σώκρατες, ἀλλὰ πάνυ ἑτοίμως παρορᾷς.

ΣΩ. Καὶ μὴν πολλά γέ μοι προφαίνεται· τοιαῦτα πρὸ τῆς ψυχῆς, ἀλλὰ ἀπιστῶ αὐτοῖς, ὅτι σοὶ μὲν οὐ φαντάζεται,

a 6 μέντοι TWF: μὴν vulg.   γ' TW: om. F   b 1 γε scripsi: τε TWF   b 4 αἱ ἡδοναὶ TWf: δῆλον αἱ F   c 2 γὰρ ἄν μ' ἔχοι TF: γ' ἄν μ' ἔχει W   ἀπειρία TF: ἀπορία W   c 4 γε TW: δὲ F   c 5 ἔχον TW: ἔχων F   c 9 τοιαῦτα TW: τὰ τοιαῦτα F

希庇阿斯：我们确实将这么说。

苏格拉底："另一方面，通过听觉而来的快乐，也不会因为它是通过听觉而来的，由此它就恰好是美的；因为那样一来，那通过视觉而来的快乐也就从不会是美的，既然它肯定不是一种通过听觉而来的快乐。"我们将说，希庇阿斯啊，那个人说得对吗，当他这样说时？

希庇阿斯：他说得对。

苏格拉底："然而，它们两者无论如何都是美的，就像你们所宣称的那样。"我们这样宣称吗？

希庇阿斯：我们宣称。

苏格拉底："那么，它们就有着某种同样的东西，它使得它们是美的，这种共同的东西，它既共同地在场于它们两者那里，也私下地在场于每一个那里[239]。因为，以其他的方式[240]无论如何都不会它们两者是美的，而两者中的每一个也是美的。"请你像回答那个人那样回答我。

希庇阿斯：我回答，并且在我看来它就是如你说的那样。

苏格拉底：那么，如果这两种快乐〈共同〉遭受了某种东西，但每一个〈私下〉并没有，那么，肯定不会是由于这种遭受它们是美的。

希庇阿斯：而这如何可能呢，苏格拉底啊，那就是，当两者中没有一个〈私下〉遭受了诸是者中的任何东西[241]，随后这种遭受，两者中没有一个〈私下〉遭受了它，两者却〈共同〉遭受了它？

苏格拉底：在你看来这不可能？

希庇阿斯：因为我的确极其没有经验，无论是对这些事情的本性，还是对当前的这些讨论的措辞。

苏格拉底：说得恰如其分[242]，希庇阿斯啊。但事实上，我或许有可能会认为我看到了某种东西就是你说是不可能的那个样子，但〈也有可能〉我什么都没有看到。

希庇阿斯：你不是有可能，苏格拉底啊，而是完完全全明显地[243]看错了。

苏格拉底：确实许许多多这样的东西在我的灵魂面前对我显露出来，然而我并不相信它们，因为它们并未显露给你，而你是在当今的这

ΙΠΠΙΑΣ ΜΕΙΖΩΝ

ἀνδρὶ πλεῖστον ἀργύριον εἰργασμένῳ τῶν νῦν ἐπὶ σοφίᾳ, d
ἐμοὶ δέ, ὃς οὐδὲν πώποτε ἠργασάμην. καὶ ἐνθυμοῦμαι, ὦ
ἑταῖρε, μὴ παίζῃς πρός με καὶ ἑκὼν ἐξαπατᾷς· οὕτως μοι
σφόδρα καὶ πολλὰ φαίνεται.

ΙΠ. Οὐδεὶς σοῦ, ὦ Σώκρατες, κάλλιον εἴσεται εἴτε παίζω 5
εἴτε μή, ἐὰν ἐπιχειρήσῃς λέγειν τὰ προφαινόμενά σοι ταῦτα·
φανήσῃ γὰρ οὐδὲν λέγων. οὐ γὰρ μήποτε εὕρῃς, ὃ μήτ᾽
ἐγὼ πέπονθα μήτε σύ, τοῦτ᾽ ἀμφοτέρους ἡμᾶς πεπονθότας.

ΣΩ. Πῶς λέγεις, ὦ Ἱππία; ἴσως μὲν τὶ λέγεις, ἐγὼ δ᾽ οὐ e
μανθάνω· ἀλλά μου σαφέστερον ἄκουσον ὃ βούλομαι λέγειν.
ἐμοὶ γὰρ φαίνεται, ὃ μήτ᾽ ἐγὼ πέπονθα εἶναι μήτ᾽ εἰμὶ μηδ᾽
αὖ σὺ εἶ, τοῦτο ἀμφοτέρους πεπονθέναι ἡμᾶς οἷόν τ᾽ εἶναι·
ἕτερα δ᾽ αὖ, ἃ ἀμφότεροι πεπόνθαμεν εἶναι, ταῦτα οὐδέτερον 5
εἶναι ἡμῶν.

ΙΠ. Τέρατα αὖ ἀποκρινομένῳ ἔοικας, ὦ Σώκρατες, ἔτι
μείζω ἢ ὀλίγον πρότερον ἀπεκρίνω. σκόπει γάρ· πότερον
εἰ ἀμφότεροι δίκαιοί ἐσμεν, οὐ καὶ ἑκάτερος ἡμῶν εἴη ἄν,
ἢ εἰ ἄδικος ἑκάτερος, οὐ καὶ ἀμφότεροι, ἢ εἰ ὑγιαίνοντες, 10
οὐ καὶ ἑκάτερος; ἢ εἰ κεκμηκώς τι ἢ τετρωμένος ἢ πεπλη- 301
γμένος ἢ ἄλλ᾽ ὁτιοῦν πεπονθὼς ἑκάτερος ἡμῶν εἴη, οὐ καὶ
ἀμφότεροι αὖ ἂν τοῦτο πεπόνθοιμεν; ἔτι τοίνυν εἰ χρυσοῖ ἢ
ἀργυροῖ ἢ ἐλεφάντινοι, εἰ δὲ βούλει, γενναῖοι ἢ σοφοὶ
ἢ τίμιοι ἢ γέροντές γε ἢ νέοι ἢ ἄλλο ὅτι βούλει τῶν 5
ἐν ἀνθρώποις ἀμφότεροι τύχοιμεν ὄντες, ἆρ᾽ οὐ μεγάλη
ἀνάγκη καὶ ἑκάτερον ἡμῶν τοῦτο εἶναι;

ΣΩ. Πάντως γε δήπου. b

ΙΠ. Ἀλλὰ γὰρ δὴ σύ, ὦ Σώκρατες, τὰ μὲν ὅλα τῶν
πραγμάτων οὐ σκοπεῖς, οὐδ᾽ ἐκεῖνοι οἷς σὺ εἴωθας διαλέ-

d 2 ὃς TF: ὡς W   d 6 ἐπιχειρήσῃς TW: ἐπιχειρῇ F   d 7 μήτ᾽
ἐγὼ F: μήποτ᾽ ἐγὼ TW   e 1 μέν τι F: μέντοι τί TW   ἐγὼ
TW: ἴσως F (sed suprascr. ἐγὼ f)   e 5 ἃ TW: om. F   εἶναι
TW: εἶναι ὦ F   e 9 εἰ TW: om. F   e 10 ἢ εἰ ante ὑγιαίνοντες
TF: ἢ W   a 1 ἑκάτερος TW et in marg. f: ἀμφότεροι F   τι secl.
ci. Schanz   a 4 σοφοὶ TW et suprascr. f: σώφρονες F   a 5 ἄλλο
ὅτι WF: ἀλλό τι ὅτι T   b 1 γε TW: γὰρ F   b 2 ὅλα TF:
ἄλλα W

些人中凭借智慧已经赚取了最多银子的一个人，至于我嘛，我从未曾赚 300d1
得过一文钱[244]。并且我寻思，朋友啊，你是否没有对我开玩笑，并且没
有在故意欺骗我；因为，如此清楚和如此众多的东西对我显现了出来。

希庇阿斯：无人将比你，苏格拉底啊，更好地知道我是在开玩笑 300d5
还是没有，如果你试着说出那些向你显露出来的东西；因为，你将显明
其实你在胡说。因为，你从不会找到，无论是你，还是我，都没有〈私
下〉遭受过的那种东西，我们两人却〈共同〉遭受了它。

苏格拉底：你为何这么说呢，希庇阿斯啊？虽然或许你说得在理，300e1
但我并不明白；不过请你更加清楚地听一听我想要说的事情。因为下面
这点对我显得〈是有可能的〉：我未曾遭受了它而不是它的那种东西，
我不是它，你也同样如此[245]，但我们两人却能够〈共同〉遭受了它而是
它；另一方面[246]，那些我们两人〈共同〉遭受了它们而能够是它们的东 300e5
西，我们两人中没有一个能够〈私下遭受了它们而〉是它们[247]。

希庇阿斯：你复又看起来回答了一些奇奇怪怪的东西，苏格拉底
啊，甚至比一小会儿前[248]你所回答的更甚。因为你只需考虑：如果我
俩一起是正义的，岂不我俩中每个也都会是正义的，或者，如果我俩中 300e10
每个都是不正义的，岂不我俩一起也就是不正义的，或者，如果我俩一
起是健康的，我俩中每个岂不也都是健康的？抑或，如果我俩中每个都 301a1
患了某种病，或者受了伤，或者挨了打，或者遭受了其他任何事情，我
俩一起岂不也遭受了如此这般的事情？此外[249]，如果我俩一起恰好是
金做的，或者银做的，或者象牙做的，而如果你愿意，是高贵的，或者
智慧的，或者受尊敬的，或者老的，甚或年轻的，或者是你愿意出现在 301a5
世人身上的那些东西中的其他任何一样，难道不是有着一种巨大的必然
性，那就是，我俩中的每个也是这样？

苏格拉底：无疑完全如此。 301b1

希庇阿斯：但事实上，不仅你，苏格拉底啊，没有考虑到诸事物之
整体，而且你习惯与之交谈的那些人也没有；相反，你们通过下面这样

ΠΛΑΤΩΝΟΣ

γεσθαι, κρούετε δὲ ἀπολαμβάνοντες τὸ καλὸν καὶ ἕκαστον
τῶν ὄντων ἐν τοῖς λόγοις κατατέμνοντες. διὰ ταῦτα οὕτω
μεγάλα ὑμᾶς λανθάνει καὶ διανεκῆ σώματα τῆς οὐσίας πε-
φυκότα. καὶ νῦν τοσοῦτόν σε λέληθεν, ὥστε οἴει εἶναί τι
ἢ πάθος ἢ οὐσίαν, ἣ περὶ μὲν ἀμφότερα ταῦτα ἔστιν ἅμα,
περὶ δὲ ἑκάτερον οὔ, ἢ αὖ περὶ μὲν ἑκάτερον, περὶ δὲ ἀμ-
φότερα οὔ· οὕτως ἀλογίστως καὶ ἀσκέπτως καὶ εὐήθως καὶ
ἀδιανοήτως διάκεισθε.

ΣΩ. Τοιαῦτα, ὦ Ἱππία, τὰ ἡμέτερά ἐστιν, οὐχ οἷα
βούλεταί τις, φασὶν ἄνθρωποι ἑκάστοτε παροιμιαζόμενοι,
ἀλλ' οἷα δύναται· ἀλλὰ σὺ ἡμᾶς ὀνίνῃς ἀεὶ νουθετῶν. ἐπεὶ
καὶ νῦν, πρὶν ὑπὸ σοῦ ταῦτα νουθετηθῆναι, ὡς εὐήθως διε-
κείμεθα, ἔτι σοι μᾶλλον ἐγὼ ἐπιδείξω εἰπὼν ἃ διενοούμεθα
περὶ αὐτῶν, ἢ μὴ εἴπω;

ΙΠ. Εἰδότι μὲν ἐρεῖς, ὦ Σώκρατες· οἶδα γὰρ ἑκάστους
τῶν περὶ τοὺς λόγους ὡς διάκεινται. ὅμως δ' εἴ τι σοὶ
ἥδιον, λέγε.

ΣΩ. Ἀλλὰ μὴν ἥδιόν γε. ἡμεῖς γάρ, ὦ βέλτιστε, οὕτως
ἀβέλτεροι ἦμεν, πρίν σε ταῦτ' εἰπεῖν, ὥστε δόξαν εἴχομεν
περὶ ἐμοῦ τε καὶ σοῦ ὡς ἑκάτερος ἡμῶν εἷς ἐστι, τοῦτο δὲ
ὃ ἑκάτερος ἡμῶν εἴη οὐκ ἄρα εἶμεν ἀμφότεροι—οὐ γὰρ εἷς
ἐσμεν, ἀλλὰ δύο—οὕτως εὐηθικῶς εἴχομεν· νῦν δὲ παρὰ
σοῦ ἤδη ἀνεδιδάχθημεν ὅτι εἰ μὲν δύο ἀμφότεροί ἐσμεν,
δύο καὶ ἑκάτερον ἡμῶν ἀνάγκη εἶναι, εἰ δὲ εἷς ἑκάτερος,
ἕνα καὶ ἀμφοτέρους ἀνάγκη· οὐ γὰρ οἷόν τε διανεκεῖ λόγῳ
τῆς οὐσίας κατὰ Ἱππίαν ἄλλως ἔχειν, ἀλλ' ὃ ἂν ἀμφότερα

b 6 διανεκῆ TW (διὰ παντὸς οὕτως Διογενειανός schol. W) : διηνεκῆ
F   b 7 οἴει T et suprascr. F : εἴη F : om. W   b 8 ἢ F : ἢ
TW   ἀμφότερα ταῦτα TWF : ἀμφότερα ἄττα Ficinus? (ambo
quaedam) : ἀμφότερα τοιαῦτα ci. Heindorf   c 3 ἀδιανοήτως TWf :
ἀνοήτως F   c 5 ἄνθρωποι TW : ἀνθρώποις F   c 6 ὀνίνης
TW : ὀνίνεις F : ὀνίνῃ ci. Naber   c 8 ἐπιδείξω TW : ἐπιπλήξω
F   διενοούμεθα F : διανοούμεθα TW   d 2 ἑκάστους TWf :
ἑκάστου F   d 4 ἥδιον TF : ἴδιον W   d 8 εἴημεν TW
F   e 3 διανεκεῖ TW Moeris : διηνεκεῖ F   e 4 ἂν TWf :
ἔχειν F

来敲打美和诸是者中的每一个²⁵⁰，即分离地把握它们，并且在讨论中把 301b5
它们切碎²⁵¹。正由于这些，你们没有注意到这点，那就是，所是的结
构²⁵²生来是如此的巨大和连续不断。甚至现在²⁵³你也如此多地没有注
意到这点，以至于你认为，有着某种东西——或者是一种遭受，或者是
一种所是——，它同时是关乎〈我们〉这两者的，但不关乎其中的每一 301c1
个，或者反过来，它关乎〈我们〉两者中的每一个，但不同时关乎〈我
们〉两者。你们是何等缺乏推理、欠缺考虑、天真幼稚和不加反思地对
待你们自己啊²⁵⁴！

苏格拉底：我们的情况，希庇阿斯啊，就是这样的，那就是，不是 301c5
一个人想怎么样，就像人们每次引用谚语时所说的那样，而是他能够怎
么样；但你通过不断地进行告诫而帮助了我们。因为，甚至现在，在被
你这样告诫之前，即我们在何等天真幼稚地对待自己，我将进一步向你
展示这点，通过说我们关于它们所怀有的那些想法，或者我不说？ 301d1

希庇阿斯：你其实是将对一个已经知道的人说，苏格拉底啊；因为
关于每个人我都知道他们在谈话时处于何种样子。不过，如果对你来说
那样会更为惬意些的话，那就请你说吧。

苏格拉底：无疑会更为惬意些。因为我们，最优秀的人啊，你这样 301d5
说之前，是如此的愚蠢，以至于我们关于我和你持有这样一种意见，
那就是：我俩中的每个都是一，但是，我俩中的每个会是的那种东西，
我俩肯定不会是它——因为我们不是一，而是二——；我们就是如此
的天真幼稚！但现在，我们已经被你更好地教育了²⁵⁵，那就是：一方 301e1
面，如果我们俩是二，那么，我们俩中的每个也必然是二；另一方面，
如果我们俩中的每个是一，那么，我们俩也必然是一。因为，根据关于
所是的一种连续不断的理论，依照希庇阿斯所说，不可能是别的情形，

ΙΠΠΙΑΣ ΜΕΙΖΩΝ

ᾗ, τοῦτο καὶ ἑκάτερον, καὶ ὃ ἑκάτερον, ἀμφότερα εἶναι. πεπεισμένος δὴ νῦν ἐγὼ ὑπὸ σοῦ ἐνθάδε κάθημαι. πρότερον μέντοι, ὦ Ἱππία, ὑπόμνησόν με· πότερον εἷς ἐσμεν ἐγώ τε καὶ σύ, ἢ σύ τε δύο εἶ κἀγὼ δύο;

ΙΠ. Τί λέγεις, ὦ Σώκρατες;

ΣΩ. Ταῦτα ἅπερ λέγω· φοβοῦμαι γάρ σε σαφῶς λέγειν, ὅτι μοι χαλεπαίνεις, ἐπειδὰν τὶ δόξῃς σαυτῷ λέγειν. ὅμως δ' ἔτι μοι εἰπέ· οὐχ εἷς ἡμῶν ἑκάτερός ἐστι καὶ πέπονθε τοῦτο, εἷς εἶναι;—ΙΠ. Πάνυ γε.—ΣΩ. Οὐκοῦν εἴπερ εἷς, καὶ περιττὸς ἂν εἴη ἑκάτερος ἡμῶν· ἢ οὐ τὸ ἓν περιττὸν ἡγῇ;—ΙΠ. Ἔγωγε.—ΣΩ. Ἦ καὶ ἀμφότεροι οὖν περιττοί ἐσμεν δύο ὄντες;—ΙΠ. Οὐκ ἂν εἴη, ὦ Σώκρατες.—ΣΩ. Ἀλλ' ἄρτιοί γε ἀμφότεροι· ἢ γάρ;—ΙΠ. Πάνυ γε.—ΣΩ. Μῶν οὖν, ὅτι ἀμφότεροι ἄρτιοι, τούτου ἕνεκα καὶ ἑκάτερος ἄρτιος ἡμῶν ἐστιν;—ΙΠ. Οὐ δῆτα.—ΣΩ. Οὐκ ἄρα πᾶσα ἀνάγκη, ὡς νυνδὴ ἔλεγες, ἃ ἂν ἀμφότεροι καὶ ἑκάτερον, καὶ ἃ ἂν ἑκάτερος καὶ ἀμφοτέρους εἶναι.

ΙΠ. Οὐ τά γε τοιαῦτα, ἀλλ' οἷα ἐγὼ πρότερον ἔλεγον.

ΣΩ. Ἐξαρκεῖ, ὦ Ἱππία· ἀγαπητὰ γὰρ καὶ ταῦτα, ἐπειδὴ τὰ μὲν οὕτω φαίνεται, τὰ δ' οὐχ οὕτως ἔχοντα. καὶ γὰρ ἐγὼ ἔλεγον, εἰ μέμνησαι ὅθεν οὗτος ὁ λόγος ἐλέχθη, ὅτι ἡ διὰ τῆς ὄψεως καὶ ἀκοῆς ἡδονὴ οὐ τούτῳ εἶεν καλαί, ὅτι τυγχάνοιεν ἑκατέρα μὲν αὐτῶν εἶναι πεπονθυῖα, ἀμφότεραι δὲ μή, ἢ ἀμφότεραι μέν, ἑκατέρα δὲ μή, ἀλλ' ἐκείνῳ ᾧ ἀμφότεραί τε καὶ ἑκατέρα, διότι συνεχώρεις ἀμφοτέρας τε αὐτὰς εἶναι καλὰς καὶ ἑκατέραν. τούτου δὴ ἕνεκα τῇ οὐσίᾳ τῇ ἐπ' ἀμφότερα ἑπομένῃ ᾤμην, εἴπερ ἀμφότερά ἐστι καλά, ταύτῃ δεῖν αὐτὰ καλὰ εἶναι, τῇ δὲ κατὰ τὰ ἕτερα

e5 ᾗ W: ἢ F: ἦν T f   e7 μέντοι T W f: τοίνυν F   e8 τε T W f: γε F   εἶ T W f: om. F   θ10 σε secl. Heindorf   a1 σαυτῷ T W: ἑαυτῷ F   a3 πάνυ T W: καὶ πάνυ F   a8 ἕνεκα T W: ἕνεκεν F   καὶ T W: om. F   b2 καὶ ἃ ἂν ἑκάτερος T W: om. F   b7 ἐλέχθη f: ἐδέχθη F: ἐλέγχθη T: ἠλέγχθη W(?)   b8 καὶ F: καὶ δι' T W: καὶ ἡ δι' Stallbaum   c2 ἢ ... μή T W: om. F   c6 τὰ T W: om. F

而只能是这样：两者是什么，两者中的每个也就是什么，而两者中的每 301e5
个是什么，两者也就是什么。因此，由于我现在已经被你说服了，我就
坐在这儿。然而，希庇阿斯啊，你得预先提醒我一下：我和你是一呢，
还是说，你是二，我也是二？

希庇阿斯：你在说什么，苏格拉底啊？

苏格拉底：恰恰就是我所说的这些。因为我害怕在你面前清楚地 301e10
进行说，鉴于你会对我动怒，当你认为你自己说得在理时。然而，还是 302a1
请你告诉我：我们俩中的每个岂不是一吗，并且已经遭受了这点，即是
一？——希庇阿斯：当然。——苏格拉底：那么，如果我们俩中的每个
是一，那他岂不是奇数的，或者你并不把一视为一个奇数？——希庇阿 302a5
斯：我肯定会。——苏格拉底：那么，难道我们俩是奇数的，虽然我们
是二？——希庇阿斯：不可能，苏格拉底啊。——苏格拉底：那么，我
们俩肯定就是偶数的，是这样吗？——希庇阿斯：当然。——苏格拉底：
那么，难道，由于我们俩是偶数的，由此我们俩中的每个也都是偶数的
吗？——希庇阿斯：无疑不。——苏格拉底：因此，那就不是完全必然 302b1
的，就你刚才所说的[256]，那就是：两者是什么，其中的每个也就是什
么，两者中的每个是什么，两者也就是什么。

希庇阿斯：就这类事情来说肯定不，但就前面我所说的那些则会。

苏格拉底：够了[257]！希庇阿斯啊；因为，甚至这些也必定让人满 302b5
意了，既然显得一些事情是这样，另一些事情则不是这样。因为我曾说
过[258]——如果你还记得这番谈话从何处开始被谈起的话——，通过视
觉而来的快乐和通过听觉而来的快乐，它们是美的并非由于这点，即因 302c1
为它们两者中的每个恰好已经〈私下〉遭受了某种东西，而两者〈共
同〉则没有，或者，两者〈已经共同遭受了某种东西〉，而每个〈私
下〉则没有；而是由于那点，即凭借它两者〈共同〉并且其中每个〈私
下〉都是美的，因为你曾同意[259]它们两者〈共同〉是美的，并且其中
每个〈私下〉也是美的。也正由于此，我才认为，凭借伴随着两者的所 302c5
是，——如果两者真的是美的话——，这样它们才必定是美的，而不是

ΠΛΑΤΩΝΟΣ

ἀπολειπομένῃ μή· καὶ ἔτι νῦν οἴομαι. ἀλλά μοι λέγε, ὥσπερ ἐξ ἀρχῆς· ἡ δι' ὄψεως ἡδονὴ καὶ ἡ δι' ἀκοῆς, εἴπερ ἀμφότεραί τ' εἰσὶ καλαὶ καὶ ἑκατέρα, ἆρα καὶ ὃ ποιεῖ αὐτὰς καλὰς οὐχὶ καὶ ἀμφοτέραις γε αὐταῖς ἕπεται καὶ ἑκατέρᾳ; —ΙΠ. Πάνυ γε.—ΣΩ. Ἆρ' οὖν ὅτι ἡδονὴ ἑκατέρα τ' ἐστὶ καὶ ἀμφότεραι, διὰ τοῦτο ἂν εἶεν καλαί; ἢ διὰ τοῦτο μὲν καὶ αἱ ἄλλαι πᾶσαι ἂν οὐδὲν τούτων ἧττον εἶεν καλαί; οὐδὲν γὰρ ἧττον ἡδοναὶ ἐφάνησαν οὖσαι, εἰ μέμνησαι.—ΙΠ. Μέμνημαι.—ΣΩ. Ἀλλ' ὅτι γε δι' ὄψεως καὶ ἀκοῆς αὗταί εἰσι, διὰ τοῦτο ἐλέγετο καλὰς αὐτὰς εἶναι.—ΙΠ. Καὶ ἐρρήθη οὕτως.

ΣΩ. Σκόπει δὲ εἰ ἀληθῆ λέγω. ἐλέγετο γάρ, ὡς ἐγὼ μνήμης ἔχω, τοῦτ' εἶναι καλὸν τὸ ἡδύ, οὐ πᾶν, ἀλλ' ὃ ἂν δι' ὄψεως καὶ ἀκοῆς ᾖ.—ΙΠ. Ἀληθῆ.—ΣΩ. Οὐκοῦν τοῦτό γε τὸ πάθος ἀμφοτέραις μὲν ἕπεται, ἑκατέρᾳ δ' οὔ; οὐ γάρ που ἑκάτερόν γε αὐτῶν, ὅπερ ἐν τοῖς πρόσθεν ἐλέγετο, δι' ἀμφοτέρων ἐστίν, ἀλλ' ἀμφότερα μὲν δι' ἀμφοῖν, ἑκάτερον δ' οὔ· ἔστι ταῦτα;—ΙΠ. Ἔστιν.—ΣΩ. Οὐκ ἄρα τούτῳ γε ἑκάτερον αὐτῶν ἐστι καλόν, ὃ μὴ ἕπεται ἑκατέρῳ (τὸ γὰρ ἀμφότερον ἑκατέρῳ οὐχ ἕπεται) ὥστε ἀμφότερα μὲν αὐτὰ φάναι καλὰ κατὰ τὴν ὑπόθεσιν ἔξεστιν, ἑκάτερον δὲ οὐκ ἔξεστιν· ἢ πῶς λέγομεν; οὐκ ἀνάγκη;—ΙΠ. Φαίνεται.—ΣΩ. Φῶμεν οὖν ἀμφότερα μὲν καλὰ εἶναι, ἑκάτερον δὲ μὴ φῶμεν;—ΙΠ. Τί γὰρ κωλύει;

ΣΩ. Τόδε ἔμοιγε δοκεῖ, ὦ φίλε, κωλύειν, ὅτι ἦν που ἡμῖν τὰ μὲν οὕτως ἐπιγιγνόμενα ἑκάστοις, εἴπερ ἀμφοτέροις ἐπιγίγνοιτο, καὶ ἑκατέρῳ, καὶ εἴπερ ἑκατέρῳ, καὶ ἀμφοτέροις, ἅπαντα ὅσα σὺ διῆλθες· ἦ γάρ;

ΙΠ. Ναί.

c 7 νῦν TW : om. F   c 8 posterius ἡ TW et suprascr. f (ἡ καὶ Ang.) : om. F   d 1 τ' TW : γ' F   ἄρα καὶ F : ἄρα TW   d 2 γε TW : τε F   e 7 που TW : πάνυ F : suprascr. πω f   a 1 λέγομεν WF : λέγωμεν T   a 6 ἐπιγίγνοιτο T f : ἐπιγίγνονται W   ἐπιγίγνοιτο . . . ἀμφοτέροις om. F (add. in marg. f)

凭借所是在两者中的一个那里缺失了；甚至现在我还这么认为。不过请你告诉我，仿佛从头开始似的；通过视觉而来的快乐和通过听觉而来的快乐，如果它们两者真的〈共同〉是美的，并且每个〈私下〉也是美 302d1
的，那么，那使得它们是美的东西岂不既伴随着两者，也伴随着其中的每一个？——希庇阿斯：当然。——苏格拉底：那么，难道因为两者中的每个〈私下〉是快乐，并且两者〈共同〉也是快乐，由于这点它俩就是美的吗？或者，也正由于这点，其他所有的快乐也会比这两者丝 302d5
毫不差地是快乐？因为，它们也丝毫不差地显得是快乐，如果你记得的话[260]。——希庇阿斯：我记得。——苏格拉底：但是，因为这两者是通过视觉和听觉而来的，正由于这点据说它们才是美的。——希庇阿斯：302e1
就是这样说的。

苏格拉底：但请你检查一下我是否说得对。因为曾经说过，如果我记得不差的话[261]，不是所有的，而只有通过视觉和听觉而来的那种快乐才是美的。——希庇阿斯：对。——苏格拉底：那么，这种遭受岂不伴 302e5
随着这两者[262]，但并不伴随着两者中的每一个？因为，它们两者中的每一个[263]，就像先前曾说过的那样[264]，肯定不会一起通过〈视觉和听觉〉这两者而是〈快乐的〉；相反，虽然两者一起通过两者，但两者中的每一个则不；是这样吗？——希庇阿斯：是。——苏格拉底：因此，它们两者中的每一个就肯定不是凭借并不伴随着两者中的每一个的那 302e10
种东西而是美的（因为两者〈被伴随着的东西〉并不伴随着其中的每一个），因此，根据假设[265]，允许说它们两者是美的，但两者中的每一个则不可以。或者我们如何说？岂不必然如此？——希庇阿斯：显得是这 303a1
样。——苏格拉底：那么，我们会说虽然两者是美的，但不会说其中每一个是美的？——希庇阿斯：有什么会阻止呢？

苏格拉底：至少在我看来下面这点，朋友啊，会阻止，因为我们肯 303a5
定有着一些以这样的方式出现在各个事物那儿的东西：如果它出现在两者那儿，那它也就出现在每一个那儿；如果它出现在每一个那儿，那它也就出现在两者那儿，你所详述的所有那些〈就是如此〉[266]；是这样吗？

希庇阿斯：是。

ΙΠΠΙΑΣ ΜΕΙΖΩΝ

ΣΩ. Ἃ δέ γε αὖ ἐγὼ διῆλθον, οὔ· ὧν δὴ ἦν καὶ αὐτὸ τὸ ἑκάτερον καὶ τὸ ἀμφότερον. ἔστιν οὕτως;

ΙΠ. Ἔστω.

ΣΩ. Ποτέρων οὖν, ὦ Ἱππία, δοκεῖ σοι τὸ καλὸν εἶναι; πότερον ὧν σὺ ἔλεγες· εἴπερ ἐγὼ ἰσχυρὸς καὶ σύ, καὶ ἀμφότεροι, καὶ εἴπερ ἐγὼ δίκαιος καὶ σύ, καὶ ἀμφότεροι, καὶ εἴπερ ἀμφότεροι, καὶ ἑκάτερος· οὕτω δὴ καὶ εἴπερ ἐγὼ καλὸς καὶ σύ, καὶ ἀμφότεροι, καὶ εἴπερ ἀμφότεροι, καὶ ἑκάτερος; ἢ οὐδὲν κωλύει, ὥσπερ ἀρτίων ὄντων τινῶν ἀμφοτέρων τάχα μὲν ἑκάτερα περιττὰ εἶναι, τάχα δ' ἄρτια, καὶ αὖ ἀρρήτων ἑκατέρων ὄντων τάχα μὲν ῥητὰ τὰ συναμφότερα εἶναι, τάχα δ' ἄρρητα, καὶ ἄλλα μυρία τοιαῦτα, ἃ δὴ καὶ ἐγὼ ἔφην ἐμοὶ προφαίνεσθαι; ποτέρων δὴ τιθεῖς τὸ καλόν; ἢ ὥσπερ ἐμοὶ περὶ αὐτοῦ καταφαίνεται, καὶ σοί; πολλὴ γὰρ ἀλογία ἔμοιγε δοκεῖ εἶναι ἀμφοτέρους μὲν ἡμᾶς εἶναι καλούς, ἑκάτερον δὲ μή, ἢ ἑκάτερον μέν, ἀμφοτέρους δὲ μή, ἢ ἄλλο ὁτιοῦν τῶν τοιούτων. οὕτως αἱρῇ, ὥσπερ ἐγώ, ἢ 'κείνως;

ΙΠ. Οὕτως ἔγωγε, ὦ Σώκρατες.

ΣΩ. Εὖ γε σὺ ποιῶν, ὦ Ἱππία, ἵνα καὶ ἀπαλλαγῶμεν πλείονος ζητήσεως· εἰ γὰρ τούτων γ' ἐστὶ τὸ καλόν, οὐκ ἂν ἔτι εἴη τὸ δι' ὄψεως καὶ ἀκοῆς ἡδὺ καλόν. ἀμφότερα μὲν γὰρ ποιεῖ καλὰ τὸ δι' ὄψεως καὶ ἀκοῆς, ἑκάτερον δ' οὔ· τοῦτο δ' ἦν ἀδύνατον, ὡς ἐγώ τε καὶ σὺ δὴ ὁμολογοῦμεν, ὦ Ἱππία.

ΙΠ. Ὁμολογοῦμεν γάρ.

ΣΩ. Ἀδύνατον ἄρα τὸ δι' ὄψεως καὶ ἀκοῆς ἡδὺ καλὸν εἶναι, ἐπειδή γε καλὸν γιγνόμενον τῶν ἀδυνάτων τι παρέχεται.

a 9 αὐτὸ τὸ TWf: αὐτό γε F   b 8 τὰ TWf: om. F   c 1 ἃ TW: om. F   c 2 τιθεῖς F: τίθης T: τιθῆς W   ὥσπερ TF: ὥσπερ ἂν W   c 4 δὲ ... c 5 ἑκάτερον TWf: om. F   c 6 αἱρεῖ TW: ἐρεῖ F   κείνως T: ἐκείνως WF   c 8 σὺ TW: σοι F   d 4 ὁμολογοῦμεν TWF: ὡμολογοῦμεν f   d 6 ὁμολογοῦμεν TW (ὁμολογοῦμεν γάρ om. F): ὡμολογοῦμεν f   d 8 παρέχεται TWf: παρέχειν F

苏格拉底：但我复又详述的那些，则不是这样；而其中也就恰恰有 303a10
着每一个和两者[267]。是这样吗？

希庇阿斯：是。

苏格拉底：那么，希庇阿斯啊，你认为美是属于两者中的哪一种 303b1
呢？属于你曾说的那些吗：如果我是强健的，你也是，那么我们两者也
是；如果我是正义的，你也是，那么我们两者也是；并且如果我们两者
是，那么每一个也是。并且以同样的方式，如果我是美的，你也是，那 303b5
么我们两者也是；并且如果我们两者是，那么每一个也是？抑或没有什
么可阻止：就像〈在一些数目那儿〉一样，虽然两者合在一起是偶数
的，但其中每一个则既可能是奇数的，也可能是偶数的；此外，虽然两
者中的每个是无理数，但两者合在一起则既可能是有理数，也可能是无
理数[268]；还有其他成千上万诸如此类的事情，我曾声称它们确实显露 303c1
给了我[269]？因此，你把美置于两者中的哪一边呢？或者关于它对你显
明的，恰如我一样？因为至少在我看来这是非常无道理的：虽然我们两
者是美的，但我们每一个却不是；或者，虽然我们每一个是，但我们两 303c5
者则不是；或者其他任何诸如此类的情形。你以这种方式进行选择呢，
就像我一样，还是以另外那种方式？

希庇阿斯：我肯定以这种方式，苏格拉底啊。

苏格拉底：由于你确实做得很好，希庇阿斯啊，由此我们也就免除
了一场更进一步的探寻[270]；因为，如果美的确是属于这些东西，那么， 303d1
那通过视觉和听觉而来的快乐就不再会是美的了。因为，通过视觉和听
觉〈而来的这种快乐〉，它虽然使得两者一起是美的，却没有使得两者
中的每一个是美的。而这是不可能的，就像我和你毕竟承认的那样，希 303d5
庇阿斯啊。

希庇阿斯：我们确实承认。

苏格拉底：因此，下面这点就是不可能的，那就是：通过视觉和听
觉而来的快乐是美的，既然，如果它成为美的，那么，它就在提交一种
不可能。

ΠΛΑΤΩΝΟΣ

ΙΠ. Ἔστι ταῦτα.

ΣΩ. "Λέγετε δὴ πάλιν," φήσει, "ἐξ ἀρχῆς, ἐπειδὴ τούτου διημάρτετε· τί φατε εἶναι τοῦτο τὸ καλὸν τὸ ἐπ' ἀμφοτέραις ταῖς ἡδοναῖς, δι' ὅτι ταύτας πρὸ τῶν ἄλλων τιμήσαντες καλὰς ὠνομάσατε;" ἀνάγκη δή μοι δοκεῖ εἶναι, ὦ Ἱππία, λέγειν ὅτι ἀσινέσταται αὗται τῶν ἡδονῶν εἰσι καὶ βέλτισται, καὶ ἀμφότεραι καὶ ἑκατέρα· ἢ σύ τι ἔχεις λέγειν ἄλλο ᾧ διαφέρουσι τῶν ἄλλων;

ΙΠ. Οὐδαμῶς· τῷ ὄντι γὰρ βέλτισταί εἰσιν.

ΣΩ. "Τοῦτ' ἄρα," φήσει, "λέγετε δὴ τὸ καλὸν εἶναι, ἡδονὴν ὠφέλιμον;" Ἐοίκαμεν, φήσω ἔγωγε· σὺ δέ;

ΙΠ. Καὶ ἐγώ.

ΣΩ. "Οὐκοῦν ὠφέλιμον," φήσει, "τὸ ποιοῦν τἀγαθόν, τὸ δὲ ποιοῦν καὶ τὸ ποιούμενον ἕτερον νυνδὴ ἐφάνη, καὶ εἰς τὸν πρότερον λόγον ἥκει ὑμῖν ὁ λόγος; οὔτε γὰρ τὸ ἀγαθὸν ἂν εἴη καλὸν οὔτε τὸ καλὸν ἀγαθόν, εἴπερ ἄλλο αὐτῶν ἑκάτερόν ἐστι." Παντός γε μᾶλλον, φήσομεν, ὦ Ἱππία, ἂν σωφρονῶμεν· οὐ γάρ που θέμις τῷ ὀρθῶς λέγοντι μὴ συγχωρεῖν.

ΙΠ. Ἀλλὰ δή γ', ὦ Σώκρατες, τί οἴει ταῦτα εἶναι συνάπαντα; κνήσματά τοί ἐστι καὶ περιτμήματα τῶν λόγων, ὅπερ ἄρτι ἔλεγον, κατὰ βραχὺ διῃρημένα· ἀλλ' ἐκεῖνο καὶ καλὸν καὶ πολλοῦ ἄξιον, οἷόν τ' εἶναι εὖ καὶ καλῶς λόγον καταστησάμενον ἐν δικαστηρίῳ ἢ ἐν βουλευτηρίῳ ἢ ἐπὶ ἄλλῃ τινὶ ἀρχῇ, πρὸς ἣν ἂν ὁ λόγος ᾖ, πείσαντα οἴχεσθαι φέροντα οὐ τὰ σμικρότατα ἀλλὰ τὰ μέγιστα τῶν ἄθλων, σωτηρίαν αὑτοῦ τε καὶ τῶν αὑτοῦ χρημάτων καὶ φίλων. τούτων οὖν χρὴ ἀντέχεσθαι, χαίρειν ἐάσαντα τὰς σμικρολογίας ταύτας, ἵνα μὴ δοκῇ λίαν ἀνόητος εἶναι λήρους καὶ φλυαρίας ὥσπερ νῦν μεταχειριζόμενος.

d 11 λέγετε TW: λέγεται F e 1 τὸ ἐπ' TW: τ' ἐπ' F
e 3 δὴ TWF: δὲ suprascr. f (δὲ δὴ Ang.) εἶναι TF: om. W
e 4 ὦ Ἱππία λέγειν TW: λέγειν ὦ Ἱππία F e 8 δὴ Tf: δὲ F: om.
W e 11 ποιοῦν τἀγαθόν F: ποιοῦντ' ἀγαθὸν TW a 4 δή TF:
δεῖ W γ' TWf: om. F a 5 κνήσματά F (coniecerat Cobet):
κνίσματα TW a 7 καλῶς TF: καλὸς W b 5 δοκῇ TWf: δοκῆς F

希庇阿斯：是这样。　　　　　　　　　　　　　　　　　　303d10

苏格拉底："那就请你们再次从头开始说，"那人将说道，"既然你们对此完全犯了错[271]；你们主张这种美是什么呢，它出现在那两种快乐那 303e1
里，由此你们把它们凌驾于其他那些快乐之上而尊崇它们，称它们是美的？"那么，在我看来，希庇阿斯啊，〈我们〉必然会说，它们是诸快乐中那最无害的和最善的，无论是两者一起，还是两者中的每一个。或 303e5
者，你能够说出任何别的什么吗，由之它们胜过了其他那些快乐[272]？

希庇阿斯：绝不可能；因为它们在是的方式上是最善的[273]。

苏格拉底："那么这，"他将回应道，"你们说它就是美吗，即有益的快乐？"在我们看来是这样，我肯定会说；而你呢？

希庇阿斯：我也一样。　　　　　　　　　　　　　　　　　303e10

苏格拉底："那么这岂不就是有益的，"他将说道，"即那创生善的，但我们刚才曾宣称[274]，创生者和被创生者是不同的，并且你们的谈话又回到了先前的那种说法？因为善不会是美的，美也不会是善的，如果 304a1
它俩中的每一个都是另外一种东西的话。"必定如此，我们将说，希庇阿斯啊，如果我们头脑健全的话；因为，当一个人说得正确，却不赞同他，这无论如何都是不合理的[275]。

希庇阿斯：然而，苏格拉底啊，你认为整个这场讨论究竟是怎样的呢？其实它只是一些支离和破碎的言语[276]，就像我刚才曾说的那样[277]， 304a5
一点一点地[278]被分割得细碎不堪。但是，像下面那样才是美的和所值甚多的[279]，那就是：〈一个人〉能够好好地和漂亮地构思一篇讲辞，无论是在法庭那里，还是在议事厅那里，还是在其他任何于其面前会有着 304b1
一番讲话的权威机构那里[280]，说服〈那些听众〉后离开，带走的不是那些最小的，而是那些最大的奖品，那就是既保全了自己，也保全了自己的钱财以及朋友们。因此，〈一个人〉必须执着于这些[281]，不理会[282]那些琐碎不堪的东西，免得他看起来是极其没有理智的，就像现在这样胡 304b5
言乱语和从事一些愚蠢的事。

ΙΠΠΙΑΣ ΜΕΙΖΩΝ 304 b

ΣΩ. Ὦ Ἱππία φίλε, σὺ μὲν μακάριος εἶ, ὅτι τε οἶσθα ἃ χρὴ ἐπιτηδεύειν ἄνθρωπον, καὶ ἐπιτετήδευκας ἱκανῶς, ὡς φῄς· ἐμὲ δὲ δαιμονία τις τύχη, ὡς ἔοικε, κατέχει, ὅστις πλανῶμαι μὲν καὶ ἀπορῶ ἀεί, ἐπιδεικνὺς δὲ τὴν ἐμαυτοῦ ἀπορίαν ὑμῖν τοῖς σοφοῖς λόγῳ αὖ ὑπὸ ὑμῶν προπηλακίζομαι, ἐπειδὰν ἐπιδείξω. λέγετε γάρ με, ἅπερ καὶ σὺ νῦν λέγεις, ὡς ἠλίθιά τε καὶ σμικρὰ καὶ οὐδενὸς ἄξια πραγματεύομαι· ἐπειδὰν δὲ αὖ ἀναπεισθεὶς ὑπὸ ὑμῶν λέγω ἅπερ ὑμεῖς, ὡς πολὺ κράτιστόν ἐστιν οἷόν τ' εἶναι λόγον εὖ καὶ καλῶς καταστησάμενον περαίνειν ἐν δικαστηρίῳ ἢ ἐν ἄλλῳ τινὶ συλλόγῳ, ὑπό τε ἄλλων τινῶν τῶν ἐνθάδε καὶ ὑπὸ τούτου τοῦ ἀνθρώπου τοῦ ἀεί με ἐλέγχοντος πάντα κακὰ ἀκούω. καὶ γάρ μοι τυγχάνει ἐγγύτατα γένους ὢν καὶ ἐν τῷ αὐτῷ οἰκῶν· ἐπειδὰν οὖν εἰσέλθω οἴκαδε εἰς ἐμαυτοῦ καί μου ἀκούσῃ ταῦτα λέγοντος, ἐρωτᾷ εἰ οὐκ αἰσχύνομαι τολμῶν περὶ καλῶν ἐπιτηδευμάτων διαλέγεσθαι, οὕτω φανερῶς ἐξελεγχόμενος περὶ τοῦ καλοῦ ὅτι οὐδ' αὐτὸ τοῦτο ὅτι ποτέ ἐστιν οἶδα. "Καίτοι πῶς σὺ εἴσῃ," φησίν, "ἢ λόγον ὅστις καλῶς κατεστήσατο ἢ μή, ἢ ἄλλην πρᾶξιν ἡντινοῦν, τὸ καλὸν ἀγνοῶν; καὶ ὁπότε οὕτω διάκεισαι, οἴει σοι κρεῖττον εἶναι ζῆν μᾶλλον ἢ τεθνάναι;" συμβέβηκε δή μοι, ὅπερ λέγω, κακῶς μὲν ὑπὸ ὑμῶν ἀκούειν καὶ ὀνειδίζεσθαι, κακῶς δὲ ὑπ' ἐκείνου. ἀλλὰ γὰρ ἴσως ἀναγκαῖον ὑπομένειν ταῦτα πάντα· οὐδὲν γὰρ ἄτοπον εἰ ὠφελοίμην. ἐγὼ οὖν μοι δοκῶ, ὦ Ἱππία, ὠφελῆσθαι ἀπὸ τῆς ἀμφοτέρων ὑμῶν ὁμιλίας· τὴν γὰρ παροιμίαν ὅτι ποτὲ λέγει, τὸ "Χαλεπὰ τὰ καλά," δοκῶ μοι εἰδέναι.

b 8 ἄνθρωπον T W : τὸν ἄνθρωπον F   ἱκανῶς om. F (suprascr. f)
c 8 ⟨τι⟩ περαίνειν Winckelmann   d 4 εἰσέλθω T W f : εἰσέλθωσιν F
d 8 οἶδα T W : om. F   e 2 οἴει σοι rec. f : οἴσει σοι W (T ?) : ὃς εἰ σοι F (suprascr. σοι f)   e 4 prius κακῶς T W : καλῶς F   καὶ ὀνειδίζεσθαι secl. Cobet   e 6 ὠφελοίμην scr. recc. : ὠφελούμην T W : ὠφελοῦμεν F   οὖν] γοῦν ci. Heindorf   e 7 ὠφελῆσθαι W (sed ει supra ῆ) : ὠφελεῖσθαι T F

苏格拉底：亲爱的希庇阿斯啊，一方面，你是有福的，因为你知道一个人必须汲汲追求哪些事情，并且你也已经充分地去追求了，就像你宣称的那样；另一方面，某种倒霉的命运[283]，如看起来的那样，掌控着我，以至于我总是不知所措[284]和走投无路，而一旦我向你们这些智慧的人展示我自己的一种走投无路时，又被你们在言语上侮辱，每当我进行展示时。其实你们说我，恰如你现在在说我的那些，那就是我在从事一些愚蠢的事情、微不足道的事情以及没有任何价值的事情；但另一方面，每当我因被你们说服而说你们说的那些话时——那就是，最最好的事情是，能够通过很好地和漂亮地构思一篇讲辞而在法庭上或者在其他任何集会上达成某件事[285]——，那时从这里的另外一些人那里，并且尤其从总是反驳我的这个家伙那里，我听到各种各样的坏话。其实他碰巧是我的一位最亲的亲戚[286]，并且居住在同一间房子里；因此，每当我回家，前往我自己的房间[287]，并且他听见我在说这些，他就问，是否我对下面这点不感到羞耻：我竟然敢于去讨论各种美的追求，当关于美我如此明显地遭到了驳斥，那就是我根本不知道这种东西本身究竟是什么。"真的，你如何知道，"他将说，"谁漂亮地构思了一篇讲辞呢，还是没有，或者，谁〈是否漂亮地做了〉其他任何一件事情，既然对于美你一无所知？并且当你处在如此的情形中时，你认为对你来说，活着就远远强过死掉吗[288]？"因此，对我来说结果就是，就像我说的那样，一方面从你们那里听到了恶语相向，并且被你们责骂，另一方面，也被那家伙恶劣地对待。当然，或许必须得忍耐所有这些；因为只要我获益，就没有什么是奇怪的。因此，在我看来，希庇阿斯啊，我已经从同你们两人的交往中获益了；因为那句谚语，即"〈一切〉美的事物都是艰难的[289]"，它究竟在说什么，我认为我知道了。

注　释

1　希庇阿斯（Ἱππίας, Hippias），生卒年不详，第一代智者；在柏拉图的对话中，有两篇以希庇阿斯命名，分别叫《大希庇阿斯》和《小希庇阿斯》。
2　ὁ καλός τε καὶ σοφός [俊美且智慧的人]，也可以译为"高贵且智慧的人"。
3　ὡς διὰ χρόνου [好长时间之后]。διὰ χρόνου 是词组，本义是"一段时间后"，《牛津希-英词典》（*A Greek-English Lexicon*, H. G. Liddell and R. Scott, With a Revised Supplement. Clarendon Press · Oxford, 1996）对它的解释是：after a time, after an interval. 参见：

　　《卡尔米德斯》（151a1-3）：Ἥκομεν τῇ προτεραίᾳ ἑσπέρας ἐκ Ποτειδαίας ἀπὸ τοῦ στρατοπέδου, οἷον δὲ διὰ χρόνου ἀφιγμένος ἀσμένως ᾖα ἐπὶ τὰς συνήθεις διατριβάς. [我虽然在前一天于黄昏时才从在波底代亚的军营回来，但由于已经外出了很长一段时间，因此我很乐意前往习惯常去的那些地方。]

4　κατῆρας εἰς τὰς Ἀθήνας [你才再次乘船莅临雅典]，也可以译为"你才再次登陆雅典"。κατῆρας 是动词 καταίρω 的一次性过去时直陈式第二人称单数；καταίρω 作为航海术语，意思是"进港""登陆"。
5　埃利斯（Ἦλις, Elis）是位于伯罗奔尼撒半岛西北部的一个城邦。
6　ἀεὶ ἐπὶ πρῶτον ἐμὲ ἔρχεται [它总是首先前来〈找〉我]，也可以转译为"它总是首先想到我"。
7　μέν ... δέ 是固定搭配，根据上下文，意思是"虽然……但是……""一方面……另一方面……""……尽管"等。
8　πλεῖστα 在这里是形容词 πολύς 的最高级中性复数作副词使用，基于文义，将之译为"最频繁地"。
9　拉栖岱蒙（Λακεδαίμων, Lakedaimon），即斯巴达（Σπάρτη, Sparte）。
10　τούσδε τοὺς τόπους [这里的这些地方]。τούσδε 是 ὅδε 的宾格复数；ὅδε, ἥδε, τόδε 这三个词除了是指示代词之外，还常作表地点或时间的副词使用，但与所修饰的名词同样变格。参见：

《伊翁》（541c10-d4）：Ὃν Ἀθηναῖοι πολλάκις ἑαυτῶν στρατηγὸν ᾕρηνται ξένον ὄντα· καὶ Φανοσθένη τὸν Ἄνδριον καὶ Ἡρακλείδην τὸν Κλαζομένιον, οὓς ἥδε ἡ πόλις ξένους ὄντας, ἐνδειξαμένους ὅτι ἄξιοι λόγου εἰσί, καὶ εἰς στρατηγίας καὶ εἰς τὰς ἄλλας ἀρχὰς ἄγει. [雅典人曾多次选择他作他们自己的将军，尽管他是一个外邦人；还有安德洛斯人法诺斯忒涅斯和克拉佐门奈人赫拉克勒得斯，他们虽然都是外邦人，但由于展示出自己是卓越的，于是这里的这个城邦就提拔他们去领兵和担任一些其他的公职。]

《斐德若》（257b3-5）：ἵνα καὶ ὁ ἐραστὴς ὅδε αὐτοῦ μηκέτι ἐπαμφοτερίζῃ καθάπερ νῦν, ἀλλ' ἁπλῶς πρὸς Ἔρωτα μετὰ φιλοσόφων λόγων τὸν βίον ποιῆται. [以便在这儿的他的这位爱慕者不再像现在这样踌躇于两种意见之间，而是单纯凭借热爱智慧的言语而向着爱塑造他自己的生活。]

《智者》（216a2）：τόνδε τινὰ ξένον ἄγομεν. [我们还带来了这儿的这位客人。]

《政治家》（257c4-5）：ἀλλὰ γὰρ περὶ Θεαιτήτου τοῦδε τί χρὴ δρᾶν με; [然而就这里的这位泰阿泰德，我该为他做点什么呢？]

《弥诺斯》（320e6-7）：ὃ δὴ καὶ ἐξήμαρτεν ὁ Μίνως, πολεμήσας τῇδε τῇ πόλει. [而弥诺斯所犯下的错误也正在于此，他竟然同这里的这个城邦开战。]

11 Τοιοῦτον μέντοι ... ἔστι τὸ τῇ ἀληθείᾳ σοφόν τε καὶ τέλειον ἄνδρα εἶναι. [确实就是这个样子，……是一个真正智慧的和完满的人！] 这句话也可以补充译为："确实是如此这般的，……〈如果一个人〉真的是一个智慧的和完满的人〈的话〉。"这句话的主语是不定式：τὸ ... εἶναι [是]。τῇ ἀληθείᾳ 是固定表达，作副词使用，意思是"真的""事实上""其实"。

12 ἔτι πλείω ὠφελεῖν [更为多得多地有益于]。副词 ἔτι [更]，常同比较级形容词和比较级副词连用，起加强作用。

13 ἰδίᾳ ... δημοσίᾳ [在私人方面……在公共方面] 是固定表达。参见：

《苏格拉底的申辩》（30b2-4）：λέγων ὅτι 'Οὐκ ἐκ χρημάτων ἀρετὴ γίγνεται, ἀλλ' ἐξ ἀρετῆς χρήματα καὶ τὰ ἄλλα ἀγαθὰ τοῖς ἀνθρώποις ἅπαντα καὶ ἰδίᾳ καὶ δημοσίᾳ.' [我说："德性不来自钱财，相反，钱财和所有其他的东西都基于德性才对人成为好的——无论是在私人方面还是在公共方面。"]

《斐德若》（244a8-b2）：ἥ τε γὰρ δὴ ἐν Δελφοῖς προφῆτις αἵ τ' ἐν Δωδώνῃ ἱέρειαι μανεῖσαι μὲν πολλὰ δὴ καὶ καλὰ ἰδίᾳ τε καὶ δημοσίᾳ τὴν Ἑλλάδα ἠργάσαντο. [因为，无论是在德尔斐的那位女先知，还是在多多纳的那些女祭司们，当她们处在迷狂中时，无论是在私人方面还是在公共方面，她们都为希腊成就出了许多美好的事情。]

14　τὴν σαυτοῦ πόλιν ἱκανὸς εὐεργετεῖν [你有能力对你的城邦行好事]。对观《苏格拉底的申辩》(36b6-c4)：ἐν τῷ βίῳ οὐχ ἡσυχίαν ἦγον, ἀλλ᾽ ἀμελήσας ὧνπερ οἱ πολλοί, χρηματισμοῦ τε καὶ οἰκονομίας καὶ στρατηγιῶν καὶ δημηγοριῶν καὶ τῶν ἄλλων ἀρχῶν καὶ συνωμοσιῶν καὶ στάσεων τῶν ἐν τῇ πόλει γιγνομένων, ἡγησάμενος ἐμαυτὸν τῷ ὄντι ἐπιεικέστερον εἶναι ἢ ὥστε εἰς ταῦτ᾽ ἰόντα σῴζεσθαι, ἐνταῦθα μὲν οὐκ ᾖα οἷ ἐλθὼν μήτε ὑμῖν μήτε ἐμαυτῷ ἔμελλον μηδὲν ὄφελος εἶναι, ἐπὶ δὲ τὸ ἰδίᾳ ἕκαστον ἰὼν εὐεργετεῖν τὴν μεγίστην εὐεργεσίαν. [我一生不曾保持安静，而不关心众人所关心的，即赚钱、理家、领兵、在公民大会上发表演说和其他一些公职，以及在城邦中出现的各种起誓结盟和拉帮结派，因为我认为我自己确实是太过于正直了，以至于一旦参与这些就难以保全性命；我没有去那些地方，如果我去了那些地方，无论是对于你们还是对于我自己都注定是没有任何益处的，而是通过私下前往每位个人那儿为他们有益地行最大的好事。]

15　ὧν ὀνόματα μεγάλα λέγεται ἐπὶ σοφίᾳ [由于智慧的缘故他们的名字广为流传]，也可以简单译为"由于智慧的缘故他们声名显赫"。

16　庇塔科斯（Πιττακός, Pittakos），比阿斯（Βίας, Bias），以及泰勒斯（Θαλῆς, Thales），均为早前希腊"七贤"之一。

17　τῶν ἀμφὶ ὂν Μιλήσιον Θαλῆν [米利都人泰勒斯的圈子中的那些人]，也可以转译为"米利都人泰勒斯及其门徒"；ἀμφί 的意思是"在……周围""在……一起"，因而这句话的字面意思是"那些围在米利都人泰勒斯身边的人"。参见：

《苏格拉底的申辩》(18b1-4)：ἐμοῦ γὰρ πολλοὶ κατήγοροι γεγόνασι πρὸς ὑμᾶς καὶ πάλαι πολλὰ ἤδη ἔτη καὶ οὐδὲν ἀληθὲς λέγοντες, οὓς ἐγὼ μᾶλλον φοβοῦμαι ἢ τοὺς ἀμφὶ Ἄνυτον, καίπερ ὄντας καὶ τούτους δεινούς. [因为甚至在许多年以前就已经在你们面前出现了我的许多指控者，并且他们没有说真话，我害怕他们远甚于害怕那些围在阿尼托斯身边的人，尽管这些人也是可怕的。]

《泰阿泰德》(170c5-8)：σκόπει γάρ, ὦ Θεόδωρε, εἰ ἐθέλοι ἄν τις τῶν ἀμφὶ Πρωταγόραν ἢ σὺ αὐτὸς διαμάχεσθαι ὡς οὐδεὶς ἡγεῖται ἕτερος ἕτερον ἀμαθῆ τε εἶναι καὶ ψευδῆ δοξάζειν. [忒俄多洛斯啊，请你考虑一下，围绕普罗塔戈拉的那些人中的某个人，或者你本人，是否会愿意坚决主张下面这点，即没有任何一个人相信另外某个人是无知的，并且在对假的东西持有看法。]

《智者》(216a1-4)：Κατὰ τὴν χθὲς ὁμολογίαν, ὦ Σώκρατες, ἥκομεν αὐτοί τε κοσμίως καὶ τόνδε τινὰ ξένον ἄγομεν, τὸ μὲν γένος ἐξ Ἐλέας, ἑταῖρον δὲ τῶν ἀμφὶ Παρμενίδην καὶ Ζήνωνα [ἑταίρων], μάλα δὲ ἄνδρα φιλόσοφον. [依照昨日的约定，苏格拉底啊，我们自己已经老老实实地来了，并且我们在这里还带来了一位客人；〈他的〉家族来自爱利亚，他是围绕在巴门尼德和芝诺身边的那些人的伙伴，而且也是一位非常有哲学家气质的人。]

18 ἀπεχόμενοι τῶν πολιτικῶν πράξεων [远离各种城邦事务]，也可以译为"远离各种政治事务"。ἀπεχόμενοι 是动词 ἀπέχω 的现在时分词中动态阳性主格复数；ἀπέχω 的基本意思是"阻挡""防止"，其中动态则具有"远离""回避"等意思，并要求属格，所以这里出现的是复数属格 τῶν πολιτικῶν πράξεων [各种城邦事务 / 各种政治事务]。

19 φρονήσει [凭借明智]。φρόνησις 一般译为"明智"或"审慎"；该词在柏拉图那里几乎等同于 σοφία [智慧] 一词，后来亚里士多德对之进行了明确的区分，狭义的 σοφία 即"理论智慧"，而 φρόνησις 专指"实践智慧"。

20 γέλωτ' ἂν ὄφλοι [他会招致嘲笑]。ὄφλοι 是动词 ὀφλισκάνω [招致] 的一次性过去时祈愿式主动态第三人称单数；γέλωτα ὀφλισκάνω 是固定表达，意思是"招致嘲笑""被嘲笑"，《牛津希-英词典》对它的解释是：to be laughed at。

21 代达罗斯（Δαίδαλος, Daidalos），古希腊传说中的一位著名的雕塑家和建筑师，技艺精湛，传说他的作品会走路；由于苏格拉底的父亲是位雕刻匠，而苏格拉底本人年轻时也曾当过雕刻匠，因此他曾说代达罗斯是他祖先。参见《欧悌弗戎》(11b9-c1)：Τοῦ ἡμετέρου προγόνου, ὦ Εὐθύφρων, ἔοικεν εἶναι Δαιδάλου τὰ ὑπὸ σοῦ λεγόμενα. [欧悌弗戎，你所说的东西似乎是我祖先代达罗斯的作品。]

22 προτέρους τε καὶ μᾶλλον ἐγκωμιάζειν ἢ τοὺς νῦν. [同现在的这些人相比，我优先并且更为赞扬他们。] 其中的 προτέρους，法国布德本希腊文作 πρότερόν，这里的翻译从布德本。如果按伯内特本翻译，则当译为："我更为赞扬那些之前的人，而非现在的这些人。"

23 ὀνομάζων τε καὶ διανοούμενος [你的所说和所思]，也可以扩展性地译为"无论是在措辞上，还是在怀有的想法方面"。这句话在法国布德本希腊文中作 νομίζων τε καὶ διανοούμενος [无论就你所认为，还是就你所想]，不从。

24 副词 καλῶς 虽然派生自形容词 καλός [美的 / 漂亮的]，但其基本意思却是"很好地""正确地"；《牛津希-英词典》对之的解释是：well, rightly。

25 συμμαρτυρῆσαί ... σοι ἔχω [我能够为你证明 / 我能够为你作证] 是一个整体。συμμαρτυρῆσαί 是动词 συμμαρτυρέω [证明 / 作证] 的一次性过去时不定式主动态；动词 ἔχω [有] 跟不定式，表"能够……""有能力……"。

26 τῷ ὄντι [事实上 / 真正地 / 确实地] 是固定表达，等于 ὄντως 或 ὡς ἀληθῶς；

该词是由 εἰμί / εἶναι 的分词变来的副词，字面意思是"以是的方式是着""在是的方式上是着"。

27 τὸ καὶ τὰ δημόσια πράττειν δύνασθαι μετὰ τῶν ἰδίων [在关注私人事情的同时也能够从事各种公共事务]，这是意译，也可以译为"能够把公共的事务同私人的事情结合在一起来行动"。

28 Γοργίας ... οὗτος ὁ Λεοντῖνος σοφιστής [高尔吉亚，这位〈众所周知的〉来自勒昂提诺伊的智者]。之所以补充"众所周知的"，是因为这里使用指示代词 οὗτος，暗含了这层意思。高尔吉亚（Γοργίας, Gorgias），约公元前 485-前 380，第一代智者；在柏拉图的对话中，有一篇以高尔吉亚命名。勒昂提诺伊（Λεοντῖνοι, Leontinoi）是位于南意大利西西里岛东南部的一个希腊殖民城市。

29 ἐν τῷ δήμῳ [在公众集会上] 是固定表达。δῆμος 除了与 πόλις [城市] 相对，指"乡区"之外，还有"民众""平民""公民"等意思；而 ἐν τῷ δήμῳ 的意思则是"在公众集会上""在大众集会上"，《牛津希-英词典》对 δῆμος 的这一用法的解释是：the popular assembly。

30 普洛狄科斯（Πρόδικος, Prodikos），约公元前 465-前 415，第一代智者。关于普洛狄科斯及其擅长的事情，可参见：

《拉刻斯》（197d1-5）：Μηδέ γε εἴπῃς, ὦ Λάχης· καὶ γάρ μοι δοκεῖς οὐδὲ ᾐσθῆσθαι ὅτι ταύτην τὴν σοφίαν παρὰ Δάμωνος τοῦ ἡμετέρου ἑταίρου παρείληφεν, ὁ δὲ Δάμων τῷ Προδίκῳ πολλὰ πλησιάζει, ὃς δὴ δοκεῖ τῶν σοφιστῶν κάλλιστα τὰ τοιαῦτα ὀνόματα διαιρεῖν. [你什么都别说了，拉刻斯啊。因为，其实在我看来你没有注意到下面这点，那就是：他是从我们的一位朋友达蒙那里取得了这种智慧；而达蒙同普洛狄科斯有着许多的交往，普洛狄科斯这人确实看起来在那些智者中最擅长做这种事，即区分诸如此类的语词。]

《卡尔米德斯》（163d3-4）：καὶ γὰρ Προδίκου μυρία τινὰ ἀκήκοα περὶ ὀνομάτων διαιροῦντος. [因为我也已经差不多无数次地从普洛狄科斯那儿听说过类似的东西，当他对各种语词做出区分时。]

《斐德若》（267b2-5）：ταῦτα δὲ ἀκούων ποτέ μου Πρόδικος ἐγέλασεν, καὶ μόνος αὐτὸς ηὑρηκέναι ἔφη ὧν δεῖ λόγων τέχνην· δεῖν δὲ οὔτε μακρῶν οὔτε βραχέων ἀλλὰ μετρίων. [但是，有一次当普洛狄科斯从我这儿听到这些之后，他笑了，并且说，唯有他才发现了技艺需要哪样一些言辞：它所需要的，既不是那些长的，也不是那些短的，而是那些适中的。]

《泰阿泰德》（151b2-6）：ἐνίοις δέ, ὦ Θεαίτητε, οἳ ἄν μοι μὴ δόξωσί πως ἐγκύμονες εἶναι, γνοὺς ὅτι οὐδὲν ἐμοῦ δέονται, πάνυ εὐμενῶς προμνῶμαι καί, σὺν θεῷ εἰπεῖν, πάνυ ἱκανῶς τοπάζω οἷς ἂν συγγενόμενοι ὄναιντο· ὧν πολλοὺς μὲν δὴ ἐξέδωκα Προδίκῳ, πολλοὺς δὲ ἄλλοις σοφοῖς τε καὶ θεσπεσίοις ἀνδράσι.［泰阿泰德啊，但对于一些无论如何在我看来都是没有怀孕的人——因为我认识到他们并不需要我——，我也非常友好地给他们做媒，并且在神的帮助下，我完全能够猜到他们同谁交往会得到好处；我把其中的许多人嫁给了普洛狄科斯，也把许多人嫁给了其他一些智慧且天赋极高的人。］

31　τὰ τελευταῖα［最后一次］是词组，做副词使用；《牛津希-英词典》对它的解释是：for the last time。

32　刻俄斯（Κέως, Keos）是位于爱琴海南部的一个岛屿，岛民以诚实著称。而发音与之相近的一个岛叫开俄斯（Χῖος, Chios），该岛的居民则以狡猾著称。参见阿里斯托芬《蛙》（970）：οὐ χεῖος, ἀλλὰ Κεῖος.［不是〈狡猾的〉开俄斯人，而是〈诚实的〉刻俄斯人。］

33　βουλή 除了具有"建议""决议"等意思之外，也指"议事会"，尤其指雅典的五百人议事会。在当时的雅典，议事会由五百人构成，十个部族，每个部族五十人，每年通过抽签从三十岁以上的公民中产生，其主要工作是为 ἐκκλησία［公民大会］准备待议事项；议事会成员被称作"议员"（βουλευτής）。参见：

《苏格拉底的申辩》（32a9-b1）：ἐγὼ γάρ, ὦ ἄνδρες Ἀθηναῖοι, ἄλλην μὲν ἀρχὴν οὐδεμίαν πώποτε ἦρξα ἐν τῇ πόλει, ἐβούλευσα δέ.［诸位雅典人啊，我未曾在城邦中担任过任何别的职务，但当过议事会成员。］

34　ἀργύριον μισθὸν πράξασθαι［把银子作为酬金来为自己索取］。πράξασθαι 是动词 πράσσω 的一次性过去时不定式中动态；πράσσω 的基本意思是"做"，但其中动态的意思则是"为自己索取"，《牛津希-英词典》对它的这一用法的解释是：exact for oneself。

35　οὕτως ἦσαν εὐήθεις［他们是何等的头脑简单］，也可以译为"他们是如此的心地单纯""他们是如此的天真无邪"。

36　据第欧根尼·拉尔修在《名哲言行录》中的记载（9.52.5），普罗塔戈拉收费一百米那：Οὗτος πρῶτος μισθὸν εἰσεπράξατο μνᾶς ἑκατόν.［他是第一个为自己索取一百米那酬金的人。］一米那（μνᾶ）合一百个德拉克马（δραχμή），合六百个奥卜尔（ὀβολός）；而在当时希腊，一个普通劳动者一天的收入为四个奥卜尔。

37　αὐτόθι ἐπιδημοῦντος［侨居在那里］。ἐπιδημοῦντος 是动词 ἐπιδημέω 的现在时分词主动态阳性属格单数；ἐπιδημέω 的本义是"在家里""在乡里"，对于侨民来说，则指在一个地方定居。

38　伊倪科斯（Ἰνυκός, Inykos），位于西西里岛西南部的一个城市。

39　σχεδόν τι [差不多] 是词组。不定代词 τις / τι 常同形容词或副词连用，表示不那么确定，一般表弱化，也可以表加强。

40　希腊文方括号中的 περὶ Ἀναξαγόρου λέγεται [关于阿那克萨戈拉所说的]，伯内特认为是窜入，法国布德本希腊文直接删除了它们。

41　καταλειφθέντων ... αὐτῷ πολλῶν χρημάτων [虽然许多的钱财被留给了他]，也可以转译为"虽然他继承了许多的钱财"。参见第欧根尼·拉尔修《名哲言行录》(2.6.10-2.7.1)：Οὗτος εὐγενείᾳ καὶ πλούτῳ διαφέρων ἦν, ἀλλὰ καὶ μεγαλοφροσύνῃ, ὅς γε τὰ πατρῷα τοῖς οἰκείοις παρεχώρησε. [这个人在出身高贵和财富方面都是出类拔萃的，此外还慷慨大度；他把从父亲那里继承来的东西让给了亲戚们。]

42　καὶ πολλοῖς συνδοκεῖ ὅτι [并且许多人对下面这点持有同样的看法]，也可以译为"并且许多人都同意下面这点"，或者"并且在许多人看来下面这点是好的"。动词 συνδοκέω 的基本意思是"一起认为是""一起认为好""一起同意"，但常作无人称动词使用，要求与格，所以这里出现的是与格复数 πολλοῖς [许多人 / 多数人]。《牛津希-英词典》举了柏拉图在这里这个表达，对 συνδοκεῖ 的解释是：it seems good also。

43　τούτου ὅρος [这种人的一个标准]，也可以译为"对此的标准""这种人的一个定义""对此的定义"。

44　καὶ ταῦτα μὲν ἱκανῶς ἐχέτω. [那好，一则就这些已经说得够充分了，让它们就此打住。] 这是意译，字面意思是"那好，一则就让这些是足够的了"。ἐχέτω 是动词 ἔχω 的现在时命令式主动态第三人称单数，ἔχω [有] 加副词，表"处于某种状态""是某种样子"；《牛津希-英词典》对 ἱκανῶς ἐχέτω 的解释是：let this be enough。参见《斐德若》(273b3-4)：Οὐκοῦν τὸ μὲν τέχνης τε καὶ ἀτεχνίας λόγων πέρι ἱκανῶς ἐχέτω. [那好，一方面，就这件事，即关于言说的技艺和缺乏技艺，已经说得够充分了，让它就此打住。]

45　τὸ παράπαν 是一个整体和固定表达，意思是"完全""总共"，这里基于上下文将之译为"压根儿"。参见：

《斐德若》(272d6-8)：τὸ παράπαν γὰρ οὐδὲν ἐν τοῖς δικαστηρίοις τούτων ἀληθείας μέλειν οὐδενί, ἀλλὰ τοῦ πιθανοῦ. [因为，在各种法庭上压根儿就没有任何人关心这些东西之真，而是仅仅关心那有说服力的事情。]

《吕西斯》(213d1-2)：Ἆρα μή, ἦν δ' ἐγώ, ὦ Μενέξενε, τὸ παράπαν οὐκ ὀρθῶς ἐζητοῦμεν; [难道就没有可能，我说，墨涅克塞诺斯啊，我们其实压根儿就没有正确地进行寻找？]

46 οἷός τε ἦσθα ... ποιῆσαι [你能够使得] 是一个整体。οἷός τ' εἶναι 是固定用法，意思是"能够""有能力""是可能的"，接不定式，所以这里出现的是一次性过去时不定式 ποιῆσαι [使得]。

47 πολλοῦ δέω 是一固定表达，意味着"我远不……"。参见：

《欧悌弗戎》（13c11-d2）: Οὐδὲ γὰρ ἐγώ, ὦ Εὐθύφρων, οἶμαί σε τοῦτο λέγειν – πολλοῦ καὶ δέω – ἀλλὰ τούτου δὴ ἕνεκα καὶ ἀνηρόμην τίνα ποτὲ λέγοις τὴν θεραπείαν τῶν θεῶν, οὐχ ἡγούμενός σε τοιαύτην λέγειν.[欧悌弗戎啊，我也不认为你会说这话；并且我远不会〈这样认为〉，相反，恰恰为此我才提出你究竟把对神的侍奉说成何种侍奉，因为我不相信你在说这样一种侍奉。]

《申辩》（30d5-7）: νῦν οὖν, ὦ ἄνδρες Ἀθηναῖοι, πολλοῦ δέω ἐγὼ ὑπὲρ ἐμαυτοῦ ἀπολογεῖσθαι, ὥς τις ἂν οἴοιτο, ἀλλὰ ὑπὲρ ὑμῶν.[因此现在，诸位雅典人啊，我远不是为我自己而申辩，如有人会认为的那样，而是为了你们。]

48 Σικελιῶται [那些西西里岛的希腊人]。Σικελιώτης [西西里岛的希腊人]，指从希腊移居西西里岛的希腊人，不同于西西里岛的土著 Σικελός [西西里岛人]。《牛津希-英词典》对 Σικελιώτης 的解释是：a Sicilian Greek, as distinguished from a native Σικελός。

49 ἐφθόνουν ... τοῖς ἑαυτῶν παισίν [嫉妒他们自己的孩子们]。动词 φθονέω [嫉妒] 要求与格作宾语，如 φθονέω τινὶ εὖ πρήσσοντι [嫉妒某位走运的人]，所以这里出现的是与格复数 τοῖς ἑαυτῶν παισίν [他们自己的孩子们]。

50 ὡς βελτίστοις γενέσθαι [变得尽可能的优秀]。ὡς βελτίστοις [尽可能的优秀] 是固定表达，ὡς 加形容词最高级，意思是"尽可能……"。参见《拉刻斯》（200d7-8）：πῶς οὖν φῄς, ὦ Σώκρατες; ὑπακούσῃ τι καὶ συμπροθυμήσῃ ὡς βελτίστοις γενέσθαι τοῖς μειρακίοις; [因此，你怎么说呢，苏格拉底啊？你会有所听从吗，并热心帮助年青人们变得尽可能的优秀？]

51 ἀλλὰ μήν 是词组，相当于拉丁文的 verum enimvero [真的]。μήν 作为小品词，起加强语气的作用，意思是"真的""无疑"，它可以同其他小词一起构成各种固定表达；例如，ἦ μήν [实实在在]，καὶ μήν [确实]，τί μήν [当然]。

52 κάλλιστ' ἀνθρώπων ἐπίστασαι [在世上你最为优秀地知道]。名词 ἄνθρωπος [人] 同形容词最高级连用，起加强语气的作用，例如两个固定表达 μάλιστα ἀνθρώπων [最重要的是] 和 ἥκιστα ἀνθρώπων [最不]，《牛津希-英词典》对之的解释分别是：most of all 和 least of all；此外，还有诸如 τὰ ἐξ ἀνθρώπων πράγματα [世界上的所有麻烦] 这样的类似表达。参见：

《吕西斯》（211e3-5）：καὶ βουλοίμην ἄν μοι φίλον ἀγαθὸν γενέσθαι μᾶλλον ἢ τὸν ἄριστον ἐν ἀνθρώποις ὄρτυγα ἢ ἀλεκτρυόνα.[并且我会希望我得到一个好

朋友，而远不是世上最好的鹌鹑或最好的雄鸡。]

《伊翁》（530c8-d3）：καὶ οἶμαι κάλλιστα ἀνθρώπων λέγειν περὶ Ὁμήρου, ὡς οὔτε Μητρόδωρος ὁ Λαμψακηνὸς οὔτε Στησίμβροτος ὁ Θάσιος οὔτε Γλαύκων οὔτε ἄλλος οὐδεὶς τῶν πώποτε γενομένων ἔσχεν εἰπεῖν οὕτω πολλὰς καὶ καλὰς διανοίας περὶ Ὁμήρου ὅσας ἐγώ.[并且我也认为，关于荷马，在世上我讲得最漂亮，以至于无论是拉谟普萨科斯人墨特洛多洛斯，还是塔索斯人斯忒西谟布洛托斯，还是格劳孔，还是那些曾经出现过的人中的任何一位，关于荷马的各种思想，没有一个能够如我那样讲得如此地多和那么地漂亮。]

《泰阿泰德》（148b3）：Ἄριστά γ' ἀνθρώπων, ὦ παῖδες [世界上无人比你们更优秀了，孩子们！／你们是世界上最优秀的，孩子们！]

《克利托丰》（410b4-6）：νομίσας σε τὸ μὲν προτρέπειν εἰς ἀρετῆς ἐπιμέλειαν κάλλιστ' ἀνθρώπων δρᾶν, δυοῖν δὲ θάτερον.[因为我认为，虽然就规劝人要关心德性来说，你在世上做得最好，但下面两种情况你必居其一。]

53 ταύτην παραδιδόναι ... ἄλλῳ ... ἐπίστασαι [知道如何把它传授给另外一个人] 是一个整体。动词 ἐπίσταμαι 除了具有"知道"的意思之外，如果它跟不定式，则指"知道如何〈做〉……""懂得如何〈做〉……""能够〈做〉……"。参见：

《斐洞》（108d5-9）：ὡς μέντοι ἀληθῆ, χαλεπώτερόν μοι φαίνεται ἢ κατὰ τὴν Γλαύκου τέχνην, καὶ ἅμα μὲν ἐγὼ ἴσως οὐδ' ἂν οἷός τε εἴην, ἅμα δέ, εἰ καὶ ἠπιστάμην, ὁ βίος μοι δοκεῖ ὁ ἐμός, ὦ Σιμμία, τῷ μήκει τοῦ λόγου οὐκ ἐξαρκεῖν.[但是，要证明它们是真的，在我看来这对于格劳科斯的技艺来说也太困难了。一方面我自己或许也不能做到，另一方面，即使我懂得如何证明，但在我看来，西米阿斯啊，我余下的生命也够不上讨论的长度了。]

《伊翁》（531b7-9）：Εἰ δὲ σὺ ἦσθα μάντις, οὐκ, εἴπερ περὶ τῶν ὁμοίως λεγομένων οἷός τ' ἦσθα ἐξηγήσασθαι, καὶ περὶ τῶν διαφόρως λεγομένων ἠπίστω ἂν ἐξηγεῖσθαι;[但如果你是一位预言家，假如对那些被他们说得一样的事情你真的能够进行解释，那么，关于那些被他们说得不一样的事情，你岂不也会知道如何进行解释？]

《克利托丰》（407b4）：ἐπιστήσονται χρῆσθαι δικαίως τούτοις.[他们将知道如何以正义的方式使用这些东西。]

《弥诺斯》（316e7）：Τῶν ἐπισταμένων κήπων ἄρχειν; [出自那些知道如何管理花园的人吗？]

54 忒塔利亚（Θετταλία, Thettalia）也拼作 Θεσσαλία，故也译为帖撒利亚。它是位于希腊北部的一个地区，克里同曾劝苏格拉底逃亡到那里；参见《克里同》（45c2-4）：ἐὰν δὲ βούλῃ εἰς Θετταλίαν ἰέναι, εἰσὶν ἐμοὶ ἐκεῖ ξένοι οἵ σε περὶ πολλοῦ ποιήσονται καὶ ἀσφάλειάν σοι παρέξονται, ὥστε σε μηδένα λυπεῖν τῶν κατὰ Θετταλίαν.［如果你愿意前往忒塔利亚，我在那儿有一些会非常看重你并为你提供安全的异乡朋友，因此在整个忒塔利亚人那儿，无人会使你感到痛苦。］

55　西西里岛上的人在当时被视为奢华生活的代表。参见《政制》（404d1-3）：Συρακοσίαν δέ, ὦ φίλε, τράπεζαν καὶ Σικελικὴν ποικιλίαν ὄψου, ὡς ἔοικας, οὐκ αἰνεῖς, εἴπερ σοι ταῦτα δοκεῖ ὀρθῶς ἔχειν.［而叙拉古人的筵席，朋友啊，以及西西里人花样繁多的菜肴，如看起来的那样，你不会加以赞许，假如你认为这些是正确的话。］

56　εὖ ἴσθι［你得清楚］，也可以转译为"确定的是"，字面意思是"请你好好地知道""请你看清"。ἴσθι 是动词 οἶδα［知道/看见］的完成时命令式主动态第二人称单数。参见：

　　《卡尔米德斯》（157d6-8）：Εὖ τοίνυν ἴσθι, ἔφη, ὅτι πάνυ πολὺ δοκεῖ σωφρονέστατος εἶναι τῶν νυνί, καὶ τἆλλα πάντα, εἰς ὅσον ἡλικίας ἥκει, οὐδενὸς χείρων ὤν.［那么你得弄清楚，他说，他似乎在当今的这些年轻人中是最最自制的，并且在其他所有方面，就其年龄已经抵达的那个点来说，他也不比其他任何人差。］

　　《拉刻斯》（181b7-c1）：εὖ οὖν ἴσθι ὅτι ἐγὼ ταῦτα ἀκούων χαίρω ὅτι εὐδοκιμεῖς, καὶ σὺ δὲ ἡγοῦ με ἐν τοῖς εὐνούστατόν σοι εἶναι.［因此，你得清楚，当我听到这些后，我很高兴，因为你有着好的名声；并且也请你一定要把我算在那些对你怀有最好的心意的人中。］

57　πολὺ μάλιστα［最最多］。中性形容词 πολύ 经常同形容词比较级和最高级连用，起加强语气的作用。

58　μετὰ εὐνομίας ἀδύνατον οἰκεῖν［不可能过着一种带有良好秩序的生活］，也可以译为"不可能凭借守法来治理一个城邦""一个城邦不可能凭借守法而得到治理"。动词 οἰκέω 除了具有"生活""过活"的意思之外，也有"治理""管理"等意思。参见《卡尔米德斯》（162a4 5）：Ἀλλὰ μέντοι, ἔφην ἐγώ, σωφρόνως γε οἰκοῦσα εὖ ἂν οἰκοῖτο.［但是，我说道，如果一个城邦确实治理得自制，那么它一定就会治理得好。］

59　动词 ἁμαρτάνω 的本义是"未中的""未射中"，喻为"犯错""失误"；该动词要求属格，所以这里出现的是单数属格 ἀγαθοῦ［善的东西］以及 τοῦ νομίμου τε καὶ νόμου［合法的东西以及法律］。参见：

　　《克里同》（53c1-2）：ὅστις γὰρ νόμων διαφθορεύς ἐστιν σφόδρα που δόξειεν ἂν νέων γε καὶ ἀνοήτων ἀνθρώπων διαφθορεὺς εἶναι.[因为任何是法律的败坏者的人，都极有可能被视为是年轻人和无理智的人的败坏者。]

《弥诺斯》(314d9-e6)：{ΣΩ.} Οὐκοῦν δόγμα ἔφαμεν εἶναι πόλεως τὸν νόμον; { – ΕΤ.} Ἔφαμεν γάρ. { – ΣΩ.} Τί οὖν; οὐκ ἔστιν τὰ μὲν χρηστὰ δόγματα, τὰ δὲ πονηρά; { – ΕΤ.} Ἔστιν μὲν οὖν. { – ΣΩ.} Καὶ μὴν νόμος γε οὐκ ἦν πονηρός. { – ΕΤ.} Οὐ γάρ. { – ΣΩ.} Οὐκ ἄρα ὀρθῶς ἔχει ἀποκρίνεσθαι οὕτως ἁπλῶς ὅτι νόμος ἐστὶ δόγμα πόλεως. { – ΕΤ.} Οὐκ ἔμοιγε δοκεῖ. { – ΣΩ.} Οὐκ ἄρα ἁρμόττοι ἂν τὸ πονηρὸν δόγμα νόμος εἶναι. { – ΕΤ.} Οὐ δῆτα.[苏格拉底：我们岂不宣称过法是一个城邦的公共决定？——同伴：我们的确宣称过。——苏格拉底：然后呢？岂不一些公共决定是良善的，一些则是邪恶的？——同伴：的确是这样。——苏格拉底：而且法向来就肯定不是邪恶的。——同伴：当然不。——苏格拉底：因此，这是不正确的，径直这样进行回答：法是一个城邦的公共决定。——同伴：至少在我看来不是。——苏格拉底：因此，邪恶的公共决定不会适合是法。——同伴：无疑不。](316b5)：Ὃς ἂν ἄρα τοῦ ὄντος ἁμαρτάνῃ, τοῦ νομίμου ἁμαρτάνει.[因此，那对是者犯错的人，他也在对合法的东西犯错。]

60 οἱ εἰδότες[那些知道的人]，也可以直接译为"那些有知识的人"。

61 οἱ πολλοί[大众]，也可以译为"多数人"。对观《克里同》(43a2-4)：σκόπει δή — οὐχ ἱκανῶς δοκεῖ σοι λέγεσθαι ὅτι οὐ πάσας χρὴ τὰς δόξας τῶν ἀνθρώπων τιμᾶν ἀλλὰ τὰς μέν, τὰς δ' οὔ, οὐδὲ πάντων ἀλλὰ τῶν μέν, τῶν δ' οὔ; [你真的得考虑一下：难道在你看来不足以说，并非人们的所有意见都必须得尊重，而是有些意见必须尊重，有些则不必；也并非所有人的意见都必须得尊重，而是有些人的意见必须尊重，有些人的则不必？](48c2-6)：ἃς δὲ σὺ λέγεις τὰς σκέψεις περί τε ἀναλώσεως χρημάτων καὶ δόξης καὶ παίδων τροφῆς, μὴ ὡς ἀληθῶς ταῦτα, ὦ Κρίτων, σκέμματα ᾖ τῶν ῥᾳδίως ἀποκτεινύντων καὶ ἀναβιωσκομένων γ' ἄν, εἰ οἷοί τ' ἦσαν, οὐδενὶ ξὺν νῷ, τούτων τῶν πολλῶν.[你说的对花钱、名声和抚养孩子的那些考虑，克里同啊，这些其实都无非是下面这些大众所思考的事，只要他们能够，他们就会轻率地置人于死地，也会同样轻率地让人起死回生，毫无理智可言。]

62 δοκεῖς γάρ μοι τὸν λόγον πρὸς ἐμοῦ λέγειν[因为在我看来你在说一个支持我的论证]，也可以简单译为"因为在我看来你在替我说话"。

63 拉孔人(Λάκων, Lakon)，即拉栖岱蒙人(Λακεδαιμόνιος, Lakedaimonios)，也即斯巴达人(Σπαρτιάτης, Spartiates)。

64 ἐκεῖνα ἃ σὺ κάλλιστα ἐπίστασαι[你最为漂亮地知道的那些事情]，也可以译为

"你知道得最好的那些事情"。

65 τὰ περὶ τὰ ἄστρα τε καὶ τὰ οὐράνια πάθη [那些关于诸星辰和天上的各种情状的事情]。对观《斐洞》(97b8-98a6): Ἀλλ' ἀκούσας μέν ποτε ἐκ βιβλίου τινός, ὥς ἔφη, Ἀναξαγόρου ἀναγιγνώσκοντος, καὶ λέγοντος ὡς ἄρα νοῦς ἐστιν ὁ διακοσμῶν τε καὶ πάντων αἴτιος, ταύτῃ δὴ τῇ αἰτίᾳ ἥσθην τε καὶ ἔδοξέ μοι τρόπον τινὰ εὖ ἔχειν τὸ τὸν νοῦν εἶναι πάντων αἴτιον, καὶ ἡγησάμην, εἰ τοῦθ' οὕτως ἔχει, τόν γε νοῦν κοσμοῦντα πάντα κοσμεῖν καὶ ἕκαστον τιθέναι ταύτῃ ὅπῃ ἂν βέλτιστα ἔχῃ. ... ταῦτα δὴ λογιζόμενος ἅσμενος ηὑρηκέναι ᾤμην διδάσκαλον τῆς αἰτίας περὶ τῶν ὄντων κατὰ νοῦν ἐμαυτῷ, τὸν Ἀναξαγόραν, καί μοι φράσειν πρῶτον μὲν πότερον ἡ γῆ πλατεῖά ἐστιν ἢ στρογγύλη, ἐπειδὴ δὲ φράσειεν, ἐπεκδιηγήσεσθαι τὴν αἰτίαν καὶ τὴν ἀνάγκην, λέγοντα τὸ ἄμεινον καὶ ὅτι αὐτὴν ἄμεινον ἦν τοιαύτην εἶναι· καὶ εἰ ἐν μέσῳ φαίη εἶναι αὐτήν, ἐπεκδιηγήσεσθαι ὡς ἄμεινον ἦν αὐτὴν ἐν μέσῳ εἶναι· καὶ εἴ μοι ταῦτα ἀποφαίνοι, παρεσκευάσμην ὡς οὐκέτι ποθεσόμενος αἰτίας ἄλλο εἶδος. καὶ δὴ καὶ περὶ ἡλίου οὕτω παρεσκευάσμην ὡσαύτως πευσόμενος, καὶ σελήνης καὶ τῶν ἄλλων ἄστρων, τάχους τε πέρι πρὸς ἄλληλα καὶ τροπῶν καὶ τῶν ἄλλων παθημάτων, πῇ ποτε ταῦτ' ἄμεινόν ἐστιν ἕκαστον καὶ ποιεῖν καὶ πάσχειν ἃ πάσχει. [然而，当我有次听到某个人在读一本书——据他说，是阿那克萨戈拉的——，并且说其实理智才是进行安排的和对万物负责的，我的确对这一原因感到满意，并且在我看来理智是对万物负责的，这无论如何都是恰当的。……当我计算到这些时我变得很高兴，我认为关于诸是者的原因我已经如愿以偿地找到了一位老师，即阿那克萨戈拉；并且认为他首先会向我揭示大地究竟是平的还是圆的，而在做出揭示之后，还将通过说何者是更好的以及是那个样子对它来说就是更好的来进一步解释其原因和必然性。并且如果他说它是在宇宙的中心，那他也将进一步解释是在宇宙的中心对它来说就是更好的。如果他能够向我显明这些，那我就已经准备不再渴求其他类型的原因了。而且关于太阳我也准备以同样的方式去了解，还有月亮和其他的星辰，了解它们的相对速度、回归以及其他的各种情状，为何各自做其所做的和遭受其所遭受的，这对它们每个来说会是更好的。]

66 ὡς ἔπος εἰπεῖν [几乎可以说] 是固定表达，此外它还具有"总之一句话""一言以蔽之"等意思。该表达相当于德语的 sozusagen；在拉丁语中，相应的表达是 paene dixerim [我几乎会说], ut ita dicam [以至于我会这样说]。ὡς 同不定式连用，表达一种限制，除了 ὡς ἔπος εἰπεῖν [几乎可以说] 之外，还有 ὡς μὲν ἐμοὶ δοκέειν [据我看来] 等。参见：

《苏格拉底的申辩》(22c9-d2): Τελευτῶν οὖν ἐπὶ τοὺς χειροτέχνας ᾖα·

ἐμαυτῷ γὰρ συνῄδη οὐδὲν ἐπισταμένῳ ὡς ἔπος εἰπεῖν, τούτους δέ γ' ἤδη ὅτι εὑρήσοιμι πολλὰ καὶ καλὰ ἐπισταμένους.[于是，最后我前往了一些手艺人那儿；因为我意识到我自己几乎可以说一无所知，但对于这些人我却非常清楚我会发现他们知道许多美好的东西。]

67 περί τε γραμμάτων δυνάμεως καὶ συλλαβῶν καὶ ῥυθμῶν καὶ ἁρμονιῶν.[关于文字的意思，以及关于各种音节、各种节奏和各种和谐的含义。] 名词 δύναμις 的基本意思是"能力"，但也指"（字的）意思""（词的）含义"，以及"（钱的）价值"等。《牛津希-英词典》对它的这层意思的解释是：force or meaning of a word, worth or value of money.

68 Ποίων ... ἁρμονιῶν καὶ γραμμάτων;[哪样一些和谐与文字呢？] 法国布德本希腊文作 Περὶ ποίων ... ἁρμονιῶν καὶ γραμμάτων;[关于哪样一些和谐与文字呢？] 这里的翻译从布德本。

69 πάσης τῆς ἀρχαιολογίας[关于对古代历史的所有讲述]，也可以简单译为"关于所有的古代历史"。《牛津希-英词典》举了柏拉图在这里的这个表达，对 ἀρχαιολογία 的解释是：antiquarian lore, ancient legends or history.

70 δι' αὐτούς[因为他们的缘故]，也可以转译为"为了他们"。

71 当时雅典一共设有九位执政官，除了六位级别较低负责法律事务的"立法执政官"（θεσμοθέται）之外，还有"名年执政官"（ὁ ἐπώνυμος ἄρχων）、"国王执政官"和"战争执政官"（ὁ πολέμαρχος ἄρχων）。所谓名年执政官或年号执政官，即以其姓名确定年号的执政官，也称为首席执政官；国王执政官负责宗教方面的事务，在九位执政官中居第二位。

72 πράγματ' ἂν εἶχες ἐκμανθάνων[你就得努力彻彻底底地进行学习]，也可以译为"你就得费力去详细了解它们"。单就 πράγματα ἔχειν 来看，意思是"有麻烦"；名词 πρᾶγμα 的基本意思是"事情"，但其复数在负面的意义上也指"麻烦事""困难""烦扰"。参见：

《苏格拉底的申辩》（41d3-5）：ἀλλά μοι δῆλόν ἐστι τοῦτο, ὅτι ἤδη τεθνάναι καὶ ἀπηλλάχθαι πραγμάτων βέλτιον ἦν μοι.[相反，下面这点对我来说是显而易见，那就是：现在就死并且从各种麻烦事中解脱出来，这对我来说是更好的。]

《斐洞》（115a7-8）：δοκεῖ γὰρ δὴ βέλτιον εἶναι λουσάμενον πιεῖν τὸ φάρμακον καὶ μὴ πράγματα ταῖς γυναιξὶ παρέχειν νεκρὸν λούειν.[因为我认为沐浴之后喝毒药肯定是更好的，免得给妇女们带来清洗尸体的麻烦。]

《泰阿泰德》（174a4-b6）：Ὥσπερ καὶ Θαλῆν ἀστρονομοῦντα, ὦ Θεόδωρε, καὶ ἄνω βλέποντα, πεσόντα εἰς φρέαρ, Θρᾷττά τις ἐμμελὴς καὶ χαρίεσσα θεραπαινὶς ἀποσκῶψαι λέγεται ὡς τὰ μὲν ἐν οὐρανῷ προθυμοῖτο εἰδέναι, τὰ δ᾽ ἔμπροσθεν αὐτοῦ καὶ παρὰ πόδας λανθάνοι αὐτόν. ταὐτὸν δὲ ἀρκεῖ σκῶμμα ἐπὶ πάντας ὅσοι ἐν φιλοσοφίᾳ διάγουσι. τῷ γὰρ ὄντι τὸν τοιοῦτον ὁ μὲν πλησίον καὶ ὁ γείτων λέληθεν, οὐ μόνον ὅτι πράττει, ἀλλ᾽ ὀλίγου καὶ εἰ ἄνθρωπός ἐστιν ἤ τι ἄλλο θρέμμα· τί δέ ποτ᾽ ἐστὶν ἄνθρωπος καὶ τί τῇ τοιαύτῃ φύσει προσήκει διάφορον τῶν ἄλλων ποιεῖν ἢ πάσχειν, ζητεῖ τε καὶ πράγματ᾽ ἔχει διερευνώμενος.[正如当泰勒斯为了研究天文而向上仰望时，他掉进了一口井里，据说一位乖巧且机智的色雷斯女仆打趣他：热衷于知道天上的各种事情，却忽略了自己面前和脚边的那些东西。而这同一玩笑适用于所有那些在哲学中度日的人。因为这种人真的一向没有留意隔壁的邻居，不仅没有留意到他在做什么，而且几乎没有留意到他是人呢，还是别的什么动物；但是，人究竟是什么，以及对于这样一种本性来说，做或遭受不同于其他事情的什么事情是合适的，这些都是他寻觅和努力进行探究的。]

73 πόθεν 作为疑问副词，意思是"从何处？""从何地？"但表示惊讶，意思则是"怎么可能？""怎么会？""哪里的事？"，转义为"不可能！""胡说！"《牛津希-英词典》对它的这层意思的解释是：how can it be? impossible! nonsense!

74 ἅπαξ ἀκούσας πεντήκοντα ὀνόματα ἀπομνημονεύσω.[五十个名字，我听一次，就能靠记忆把它们复述出来。]也可以简单译为"我听一次就能记住五十个名字"。ἀπομνημονεύω 的基本意思是"记住"，但也指"靠记忆讲述""靠记忆复述"；《牛津希-英词典》对之的解释是：relate from memory. 参见：

《斐德若》(227d6-228a3)：Πῶς λέγεις, ὦ βέλτιστε Σώκρατες; οἴει με, ἃ Λυσίας ἐν πολλῷ χρόνῳ κατὰ σχολὴν συνέθηκε, δεινότατος ὢν τῶν νῦν γράφειν, ταῦτα ἰδιώτην ὄντα ἀπομνημονεύσειν ἀξίως ἐκείνου;[你为何这么说呢，最好的苏格拉底啊。难道你认为，对于吕西阿斯花了很长时间从容地构思出来的那些——他是现今这些人中最擅长写的——，像我这种普通人，竟然将以配得上他的方式而靠记忆把它们复述出来？]

《克利托丰》(406a5-6)：Ὅστις, ὦ Σώκρατες, οὐκ ὀρθῶς ἀπεμνημόνευέ σοι τοὺς ἐμοὶ περὶ σοῦ γενομένους λόγους πρὸς Λυσίαν.[无论是谁，苏格拉底啊，他都没有正确地靠记忆向你复述我关于你对吕西阿斯所说的那些话。]

75 ἀλλ᾽ ἐγὼ οὐκ ἐνενόησα ὅτι[只不过我完全忘了下面这点]，这是意译，字面意思是"只不过我未曾想到下面这点"。

76 τὸ μνημονικὸν ἔχεις[你拥有记忆的技巧]。τὸ μνημονικόν 也可以译为"记忆的策略""记忆的办法"，或者径直将之译为"记忆术"；这里省略了 τέχνημα

[策略 / 巧计] 一词，完整的表达是 τὸ μνημονικὸν τέχνημα。

77 πρόσχημα ... καὶ ἀρχὴ ... τοῦ λόγου [演讲的序曲和开头] 是一个整体。πρόσχημα 的意思比较多，如"托词""借口""装饰物""外表"等，在这里的意思是"序曲""前言"；《牛津希-英词典》举了柏拉图在本对话这里的这个表达，对它的解释是：preface。

78 λέγει ὁ λόγος [据说有这样一个故事]，这是意译，也可以按字面意思译为"该演讲说"。

79 涅俄普托勒摩斯（Νεοπτόλεμος, Neoptolemos），英雄阿喀琉斯（Ἀχιλλεύς, Achilleus）的儿子。

80 涅斯托耳（Νέστωρ, Nestor），攻打特洛伊的希腊著名的老将。

81 λέγων ἐστὶν ὁ Νέστωρ καὶ ὑποτιθέμενος αὐτῷ ... [涅斯托耳说了一番话，并且对他建议了……] ἐστιν ... ὑποτιθέμενος [建议了] 是一个整体；εἰμί 的各种形式与动词的分词，尤其是完成时分词连用，构成一种委婉或迂回的表达。参见：

《政制》（492a5-7）：ἢ καὶ σὺ ἡγῇ, ὥσπερ οἱ πολλοί, διαφθειρομένους τινὰς εἶναι ὑπὸ σοφιστῶν νέους.[或者就像众人一样，你也认为一些年轻人已经被智者们给败坏了。]

《卡尔米德斯》（153d3-5）：περί τε τῶν νέων, εἴ τινες ἐν αὐτοῖς διαφέροντες ἢ σοφίᾳ ἢ κάλλει ἢ ἀμφοτέροις ἐγγεγονότες εἶεν.[关于年轻人，是否在他们中间已经出现了一些人，他们或者凭借智慧，或者由于俊美，或者在这两方面都出类拔萃。]

《拉刻斯》（185b3-4）：ἆρ' οὐχ ὁ μαθών καὶ ἐπιτηδεύσας, ᾧ καὶ διδάσκαλοι ἀγαθοὶ γεγονότες ἦσαν αὐτοῦ τούτου;[难道不是已经学习并从事过它，并且恰恰在这方面的一些优秀者已经成为了其老师的那个人吗？]

82 εἰς τρίτην ἡμέραν[后天]，字面意思是"第三天"。

83 斐多斯特剌托斯（Φειδοστράτος, Pheidostratos），生平不详。

84 欧狄科斯（Εὔδικος, Eudikos）和阿珀曼托斯（Ἀπημάντος, Apemantos），生平均不详。

85 ταῦτ' ἔσται，即 ἔσται ταῦτα；它是固定用法，也写作 ἐστὶ ταῦτα 或 ταῦτα。指示代词 οὗτος 的中性复数 ταῦτα 在这里作副词使用；ἔσται ταῦτα / ἐστι ταῦτα / ταῦτα 作为答复语，意思是"好的""是的""遵命""照办"，例如：ταῦτ', ὦ δέσποτα.[好的，主人！]

86 περὶ αὑτοῦ[关于它]，似乎也可以直接译为"关于你的演讲"。

87 βραχύ τι[略微简短地] 是一个整体。不定代词 τις / τι 常同形容词连用，表示不那么确定，一般表弱化，也可以表加强。

88 καὶ γάρ 是词组，意思是"真的""的确"。

89 εἰς καλόν 是一个整体，类似于 ἐν καλῷ，在这里作副词使用，意思是"恰当地""恰好"；但基于本对话的主题 τὸ καλόν[美]，这里有可能是双关语。参见《斐洞》(76e8-77a2)：Ὑπερφυῶς, ὦ Σώκρατες, ἔφη ὁ Σιμμίας, δοκεῖ μοι ἡ αὐτὴ ἀνάγκη εἶναι, καὶ εἰς καλόν γε καταφεύγει ὁ λόγος εἰς τὸ ὁμοίως εἶναι τήν τε ψυχὴν ἡμῶν πρὶν γενέσθαι ἡμᾶς καὶ τὴν οὐσίαν ἣν σὺ νῦν λέγεις.[苏格拉底啊，西米阿斯说道，我完全认为有着同样的必然；并且我们的说明的确恰当地找到了庇护：在我们出生之前我们的灵魂是着，一如你刚才说的那种所是是着一样。]

90 εἰς ἀπορίαν με κατέβαλεν[他把我扔进了走投无路中]，有意按词源翻译，当然也可以译为"他把我抛入了困惑中"。名词 ἀπορία[困境/困惑]派生自形容词 ἄπορος，由褫夺性前缀 ἀ[无]和 πόρος[通路/道路]构成，即"走投无路"。

91 φέρε 是动词 φέρω 的现在时命令式主动态第二人称单数；φέρω 的基本意思是"携带""带到"，用命令式时，可当副词用，意味"来吧""来呀"。

92 διὰ τὴν ἐμὴν φαυλότητα[由于我的低劣]，也可以直接译为"由于我的愚昧"。《牛津希-英词典》举了柏拉图在这里的这个表达，对 φαυλότης 的解释是：lack of judgement, poor judgement。

93 κατὰ τρόπον[恰当地]是固定表达，意思同 πρὸς τρόπου[合理地/恰当地]差不多，其反面是 ἀπὸ τρόπου[不合理地/不恰当地]；《牛津希-英词典》对 κατὰ τρόπον 的解释是：fitly, duly。

94 名词 συνουσία 的基本意思是"交往"，但也专指"学生向老师的就教"；这里基于上下文将之译为"聚会"。参见《吕西斯》(223a5-b3)：τὸ μὲν οὖν πρῶτον καὶ ἡμεῖς καὶ οἱ περιεστῶτες αὐτοὺς ἀπηλαύνομεν· ἐπειδὴ δὲ οὐδὲν ἐφρόντιζον ἡμῶν, ἀλλ' ὑποβαρβαρίζοντες ἠγανάκτουν τε καὶ οὐδὲν ἧττον ἐκάλουν, ἀλλ' ἐδόκουν ἡμῖν ὑποπεπωκότες ἐν τοῖς Ἑρμαίοις ἄποροι εἶναι προσφέρεσθαι, ἡττηθέντες οὖν αὐτῶν διελύσαμεν τὴν συνουσίαν.[于是，最初虽然我们以及那些围着我们的人试图驱赶他们，但由于他们根本就不把我们当一回事，而是说着蹩脚的希腊话，一边对我们发怒，一边依旧叫喊他俩；而在我们看来，由于他们在赫尔墨斯节上也喝了一点酒，因而他们是难以对付的，于是我们只好向他们屈服而终止了聚会。]

95 ἠπείλουν[威胁道]，也可以译为"许诺道"。ἠπείλουν 在这里是动词 ἀπειλέω 的未完成过去时直陈式主动态第一人称单数；动词 ἀπειλέω 除了具有"威胁"的意思之外，也有"许诺"的意思。参见《斐洞》（94d2-5）：τὰ μὲν χαλεπώτερον κολάζουσα καὶ μετ' ἀλγηδόνων, τά τε κατὰ τὴν γυμναστικὴν καὶ τὴν ἰατρικήν, τὰ δὲ πραότερον, καὶ τὰ μὲν ἀπειλοῦσα, τὰ δὲ νουθετοῦσα.[有时较为严厉地进行惩戒，甚至伴有痛苦——就像在健身术和医疗术那儿的那些东西——，有时则比较温和地进行劝诫，一些通过威胁，一些通过斥责。]

96 ἐκμελετήσας[在完满地学习之后]，当然也可以译为"在认真练习之后"。ἐκμελετήσας 是动词 ἐκμελετάω 的一次性过去时分词主动态阳性主格单数，ἐκμελετάω 的基本意思是"认真练习"，但在这里的意思是"完美地学习"；《牛津希-英词典》举了柏拉图在这里的这个表达，对它的解释是：learn perfectly。

97 ἀναμαχούμενος τὸν λόγον[以便再争论一遍]，字面意思是"以便在论证上进行重新战斗"。ἀναμαχούμενος 是动词 ἀναμάχομαι[重新战斗]的现在时分词阳性主格单数；《牛津希-英词典》举了柏拉图在这里的这个表达，对 ἀναμαχούμενος τὸν λόγον 的解释是：fight the argument over again。参见《斐洞》（89c3-4）：πρὶν ἂν νικήσω ἀναμαχόμενος τὸν Σιμμίου τε καὶ Κέβητος λόγον.[在我通过重新战斗而击败西米阿斯和刻贝斯的说法之前。]

98 ὅτι μάλιστα 是一个整体，等于 ὡς μάλιστα，意思是"尽可能地"。

99 ὧν σὺ τῶν πολλῶν ἐπίστασαι[在你所知道的许多东西中]，之所以这么翻译，因为这句话等于：τῶν πολλῶν, ὧν σὺ ἐπίστασαι。

100 τὸ ἐμὸν πρᾶγμα[我的所作所为]。参见《克里同》（53c8-d1）：οὐκ οἴει ἄσχημον φανεῖσθαι τὸ τοῦ Σωκράτους πρᾶγμα;[难道你不认为苏格拉底的所作所为显得很丑陋吗？]

101 ἰδιωτικόν[业余的]，也可以译为"门外汉的"。

102 εὖ γε ... λέγεις[真是个好消息！]是固定表达，这里不能译为"你说得好"或"你说得正确"等；《牛津希-英词典》对 εὖ γε λέγεις, εὖ λέγεις 的这一用法的解释是：good news! 参见《伊翁》（530b2-3）：Εὖ λέγεις· ἄγε δὴ ὅπως καὶ τὰ Παναθήναια νικήσομεν.[好消息！那就来吧，以便我们在泛雅典娜节上也将得胜。]

103 ἀντιλαμβάνωμαι τῶν λόγων[攻击〈你的〉各种说法]，也可以译为"抓住〈你的〉论证的弱点"。ἀντιλαμβάνωμαι 是动词 ἀντιλαμβάνω 的现在时虚拟式中动态第一人称单数。ἀντιλαμβάνω 大多使用中动态形式，并要求属格作宾语，所以这里后面出现的是复数属格 τῶν λόγων[各种说法/论证]。该词除了具有"抓住""参与""帮助"等基本意思之外，还有"抓住某人的弱点""谴责""攻击"的意思，《牛津希-英词典》对它的这一用法的解释是：

take hold of for the purpose of finding fault, reprehend, attack。参见：

《智者》(239c3-d4)：Τοιγαροῦν εἴ τινα φήσομεν αὐτὸν ἔχειν φανταστικὴν τέχνην, ῥαδίως ἐκ ταύτης τῆς χρείας τῶν λόγων ἀντιλαμβανόμενος ἡμῶν εἰς τοὐναντίον ἀποστρέψει τοὺς λόγους, ὅταν εἰδωλοποιὸν αὐτὸν καλῶμεν, ἀνερωτῶν τί ποτε τὸ παράπαν εἴδωλον λέγομεν.［因此，如果我们说他拥有某种显像性的技艺，那么，他就很容易从对诸语词的这种使用出发通过抓住我们的弱点而把诸语词转向反面；而每当我们把他称为图像创制者时，他就会通过问我们究竟一般地把图像说成什么来攻击我们。］

104 εἰ ... μή τί σοι διαφέρει［如果你不反对的话］是固定表达；《牛津希-英词典》对它的解释是：if you see no objection。参见《拉刻斯》(187d1-3)：εἰ οὖν ὑμῖν μή τι διαφέρει, εἴπατε καὶ κοινῇ μετὰ Σωκράτους σκέψασθε, διδόντες τε καὶ δεχόμενοι λόγον παρ' ἀλλήλων.［因此，如果你们不反对的话，就请你们来说一说，并且同苏格拉底一起来共同进行考察，通过互相给出以及接受彼此的理据。］

105 ἀλλ' ἄγ'［那就来吧！］ἄγ' 即 ἄγε，它是动词 ἄγω［引领］的现在时第二人称命令式单数，在这里作副词用，意为"来吧""来呀"。ἀλλ' ἄγ' 在法国布德本希腊文中作：ἀλλά γ'［那好］，不从。

106 γὰρ δή［显然］是词组，《牛津希-英词典》对之的解释是：for manifestly。参见：

《斐德若》(227c5-8)：γέγραφε γὰρ δὴ ὁ Λυσίας πειρώμενόν τινα τῶν καλῶν, οὐχ ὑπ' ἐραστοῦ δέ, ἀλλ' αὐτὸ δὴ τοῦτο καὶ κεκόμψευται· λέγει γὰρ ὡς χαριστέον μὴ ἐρῶντι μᾶλλον ἢ ἐρῶντι.［显然，吕西阿斯已经描绘了一位俊美的年轻人该如何被引诱，但又不是被他的一位爱慕者所引诱，而正是这点，恰恰已经被精心构思了；因为他说，一个人必须使之满意的，是那不爱他的人，而不是那爱他的人。］

《卡尔米德斯》(160b9)：δυοῖν γὰρ δὴ τὰ ἕτερα.［显然，下面两种情形必居其一。］

《弥诺斯》(313a4-5)：σκόπει γὰρ δὴ ὃ τυγχάνω ἐρωτῶν σε.［你显然得考虑一下我恰好要问你的。］

107 δικαιοσύνῃ［根据正义］，也可以译为"凭借正义"。

108 对观《欧悌弗戎》(6d9-e1)：Μέμνησαι οὖν ὅτι οὐ τοῦτό σοι διεκελευόμην, ἕν τι ἢ δύο με διδάξαι τῶν πολλῶν ὁσίων, ἀλλ' ἐκεῖνο αὐτὸ τὸ εἶδος ᾧ πάντα τὰ ὅσια ὅσιά ἐστιν; ἔφησθα γάρ που μιᾷ ἰδέᾳ τά τε ἀνόσια ἀνόσια εἶναι καὶ τὰ ὅσια ὅσια.［那你想起来了吗，我并未要求过你这点，即教我许多虔敬的东西中的一两

件，而是所有虔敬的东西由之是虔敬的那个样式本身？因为你曾大约说过，凭借单一的理念，诸不虔敬的东西是不虔敬的，诸虔敬的东西是虔敬的。]

《斐洞》(100d7-8)：ὅτι τῷ καλῷ πάντα τὰ καλὰ καλά.[所有美的东西都根据美而是美的。]

109 Οὐκοῦν ἔστι τι τοῦτο, ἡ δικαιοσύνη;[那么，这，即正义，是某种东西吗？]单就这句话，也可以译为："那么，有着某种这样的东西吗，即正义？"

110 ἀλλὰ τί ... μέλλει;[你还能期待别的什么吗？]是一个整体和固定表达，也可以译为"那是当然"或"显而易见"；《牛津希-英词典》对它的解释是：what else would you expect? i. e. yes, of course.

111 ἄλλο τι 是一个整体，即 ἄλλο τι ἤ，引导疑问句，相当于拉丁文的 numquid alius quam 或 nonne[是不是/对不对]；如果在肯定句中则表"无疑"。

112 τί ἐστι καλόν[什么是一个美的东西]，也可以译为"一个美的东西是什么""什么东西是美的"等。

113 这是当时的一种起誓方式；苏格拉底不止一次用埃及的"神狗"起誓，参见：

《苏格拉底的申辩》(22a1)：καὶ νὴ τὸν κύνα, ὦ ἄνδρες Ἀθηναῖοι[以狗起誓，诸位雅典人啊。]

《斐洞》(98e5-99a4)：ἐπεὶ νὴ τὸν κύνα, ὡς ἐγῷμαι, πάλαι ἂν ταῦτα τὰ νεῦρα καὶ τὰ ὀστᾶ ἢ περὶ Μέγαρα ἢ Βοιωτοὺς ἦν, ὑπὸ δόξης Φερόμενα τοῦ βελτίστου, εἰ μὴ δικαιότερον ᾤμην καὶ κάλλτον εἶναι πρὸ τοῦ Φεύγειν τε καὶ ἀποδιδράσκειν ὑπέχειν τῇ πόλει δίκην ἥντιν' ἂν τάττῃ.[因为，以狗起誓，如所我认为的那样，这些筋腱和骨头或许早就到了墨伽拉或者是在玻俄提阿人那儿了——被〈他那〉关于最好的东西的意见搬运〈过去〉——，假如我不认为下面这样才是更正当的和更美好的话，那就是：绝不躲避和出逃，而是承受城邦所给出的任何惩罚。]

《高尔吉亚》(482b5)：μὰ τὸν κύνα τὸν Αἰγυπτίων θεόν.[以狗，埃及人的神发誓。]

《斐德若》(228b2-5)：καὶ τοῦτο δρῶν ἐξ ἑωθινοῦ καθήμενος ἀπειπὼν εἰς περίπατον ᾔει, ὡς μὲν ἐγὼ οἶμαι, νὴ τὸν κύνα, ἐξεπιστάμενος τὸν λόγον, εἰ μὴ πάνυ τι ἦν μακρός.[并且在这样做时，他由于从清晨就坐在那里而感到疲倦，于是出去散散步，而且如我相信的那样——以狗起誓——，他也已经把该讲辞烂熟于心，除非它确实是有点太长了。]

《卡尔米德斯》(172e4)：Νὴ τὸν κύνα, ἔφην, καὶ ἐμοί τοι δοκεῖ οὕτω.[以狗起誓，我说道，在我看来也的确如此。]

《吕西斯》(211e6-8)：οἶμαι δέ, νὴ τὸν κύνα, μᾶλλον ἢ τὸ Δαρείου χρυσίον κτήσασθαι δεξαίμην πολὺ πρότερον ἑταῖρον, μᾶλλον <δὲ> ἢ αὐτὸν Δαρεῖον.[而我认为，就以狗起誓，同大流士的黄金相比，我也远远地更宁愿首先选择得到一个伙伴，甚或同大流士本人相比。]

114 εὐδόξως ἀπεκρίνω[你已经引人注目地进行了回答]，也可以简单译为"你已经极好地进行了回答"。εὐδόξως 是由形容词 εὔδοξος 派生而来的副词，εὔδοξος 的本义是"有好名声的""声名卓著的"；而副词 εὐδόξως 在这里的意思则是"引人注目地""惊人地""极好地"，《牛津希-英词典》举了柏拉图在这里的这个表达，对 εὐδόξως 的解释是: remarkably, famously。

115 εἶεν 作为感叹词，基本意思是"好的！""就这样吧！"如果表示不耐烦，则译为"算了！"。

116 εἰ τί ἐστιν αὐτὸ τὸ καλόν[如果美本身毕竟是某种东西]，也可以译为"如果美本身是什么的话"。

117 对观《斐洞》(105b8-c2): εἰ γὰρ ἔροιό με ᾧ ἂν τί ἐν τῷ σώματι ἐγγένηται θερμὸν ἔσται, οὐ τὴν ἀσφαλῆ σοι ἐρῶ ἀπόκρισιν ἐκείνην τὴν ἀμαθῆ, ὅτι ᾧ ἂν θερμότης, ἀλλὰ κομψοτέραν ἐκ τῶν νῦν, ὅτι ᾧ ἂν πῦρ.[因为，如果你问我什么必须出现在身体里而使得它将是热的，那么我不会对你说那个稳妥而无知的回答，即在它那里出现了热性；而是基于现在〈说过的这些东西说出〉更精巧的回答，即在它那里必须出现火。]

118 ἔστι δι' ὃ ταῦτ' ἂν εἴη καλά[由此那些东西就会是美的]。这句话在法国布德本希腊文中作: ἔστι <τι> δι' ὃ ταῦτ' ἂν εἴη καλά[有着由之那些东西才会是美的某种东西]，不从。

119 αὐτὸ δείξει[这件事自身将会显明]，也可以简单译为"事情本身将会显明"。类似的表达参见《泰阿泰德》(200e7-8): Ὁ τὸν ποταμὸν καθηγούμενος, ὦ Θεαίτητε, ἔφη ἄρα δείξειν αὐτό.[那率先过河的人，泰阿泰德啊，肯定说过: 它自己将显明的（译者注: 即过河这件事情本身将显明是否能过河）。]

120 ὡς γλυκὺς εἶ[你是何等的天真]，也可以译为"你是何等的简单"，甚或"你是何等的愚蠢"。形容词 γλυκύς 的本义是"甜的"，喻为"可爱的""讨人喜欢的"；但在贬义上则指"简单的""愚蠢的"。《牛津希-英词典》举了柏拉图在这里的这个表达，对它的解释是: simple, silly。

121 ἔξαρνοι εἶναι[否认]是一个整体。形容词 ἔξαρνος[否认的]同 εἰμί 或 γίγνομαι 连用，等于动词 ἐξαρνέομαι[否认]。参见《卡尔米德斯》(158c7-d1): ὅτι οὐ ῥᾴδιον εἴη ἐν τῷ παρόντι οὔθ' ὁμολογεῖν οὔτε ἐξάρνῳ εἶναι τὰ ἐρωτώμενα.[目前无论是赞同还是否认这些问题，〈对他而言〉都是不容易的。]

122 πῶς γὰρ ἂν τολμῷμεν ἔξαρνοι εἶναι τὸ καλὸν μὴ καλὸν εἶναι;[因为，我们如何敢于否认下面这点呢，即美的东西是美的？]τὸ καλὸν μὴ καλὸν εἶναι[美的东西是美的]，基于文义，这里把 τὸ καλόν 译为"美的东西"，而不译为"美"；当然，这句话也可以译为"美的东西是一个美的东西"。由于 ἔξαρνοι εἶναι[否认]已经带有否定意味，故后面的否定词 μή 不应再译出；此外，否定词 μή 位于"害怕""担心""犹豫""警惕"这类具有否定意义的词后面时，起加强语气的作用，翻译时也不译出。

123 τοι 是个小品词，源自人称代词 σύ[你]的单数与格，本义是"让我告诉你"，转义为"真的""的确""毫无疑问"。

124 παρ' ἡμῖν[在我们那里]，即"在埃利斯"。

125 φημί 的一般意思是"说"，但也具有"承认""同意""相信"的意思。

126 ἐκ τοῦ τρόπου τεκμαιρόμενος[通过从其性情推测]。名词 τρόπος 除了具有"方位""方式"等意思之外，也有"性情""性格""风格"的意思。τεκμαιρόμενος 是动词 τεκμαίρομαι 的现在时分词阳性主格单数；τεκμαίρομαι 的本义就是"从某种迹象断定"，其名词 τέκμαρ 就是"迹象""征兆""示意"的意思。参见《克里同》(44a1)：Πόθεν τοῦτο τεκμαίρῃ;[你从哪儿推测出这点的？]

127 συρφετός[乌合之众的一员]，有意按字面意思翻译，当然也可以偏中性地译为"普通大众的一员"。名词 συρφετός 的本义是"扫到一起的东西"，从而指"垃圾""废物"，进而喻为"无秩序的人群""乌合之众"；《牛津希-英词典》举了柏拉图在该对话中的这个表达，对之的解释是：one of the mob。参见：

《泰阿泰德》(152c8-10)：Ἆρ' οὖν πρὸς Χαρίτων πάσσοφός τις ἦν ὁ Πρωταγόρας, καὶ τοῦτο ἡμῖν μὲν ᾐνίξατο τῷ πολλῷ συρφετῷ, τοῖς δὲ μαθηταῖς ἐν ἀπορρήτῳ τὴν ἀλήθειαν ἔλεγεν;[那么，诸慈惠女神在上，普罗塔戈拉的确是一位最智慧的人；他一则对我们，即对普通大众，把这说得像谜语一样，一则对他的学生们暗地里说出真相，是这样吗？]

128 ἀλλ' ὅμως 是一个整体，意思是"然而""仍旧"。

129 ἐξ χοᾶς[近二十升液体]，这是意译，也可以音译为"六库斯液体"。χοᾶς 是名词 χοῦς 的复数宾格，χοῦς 本义是"桶""罐"，作为液量单位，约合 3.36 升。

130 形容词 δίωτος 的本义是"两耳的"，用于容器，则指"两柄的"。

131 τὸ ὅλον[整体地讲]在这里作为副词使用，也可以译为"作为一个整体""总体说来"。

132 εὖ ἔχει [是正确的] 是固定表达, 也可以译为"是恰当的""是很好的"。动词 ἔχω 同副词连用, 表"处于某种状态""是某种样子"。

133 动词 συμβάλλω 的本义是"抛到一起", 引申为"放在一起对比""比较"。

134 τυγχάνει ὄν ... οὐδὲν μᾶλλον καλὸν ἢ αἰσχρόν. [它实际上并不更多地是美的, 同是丑的相比。] 动词 τυγχάνω 常作助动词使用, 与分词连用, 意思是"碰巧……""恰好……""实际上……"。这句话也可以简单译为"它实际上既是美的, 也同等地是丑的。"类似的表达参见《卡尔米德斯》(161a11-b2): Οὐκ ἄρα σωφροσύνη ἂν εἴη αἰδώς, εἴπερ τὸ μὲν ἀγαθὸν τυγχάνει ὄν, αἰδὼς δὲ [μὴ] οὐδὲν μᾶλλον ἀγαθὸν ἢ καὶ κακόν. [那么, 自制就不会是羞耻心, 如果它真的恰好就是一种好的东西, 而羞耻心则恰好不会更多地是一种好的东西, 同它是一种坏的东西相比。]

135 对观《欧悌弗戎》(8a10-12): Οὐκ ἄρα ὃ ἠρόμην ἀπεκρίνω, ὦ θαυμάσιε. οὐ γὰρ τοῦτό γε ἠρώτων, ὃ τυγχάνει ταὐτὸν ὂν ὅσιόν τε καὶ ἀνόσιον· ὃ δ' ἂν θεοφιλὲς ᾖ καὶ θεομισές ἐστιν, ὡς ἔοικεν. [令人钦佩的人啊, 你还是没有回答我曾请教的东西。因为我并未询问这种东西, 即它作为同样的东西恰好既是虔敬的又是不虔敬的, 它似乎既是神所喜爱的, 又是神所憎恶的。]

136 εἴ μοι ἅπερ νῦν ἀπεκρίνω [如果你也像现在这样回答了我], 也可以译为"如果你回答了我你刚才所回答的那些"。

137 τἆλλα πάντα κοσμεῖται [其他所有的东西被装饰], 也可以译为"其他所有的东西被安排"。动词 κοσμέω 的本义是"使有秩序""安排整齐", 喻为"装扮""修饰"等。参见:

《斐洞》(97b8-c6): Ἀλλ' ἀκούσας μέν ποτε ἐκ βιβλίου τινός, ὡς ἔφη, Ἀναξαγόρου ἀναγιγνώσκοντος, καὶ λέγοντος ὡς ἄρα νοῦς ἐστιν ὁ διακοσμῶν τε καὶ πάντων αἴτιος, ταύτῃ δὴ τῇ αἰτίᾳ ἥσθην τε καὶ ἔδοξέ μοι τρόπον τινὰ εὖ ἔχειν τὸ τὸν νοῦν εἶναι πάντων αἴτιον, καὶ ἡγησάμην, εἰ τοῦθ' οὕτως ἔχει, τόν γε νοῦν κοσμοῦντα πάντα κοσμεῖν καὶ ἕκαστον τιθέναι ταύτῃ ὅπῃ ἂν βέλτιστα ἔχῃ. [然而, 当我有次听某个人在读一本书——据他说, 是阿那克萨戈拉的——, 并且说其实理智才是进行安排的和对万物负责的, 我的确对这一原因感到满意, 并且在我看来理智是对万物负责的, 这无论如何都是恰当的; 我也认为, 如果这就是这样, 那么, 进行安排的理智就肯定会安排万物, 并且会如其是最好的那样安置每个东西。]

《政治家》(273d4-e4): διὸ δὴ καὶ τότ' ἤδη θεὸς ὁ κοσμήσας αὐτόν, καθορῶν ἐν ἀπορίαις ὄντα, κηδόμενος ἵνα μὴ χειμασθεὶς ὑπὸ ταραχῆς διαλυθεὶς εἰς τὸν τῆς ἀνομοιότητος ἄπειρον ὄντα πόντον δύῃ, πάλιν ἔφεδρος αὐτῷ τῶν πηδαλίων γιγνόμενος, τὰ νοσήσαντα καὶ λυθέντα ἐν τῇ καθ' ἑαυτὸν προτέρᾳ περιόδῳ στρέψας, κοσμεῖ τε καὶ ἐπανορθῶν ἀθάνατον αὐτὸν καὶ ἀγήρων ἀπεργάζεται.[也正因为这样，曾安排过它的神，当那时他俯瞰到它处于困境中，并忧心它会蒙受由混乱而来的大难而分解，从而沉入到这样一种大海中时——它在不相似上是无边无际的——，他通过再次坐在它的船舵边，通过把那些已经生病了并且在先前自行的循环中已经分解了的东西扭转回来，他安排它，并且通过进行纠正使它成为了不死的和不老的。]

138 ἐπειδὰν προσγένηται ἐκεῖνο τὸ εἶδος [每当那种形式在场]，也可以补充译为"每当那种形式被增加其上"。εἶδος 除了译为"形式"之外，也可以译为"样式"。动词 προσγίγνομαι 除了具有"增加"的意思之外，还有"在场"的意思，其反面是 ἀπογίγνομαι [带走 / 不在场]。参见：

《欧悌弗戎》(6d9-e1)：Μέμνησαι οὖν ὅτι οὐ τοῦτό σοι διεκελευόμην, ἕν τι ἢ δύο με διδάξαι τῶν πολλῶν ὁσίων, ἀλλ' ἐκεῖνο αὐτὸ τὸ εἶδος ᾧ πάντα τὰ ὅσια ὅσιά ἐστιν· ἔφησθα γάρ που μιᾷ ἰδέᾳ τά τε ἀνόσια ἀνόσια εἶναι καὶ τὰ ὅσια ὅσια· [那你想起来了吗，我并未要求过你这点，即教我许多虔敬的东西中的一两件，而是所有虔敬的东西由之是虔敬的那个样式本身？因为你曾大约说过，凭借单一的理念，诸不虔敬的东西是不虔敬的，诸虔敬的东西是虔敬的；]

《斐洞》(96d1-5)：ἐπειδὰν γὰρ ἐκ τῶν σιτίων ταῖς μὲν σαρξὶ σάρκες προσγένωνται, τοῖς δὲ ὀστοῖς ὀστᾶ, καὶ οὕτω κατὰ τὸν αὐτὸν λόγον καὶ τοῖς ἄλλοις τὰ αὐτῶν οἰκεῖα ἑκάστοις προσγένηται, τότε δὴ τὸν ὀλίγον ὄγκον ὄντα ὕστερον πολὺν γεγονέναι, καὶ οὕτω γίγνεσθαι τὸν σμικρὸν ἄνθρωπον μέγαν.[因为每当通过各种食物，肌肉增加到肌肉上，骨头增加到骨头上，以及根据相同的道理与之适合的东西相应地增加到其他的每一个部位上，那时是小块的东西后来就变成了大块，小孩也由此变成了大人。](100c10-d6)：ἀλλ' ἐάν τίς μοι λέγῃ δι' ὅτι καλόν ἐστιν ὁτιοῦν, ἢ χρῶμα εὐανθὲς ἔχον ἢ σχῆμα ἢ ἄλλο ὁτιοῦν τῶν τοιούτων, τὰ μὲν ἄλλα χαίρειν ἐῶ, – ταράττομαι γὰρ ἐν τοῖς ἄλλοις πᾶσι – τοῦτο δὲ ἁπλῶς καὶ ἀτέχνως καὶ ἴσως εὐήθως ἔχω παρ' ἐμαυτῷ, ὅτι οὐκ ἄλλο τι ποιεῖ αὐτὸ καλὸν ἢ ἡ ἐκείνου τοῦ καλοῦ εἴτε παρουσία εἴτε κοινωνία εἴτε ὅπῃ δὴ καὶ ὅπως προσγενομένη.[但假如有人对我说，任何东西为何是美的，那是因为它或者具有像花一样的颜色，或者形状，或者任何其他诸如此类的，那么，我一方面不理会其他那些东西——因为在所有其他那些东西中我只是感到心神迷乱——，一方面单纯地、质朴地，甚或头脑简单地在自己那里坚持下面这点，那就是：除了那个美〈本身〉的在场，或者〈与它〉结合——无论它怎样在场——之外，没有任何其他什么会使之美。]

139 οὐδὲν ἐπαΐει[他毫无领会]，也可以译为"他毫无感觉""他毫无感受"，甚或"他没有任何知识"。

140 καὶ μὲν δή 是一个整体，意思是"而事实上""其实"。参见：

《卡尔米德斯》(159c8-9)：Καὶ μὲν δὴ καὶ τὸ κιθαρίζειν ταχέως καὶ τὸ παλαίειν ὀξέως πολὺ κάλλιον τοῦ ἡσυχῇ τε καὶ βραδέως;[而事实上，轻快地弹琴和敏捷地摔跤，同缓慢地弹琴和迟钝地摔跤相比，也是美得多的吗？]

《吕西斯》(206b2-3)：Καὶ μὲν δὴ λόγοις τε καὶ ᾠδαῖς μὴ κηλεῖν ἀλλ' ἐξαγριαίνειν πολλὴ ἀμουσία.[而事实上，用言辞和歌声，并没有诱惑到猎物，反倒使之变野了，这是非常地欠缺文艺修养。]

《斐德若》(231d6-8)：καὶ μὲν δὴ εἰ μὲν ἐκ τῶν ἐρώντων τὸν βέλτιστον αἱροῖο, ἐξ ὀλίγων ἄν σοι ἡ ἔκλεξις εἴη· εἰ δ' ἐκ τῶν ἄλλων τὸν σαυτῷ ἐπιτηδειότατον, ἐκ πολλῶν[而事实上，如果你从那些爱〈你〉的人中选择那最优秀的，那么，对你而言，选择就会是基于少数几个人〈而做出〉；而如果〈你〉从其他那些〈不爱你的〉人中〈选择〉那最为适合于你本人的，那么，〈你的选择就会是〉基于许多人〈而做出〉。]

141 斐狄阿斯（Φειδίας, Pheidias），公元前 5 世纪古代希腊最杰出的雕塑家和建筑家。

142 τί μάλιστα[究竟怎么回事呢？]是固定表达，也可以译为"究竟为什么呢？"《牛津希-英词典》对它的解释是：what precisely? 等于德语的 warum eigentlich? 或 wie so denn?

143 这里无引导呼格的小品词，而是直接用呼格，表惊讶。参见《欧悌弗戎》(4a11-b2)：Ἡράκλεις. ἦ που, ὦ Εὐθύφρων, ἀγνοεῖται ὑπὸ τῶν πολλῶν ὅπῃ ποτὲ ὀρθῶς ἔχει· οὐ γὰρ οἶμαί γε τοῦ ἐπιτυχόντος ὀρθῶς αὐτὸ πρᾶξαι ἀλλὰ πόρρω που ἤδη σοφίας ἐλαύνοντος.[赫拉克勒斯！欧悌弗戎啊，一件事究竟怎样才是正确的，这无疑不为大部分人所知晓；因为我真的不认为随便碰到的哪个人都能够正确地做〈你正在说的〉这件事，而是只有那在智慧上已经挺进得很远的人才行。]

144 καὶ ἅμα 是一个整体，意思是"此外""而与此同时"。参见《苏格拉底的申辩》(38a7-b1)：τὰ δὲ ἔχει μὲν οὕτως, ὡς ἐγώ φημι, ὦ ἄνδρες, πείθειν δὲ οὐ ῥᾴδιον. καὶ ἐγὼ ἅμα οὐκ εἴθισμαι ἐμαυτὸν ἀξιοῦν κακοῦ.[但正如我所说的，事情就是这样，诸位啊，只不过要说服〈你们〉是不容易的。此外，我也不曾习惯〈认为〉自己应受任何坏事。]

145 τοιούτων ὀνομάτων ἀναπίμπλασθαι[被一些如此这般的语词所玷污]。ἀναπίμπλασθαι 是动词 ἀναπίμπλημι 的现在时不定式被动态。ἀναπίμπλημι 除

了具有"充满""实现"的意思之外，也有"感染""被玷污"的意思。参见：

《斐洞》（67a2-6）：καὶ ἐν ᾧ ἂν ζῶμεν, οὕτως, ὡς ἔοικεν, ἐγγυτάτω ἐσόμεθα τοῦ εἰδέναι, ἐὰν ὅτι μάλιστα μηδὲν ὁμιλῶμεν τῷ σώματι μηδὲ κοινωνῶμεν, ὅτι μὴ πᾶσα ἀνάγκη, μηδὲ ἀναπιμπλώμεθα τῆς τούτου φύσεως, ἀλλὰ καθαρεύωμεν ἀπ' αὐτοῦ, ἕως ἂν ὁ θεὸς αὐτὸς ἀπολύσῃ ἡμᾶς.［并且在我们还活着的时候，似乎我们只能如下面这样去尽量接近知识，那就是尽可能地既不与身体交往，也不与之共事，除非万不得已；我们也不可以感染上身体的本性，而是让我们自己从它那里保持纯粹，直到神自己解放我们为止。］

146 φύρεσθαι πρὸς τὸν ἄνθρωπον［同这人交往］，也可以译为"同这人打交道"。φύρεσθαι 是动词 φύρω 的现在时不定式中动态，φύρω 本义是"混合"，但其中动态则具有"交往""打交道"等意思；《牛津希-英词典》举了柏拉图在这里的这个表达，对 φύρεσθαι πρὸς τὸν ἄνθρωπον 的解释是：associate, have dealings with him。

147 οὐδὲν πρᾶγμα［不打紧／不要紧］是固定表达，也可以译为"没什么事""不是个事"；《牛津希-英词典》对它的解释是：no matter。参见《欧悌弗戎》（3c6-7）：Ὦ φίλε Εὐθύφρων, ἀλλὰ τὸ μὲν καταγελασθῆναι ἴσως οὐδὲν πρᾶγμα.［亲爱的欧悌弗戎啊，被嘲笑，这大概根本就不是个事儿。］

148 ἐμὴν χάριν［为了我的缘故］是词组，还有 σὴν χάριν［为了你的缘故］。

149 ἀπαλλάξεις σαυτὸν τῶν πολλῶν λόγων［让你自己摆脱冗长的讨论］，也可以译为"让你自己摆脱许多的废话"。

150 希腊文方括号中的 ἤ，伯内特认为是窜入，法国布德本希腊文直接将之删除。

151 τὸ δὲ νῦν［但现在］是一个整体，副词 νῦν 经常同冠词连用，如 τὸ νῦν, τὰ νῦν，比单独使用 νῦν，意思更强。

152 ἐάν τις ἔχῃ ὅτι ἀντείπῃ［如果有人还有任何反对的话要说］，也可以简单译为"如果有人还能够有所反驳"。

153 ἀεί［在所有时候］，字面意思是"总是""始终""永远"。

154 ἄγαμαί σου［我惊服你］。动词 ἄγαμαι［惊服／吃惊］跟属格，意思是"惊服某人做某事"。

155 μοι ... βοηθεῖν［帮助我］是一个整体。动词 βοηθέω［帮助／搭救］要求与格做宾语，所以这里出现的是单数与格 μοι［我］。

156 ἀλλὰ γάρ 是固定表达，意思是"的确""当然""但其实""但事实上"。

157 τοῦ ἀνδρὸς οὐ τυγχάνομεν［我们并未同那人短兵相接］，这是意译，也可以按字面意思译为"我们并未同那人相遭遇"。

158 ἡμῶν ... καταγελάσεται [他嘲笑我们]。动词 καταγελάω [嘲笑 / 讥讽]，一般要求属格作宾语，所以这里出现的是复数属格 ἡμῶν [我们]。

159 κινδυνεύσει ... καταγελᾶν [他也许将嘲笑] 是一个整体。动词 κινδυνεύω 除了具有"冒险"的意思之外，还具有"有可能""似乎是"等意思，跟不定式；例如，κινδυνεύεις ἀληθῆ λέγειν [你可能说得对 / 你似乎说得对]。

160 εὖ μάλα μου ἐφικέσθαι πειράσεται. [他将试着实实在在地揍我一顿]。εὖ μάλα 是词组，本义是"很好地"，这里根据上下文将之译为"实实在在地"。ἐφικέσθαι 是动词 ἐφικνέομαι 的一次性过去不定式，ἐφικνέομαι 的本义是"达到""针对"，在这里喻为"打"；《牛津希-英词典》举了柏拉图在这里的这个表达，对它的解释是：hit。

161 形容词 ἔνδικος 的基本意思是"合法的""正义的"，在这里的意思则是"正义得到伸张的"；《牛津希-英词典》举了柏拉图在这里的这个表达，对 ἔνδικος πόλις [一个正义得到伸张的城邦] 的解释是：a city in which justice is done。

162 δέξῃ λόγον; [你将接受一种理由吗？] δέξῃ 在这里是动词 δέχομαι 的将来时直陈式第二人称单数，δέχομαι 的基本意思是"接受""承认"，但也有"听""倾听"的意思，《牛津希-英词典》对它的这层意思的解释是：give ear to, hear；因此，基于上下文，这句话也可以译为"你将听一种理由吗？"。

163 ὑπάρχει ἐκείνῳ καλῷ εἶναι [哪个东西就被允许是美的]，当然也可以译为"是美的就属于哪个东西"，或者转译为"它就使得哪个东西是美的"。ὑπάρχω 作无人称动词使用时，加与格和不定式，意思是"被允许……""有可能……"；《牛津希-英词典》对它这一用法的解释是：it is allowed, it is possible。参见：

《斐洞》(81a4-9)：Οὐκοῦν οὕτω μὲν ἔχουσα εἰς τὸ ὅμοιον αὐτῇ τὸ ἀιδὲς ἀπέρχεται, τὸ θεῖόν τε καὶ ἀθάνατον καὶ φρόνιμον, οἷ ἀφικομένῃ ὑπάρχει αὐτῇ εὐδαίμονι εἶναι, πλάνης καὶ ἀνοίας καὶ φόβων καὶ ἀγρίων ἐρώτων καὶ τῶν ἄλλων κακῶν τῶν ἀνθρωπείων ἀπηλλαγμένη, ὥσπερ δὲ λέγεται κατὰ τῶν μεμυημένων, ὡς ἀληθῶς τὸν λοιπὸν χρόνον μετὰ θεῶν διάγουσα; [如果它是这样的话，那它岂不就是在动身前往与它自己相似的、不可见的东西那儿，即神性的东西、不死的东西和明智的东西那儿，当它到达那里时，它岂不就有可能是幸福的，摆脱了漂泊、愚蠢、各种恐惧、各种粗野的爱欲，以及其他种种属人的恶，而如那些入了秘教的人所说，它其实在与诸神一起度过余下的时光？]

《斐德若》(240b3-5)：καί τις ἑταίραν ὡς βλαβερὸν ψέξειεν ἄν, καὶ ἄλλα πολλὰ τῶν τοιουτοτρόπων θρεμμάτων τε καὶ ἐπιτηδευμάτων, οἷς τό γε καθ' ἡμέραν ἡδίστοισιν εἶναι ὑπάρχει.［并且有人可能会把一位妓女指责为是有害的，以及把这种样式的生物和〈它们所从事的〉事业中的其他许多〈都指责为是有害的〉，而它们其实每天都有可能是最令人感到快乐的东西。］

164 καὶ οὐδέν σοι μᾶλλον γεγωνεῖν δύναμαι［并且为了使我自己被你听见我也不能够做得更多了］，也可简单译为"并且我也不能够更加地使我自己被你听见"。γεγωνεῖν 是动词 γεγωνέω 的现在时不定式主动态，γεγωνέω 的基本意思是"大声说""叫喊"，跟表人的与格，意思是"使自己被某人听见"；《牛津希-英词典》举了柏拉图在这里的这个表达，对它的解释是：make oneself heard by a person。

165 ἀεί［永远］，也可以译为"始终""总是""在任何时候"。

166 埃阿科斯（Αἰακός, Aiakos）是宙斯在尘世的儿子，阿喀琉斯的父亲，以公正著称，死后成为冥府的法官之一。在《苏格拉底的申辩》中，苏格拉底曾提到过几位冥府的审判者，其中就有埃阿科斯（40e7-41a5）：εἰ γάρ τις ἀφικόμενος εἰς Ἅιδου, ἀπαλλαγεὶς τουτωνὶ τῶν φασκόντων δικαστῶν εἶναι, εὑρήσει τοὺς ὡς ἀληθῶς δικαστάς, οἵπερ καὶ λέγονται ἐκεῖ δικάζειν, Μίνως τε καὶ Ῥαδάμανθυς καὶ Αἰακὸς καὶ Τριπτόλεμος καὶ ἄλλοι ὅσοι τῶν ἡμιθέων δίκαιοι ἐγένοντο ἐν τῷ ἑαυτῶν βίῳ, ἆρα φαύλη ἂν εἴη ἡ ἀποδημία;［因为，如果一个人到达了冥府、摆脱了这些声称自己是陪审员的人，他将发现那些真正的陪审员，据说他们在那儿进行审判，有弥诺斯、剌达曼堤斯、埃阿科斯、特里普托勒摩斯以及其他那些在其活着时就已经变得公正的半神，那么，这趟外出旅行会是没有价值的吗？］

167 τοῖς ἄλλοις ὅσοι ἐκ θεῶν γεγόνασι［对于从诸神那里降生的其他所人来说］，也可以简单译为"对于诸神的其他所有孩子来说"。

168 这番话所针对的，是前面291d9-e2那里的相关内容："在所有时候，并且对于每个人，以及在每个地方，当一个人是下面这样时，对他来说是最美的，那就是：富有、健康、被希腊人所尊重，生活到老年，当自己的父母终了后漂漂亮亮地安葬他们，被自己的后裔漂漂亮亮地和风风光光地举行葬礼。"阿喀琉斯为了荣誉，即为了"被希腊人所尊重"而选择过完短暂的一生，这显然不符合"生活到老年"；而作为神在尘世中的孩子的那些人，他们的父亲或母亲作为神是不朽的，这也不符合"当自己的父母终了后漂漂亮亮地安葬他们"。

169 βάλλ' ἐς μακαρίαν［见鬼去吧！］也可以译为"去死吧！"名词 μακαρία 的

本义是"幸福""福祉",但 βάλλ' ἐς μακαρίαν 是一句俗语,是 βάλλ' ἐς κόρακας[把他扔给乌鸦吃!/弄死他!]的委婉表达,等于拉丁文的 in malam crucem。

170 赫拉克勒斯(Ἡρακλῆς, Heracles)是宙斯同凡人阿尔克墨涅(Ἀλκμήνη, Alkmene)所生的孩子。

171 "英雄"(ἥρως)在希腊神话中往往等同于"半神"(ἡμίθεος)。参见《苏格拉底的申辩》(27e5-28a1):[但你会用何种办法去说服一个即使只有很少头脑的人呢,那就是同一个人既可能相信各种属于精灵的事情和各种属于神的事情,但这同一个人复又能够不相信精灵们、诸神和英雄们;根本没有这样的办法。](28b9-c2):φαῦλοι γὰρ ἂν τῷ γε σῷ λόγῳ εἶεν τῶν ἡμιθέων ὅσοι ἐν Τροίᾳ τετελευτήκασιν οἵ τε ἄλλοι καὶ ὁ τῆς Θέτιδος υός. [因为按照你的说法,在各种半神中那么多在特洛伊死去的都会是微不足道的了,尤其是忒提丝的儿子。]

172 坦塔罗斯(Τάνταλος, Tantalos),宙斯在尘世的儿子,最初得到众神的喜爱,获得巨大的财富和荣誉,但后来因骄傲放纵、泄露众神的秘密而受到惩罚。

173 达耳达诺斯(Δάρδανος, Dardanos),宙斯在尘世的儿子,特洛伊人的祖先。

174 仄托斯(Ζῆθος, Zethos),宙斯在尘世的儿子,忒拜人的祖先之一。

175 珀罗普斯(Πέλοψ, Pelops),坦塔罗斯的儿子。

176 ἔτι μᾶλλον 是词组,等于 πολὺ μᾶλλον,意思是"愈发""更加地""进一步地"。参见:

《吕西斯》(216c1-3):Ἔτι δὲ καὶ τόδε σκεψώμεθα, μὴ ἔτι μᾶλλον ἡμᾶς λανθάνει τὸ φίλον ὡς ἀληθῶς οὐδὲν τούτων ὄν, ἀλλὰ τὸ μήτε ἀγαθὸν μήτε κακὸν φίλον οὕτω ποτὲ γιγνόμενον τοῦ ἀγαθοῦ. [然而,让我们继续考察下面这点,免得友好的东西愈发逃脱了我们的注意,那就是它其实不属于这些东西,反倒是那既不好也不坏的东西有时成为了好的东西的朋友。]

《斐德若》(253a5-6):καὶ τούτων δὴ τὸν ἐρώμενον αἰτιώμενοι ἔτι τε μᾶλλον ἀγαπῶσι. [诚然,由于他们声称那个被〈他们所〉爱慕的人是这些事情的原因,他们就愈发珍爱他了。]

《菲勒玻斯》(14c1-2):Τοῦτον τοίνυν τὸν λόγον ἔτι μᾶλλον δι' ὁμολογίας βεβαιωσώμεθα. [那么,让我们通过一个协议来进一步巩固下面这种说法。]

177 μοι ... ὀνειδιεῖ [他将斥责我]。ὀνειδιεῖ 是动词 ὀνειδίζω [斥责]的将来时直陈式主动态第三人称单数,该动词一般要求与格作宾语,所以这里出现的是单数与格 μοι [我]。参见《斐德若》(258c8-9):Οὔκουν εἰκός γε ἐξ ὧν σὺ λέγεις· καὶ γὰρ ἂν τῇ ἑαυτοῦ ἐπιθυμίᾳ, ὡς ἔοικεν, ὀνειδίζοι. [基于你正说的这些,

那肯定不可能；因为那样一来，那人也就似乎是在斥责他自己的欲望。]

178 τὰ πολλά 是词组，作副词使用，意思是"大部分""大多数"，《牛津希-英词典》对它的解释是: the most；这里基于上下文将之译为"在大部分时候"。

179 φράζω 尽管后来也具有"说"的意思，但它不同于单纯的"说"，而是进行"说明""解释"。

180 Ὦ δαιμόνιε[非凡的人啊]，δαιμόνιε 是 δαιμόνιος 的呼格。δαιμόνιος 在口语中作呼格使用时，既可表褒义，也可表贬义。在荷马史诗中褒义指"神保佑的人"，贬义则指"神谴责的人"；在阿提卡口语中，褒义指"我的好人！"贬义则指"倒霉蛋！""可怜的人！"我这里有意偏中性地将之译为"非凡的"。

181 τἆλλα πάντα οἷς ἂν τοῦτο προσῇ[这种〈合适的〉东西于之在场的其他所有东西]，也可以译为"这种〈合适的〉东西被增添其上的其他所有东西"。

182 οὐ γὰρ ἔχω ὅτι λέγω[因为我不知道我要说什么]。动词 ἔχω 的基本意思是"有""拥有"，但也转义为"理解""意味着"，这里根据上下文将之译为"知道"。参见：

《克里同》(45b6-c1): ὥστε, ὅπερ λέγω, μήτε ταῦτα φοβούμενος ἀποκάμῃς σαυτὸν σῶσαι, μήτε, ὃ ἔλεγες ἐν τῷ δικαστηρίῳ, δυσχερές σοι γενέσθω ὅτι οὐκ ἂν ἔχοις ἐξελθὼν ὅτι χρῷο σαυτῷ· πολλαχοῦ μὲν γὰρ καὶ ἄλλοσε ὅποι ἂν ἀφίκῃ ἀγαπήσουσί σε.[因此，正如我说的，既不要因担心这些而放弃救你自己，你在法庭上曾说的话也不应对你成为困扰，那就是：一旦流亡你就会不知道该如何对待你自己。因为事实上在许多其他地方，并且无论你可能会到别的哪儿，人们都会欢迎你。]

《卡尔米德斯》(157c5-6): εἰ δὲ μή, οὐκ ἂν ἔχοιμεν ὅτι ποιοῖμέν σοι, ὦ φίλε Χαρμίδη.[否则，我们真不知道我们还能为你做点什么，亲爱的卡尔米德斯啊。]

《吕西斯》(214d8-e1): Ἔχομεν ἄρα ἤδη τίνες εἰσὶν οἱ φίλοι· ὁ γὰρ λόγος ἡμῖν σημαίνει ὅτι οἳ ἂν ὦσιν ἀγαθοί.[那么，我们从此就知道究竟哪些人是朋友；因为道理向我们显明，他们应该是那些优秀的人]

183 ΙΠ. Ἔμοιγε δοκεῖ[πότερα] ὃ ποιεῖ φαίνεσθαι καλά· ὥσπερ γε ἐπειδὰν ἱμάτιά τις λάβῃ ἢ ὑποδήματα ἁρμόττοντα, κἂν ᾖ γελοῖος, καλλίων φαίνεται.[希庇阿斯：我肯定认为它使得它们显得是美的；正如一个人，当他穿上合适的衣服或合适的鞋时，即使他是可笑的，但他显得是更美的。] 希腊文方括号中的 πότερα[两者中的哪一个]，伯内特认为是窜入。而整个这句话在法国布德本希腊文中作：ΙΠ. Ἔμοιγε δοκεῖ —. ΣΩ. Πότερα; ΙΠ. ὃ ποιεῖ φαίνεσθαι καλά· ὥσπερ γε ἐπειδὰν ἱμάτιά τις λάβῃ ἢ ὑποδήματα ἁρμόττοντα, κἂν ᾖ γελοῖος, καλλίων φαίνεται. [希庇阿斯：我肯定认为……。苏格拉底：究竟是两者中的哪一个？希庇阿斯：它使得它们显得是美的；正如一个人，当他穿上合适的衣服或合适的鞋时，即使他是可笑的，但他显得是更美的。]

184 对观《斐洞》（102b8-c4）：Ἀλλὰ γάρ, ἦ δ' ὅς, ὁμολογεῖς τὸ τὸν Σιμμίαν ὑπερέχειν Σωκράτους οὐχ ὡς τοῖς ῥήμασι λέγεται οὕτω καὶ τὸ ἀληθὲς ἔχειν; οὐ γάρ που πεφυκέναι Σιμμίαν ὑπερέχειν τούτῳ, τῷ Σιμμίαν εἶναι, ἀλλὰ τῷ μεγέθει ὃ τυγχάνει ἔχων· οὐδ' αὖ Σωκράτους ὑπερέχειν ὅτι Σωκράτης ὁ Σωκράτης ἐστίν, ἀλλ' ὅτι σμικρότητα ἔχει ὁ Σωκράτης πρὸς τὸ ἐκείνου μέγεθος; [然而，苏格拉底说，你无论如何也同意下面这点吗，那就是：就西米阿斯超过苏格拉底，真实的情况并不是如语词所表达的那样？因为，西米阿斯生来就超过他，肯定不是由于他是西米阿斯，而是由于他碰巧所具有的高大；此外，他超过苏格拉底，也不是由于苏格拉底是苏格拉底，而是由于相对于他的高大，苏格拉底具有矮小，是这样吗？]

185 τῷ ὄντι καλὰ ὄντα [那些在是的方式上是美的东西]，有意按词源翻译。

186 πάντων μάλιστα [在所有事情中最为]。πάντων μάλιστα 是固定表达，在对话中表最高程度的肯定，有时基于文义也可以译为"毫无疑问"。参见：

《卡尔米德斯》（156c8-9）：Οὐκοῦν καλῶς σοι δοκεῖ λέγεσθαι καὶ ἀποδέχῃ τὸν λόγον; Πάντων μάλιστα, ἔφη. [那么，在你看来说得正确吗，并且你会接受该说法吗？毫无疑问，他说。]

《吕西斯》（205e1）：Πάντων μάλιστα, εἶπον, εἰς σὲ τείνουσιν αὗται αἱ ᾠδαί. [毫无疑问，我说道，这些歌曲应当针对你自己。]

《克利托丰》（408b7-c1）：πάντων ἑαυτοῦ δεῖ μάλιστα ἐπιμελεῖσθαι [在所有事情中一个人应当最为关心他自己。]

187 对观《欧悌弗戎》（7c10-d5）：Περὶ τίνος δὲ δὴ διενεχθέντες καὶ ἐπὶ τίνα κρίσιν οὐ δυνάμενοι ἀφικέσθαι ἐχθροί γε ἂν ἀλλήλοις εἶμεν καὶ ὀργιζοίμεθα; ἴσως οὐ πρόχειρόν σοί ἐστιν, ἀλλ' ἐμοῦ λέγοντος σκόπει εἰ τάδε ἐστὶ τό τε δίκαιον καὶ τὸ ἄδικον καὶ καλὸν καὶ αἰσχρὸν καὶ ἀγαθὸν καὶ κακόν. ἆρα οὐ ταῦτά ἐστιν περὶ ὧν διενεχθέντες καὶ οὐ δυνάμενοι ἐπὶ ἱκανὴν κρίσιν αὐτῶν ἐλθεῖν ἐχθροὶ ἀλλήλοις γιγνόμεθα, ὅταν γιγνώμεθα, καὶ ἐγὼ καὶ σὺ καὶ οἱ ἄλλοι ἄνθρωποι πάντες; [那么，究竟是关于何者我们有分歧，并且不能够做出什么决定，而只会彼此是敌对的和感到愤怒。或许你还没有准备好进行回答，但让我来说，你看看是否是这样一些东西：正当的东西和不正当的东西，美的东西和丑的东西，

善的东西和恶的东西。岂不正是这样一些东西,当我们关于它们有分歧并且不能够前去对它们做出充分的决定时,我们彼此间就变得是敌对的,不论什么时候,我、你和所有其他人都会变得如此?〕

188 εἴ γέ που τὸ φαίνεσθαι αὐτοῖς προσῆν〔如果显得是〈美的〉无论如何都在场于它们那里的话〕,也可以进一步扩展性地译为"如果显得是〈美的〉无论如何都在场于那些在是的方式上是美的东西那里的话",或者"如果显得是〈美的〉无论如何都被增添给那些在是的方式上是美的东西的话"。

189 φαίνεσθαι δὲ καὶ〔ποιεῖν〕εἶναι ... καλὰ οὐκ ἄν ποτε δύναιτο τὸ αὐτό.〔但是,同一个东西从不会可能使得事物既显得是美的,又是美的。〕希腊文方括号中的 ποιεῖν〔使得〕,伯内特认为是窜入,法国布德本希腊文这句话作:φαίνεσθαι δὲ καὶ εἶναι ποιεῖν... καλὰ οὐκ ἄν ποτε δύναιτο τὸ αὐτό. 这里的翻译从布德本。如果按伯内特本翻译,那么这句话就当译为:"但是,同一个东西从不会可能既显得是美的,又是美的。"

190 对观《泰阿泰德》(203d10):καὶ οὕτως ἡμῖν ὁ καλὸς λόγος ἀποδεδρακὼς οἰχήσεται.〔而这样一来,那漂亮的说法就通过从我们这里偷偷跑开而溜走了。〕

191 副词 ἀτόπως 派生自形容词 ἄτοπος, ἄτοπος 由褫夺性前缀 ἀ 和名词 τόπος〔位置/地方〕构成,本义是"不在恰当的位置上的",喻为"不自然的""荒谬的""奇怪的"等。

192 εἰς ἐρημίαν ἐλθών〔通过前往一个僻静的地方〕,这是意译,字面意思是"通过前往一个孤独的地方""通过进入到一种孤独中"。

193 μὴ μέγα ... λέγε〔请你别说大话了!〕是一个整体和固定表达,也可以意译为"你别吹牛!"参见《苏格拉底的申辩》(20e3-5):καί μοι, ὦ ἄνδρες Ἀθηναῖοι, μὴ θορυβήσητε, μηδ' ἐὰν δόξω τι ὑμῖν μέγα λέγειν.〔诸位雅典人啊,我请求你们不要喧哗,即使我看起来在对你们说某种大话。〕

194 οὐδὲν λέγειν 是词组,意思是"胡说""说空话",其反面是 τὶ λέγειν〔说得中肯/说出一些东西〕。

195 ἐμοῦ ἐναντίον〔当着我的面〕。ἐναντίον 是形容词 ἐναντίος〔相反的/对面的〕的中性作副词使用,要求属格,意思是"当着……的面""在……面前",所以这里出现的是指示代词的单数属格 ἐμοῦ〔我〕。《牛津希-英词典》对 ἐναντίον 的这种用法的解释是:in the presence of.

196 στέρξω ... τῇ ἐμῇ τύχῃ〔我将满意我的运气〕,也可以译为"我将默认我的运气"。στέρξω 是动词 στέργω 的将来时直陈式主动态第一人称单数,στέργω 除了具有"爱慕""喜欢"的意思之外,还有"满意……""满足于……"

"默认……"等意思，并且既可以跟宾格，也可以跟与格，这里跟的是与格 τῇ ἐμῇ τύχῃ [我的运气]；《牛津希-英词典》举了柏拉图在这里的这个表达，对该词的解释是 to be content or satisfied, acquiesce。

197 μοι πάνυ προσέχων τὸν νοῦν [通过把注意力完全集中到我身上]。προσέχων 是动词 προσέχω 的现在时分词主动态阳性主格单数，προσέχω 的基本意思是"带给""献上"，同名词 νόος [思想/理智/努斯] 构成词组；προσέχω τὸν νοῦν 的字面意思是"把思想转向……""把注意力集中到……"，喻为"留意""注意""当心"，要求与格作宾语，所以这里出现的是与格 μοι [我]。而另一固定搭配 ἔχειν νοῦν，意思则是"有头脑""清醒"。

198 ἔστω 是动词 εἰμί 的现在时命令式第三人称单数，在问答或辩论中的意思是"让……被认可""姑且同意"；《牛津希-英词典》对 εἰμί 的这一使用的解释是：let it be granted。参见：

《菲勒玻斯》(28a3-4)：τούτῳ δή σοι τῶν ἀπεράντων γε γένους ἔστων.[那么，就让〈我们〉暂且同意你，〈快乐和痛苦〉这两者属于那些走不到尽头的东西吧！]

《政治家》(258e6-7)：Ἔστω σοι ταῦθ' ὡς μιᾶς ἐπιστήμης τῆς ὅλης εἴδη δύο.[那就姑且同意你把这〈两者〉作为单一整体的知识的两种形式。]

《克利托丰》(409b6-c1)：τῆς δὴ δικαιοσύνης ὡσαύτως τὸ μὲν δικαίους ἔστω ποιεῖν, καθάπερ ἐκεῖ τοὺς τεχνίτας ἑκάστους· τὸ δ' ἕτερον, ὃ δύναται ποιεῖν ἡμῖν ἔργον ὁ δίκαιος, τί τοῦτό φαμεν; εἰπέ.[那么，就正义来说，以同样的方式姑且同意，一方面，它造就出一些正义的人，就像在〈其他每一门技艺〉那儿都造就出各自有技艺的人一样；另一方面，就另外那个东西，即正义的人能够为我们造就的业绩，我们说这种东西是什么呢？请告诉我！]

199 ἵππον καλὸν [马是美的]，法国布德本希腊文认为形容词 καλὸν [美] 是窜入，不从。

200 ᾗ 是由关系代词 ὅς, ἥ, ὅ 的阴性与格派生而来副词，表地点，意思是"在那儿""在那个地方"；表方式，则指"如何""以何种方式"。

201 παντὸς ... μᾶλλον 是一个整体。παντὸς μᾶλλον 是固定表达，意思是"必定""务必"，字面意思是"比一切都更"；《牛津希-英词典》对之的解释是：most assuredly。参见：

《欧悌弗戎》(9a8-b2)：ἴθι, περὶ τούτων πειρῶ τί μοι σαφὲς ἐνδείξασθαι ὡς παντὸς μᾶλλον πάντες θεοὶ ἡγοῦνται ὀρθῶς ἔχειν ταύτην τὴν πρᾶξιν.[来吧，关于这些请你试着向我清楚地证明所有神都会必定认为这一行为是正确的。]

《克里同》(49b2-6)：ἢ παντὸς μᾶλλον οὕτως ἔχει ὥσπερ τότε ἐλέγετο

ἡμῖν· εἴτε φασὶν οἱ πολλοὶ εἴτε μή, καὶ εἴτε δεῖ ἡμᾶς ἔτι τῶνδε χαλεπώτερα πάσχειν εἴτε καὶ πρᾳότερα, ὅμως τό γε ἀδικεῖν τῷ ἀδικοῦντι καὶ κακὸν καὶ αἰσχρὸν τυγχάνει ὂν παντὶ τρόπῳ；[或者必定还是如我们曾说过的那样：不管大众承认还是不承认，也无论我们必须遭受比这些更严酷的事情还是更温和的事情，行不义在所有方面对于行不义者来说实际上都同样是邪恶的和可耻的？]

《斐洞》（67b6）：Παντός γε μᾶλλον, ὦ Σώκρατες.[必定〈是这样〉，苏格拉底啊。]

《斐德若》（228d1-2）：τῷ ὄντι γάρ, ὦ Σώκρατες, παντὸς μᾶλλον τά γε ῥήματα οὐκ ἐξέμαθον.[其实，苏格拉底啊，我无论如何都必定没有把那些字眼都了然于胸。]

《吕西斯》（218b6-8）：Νῦν ἄρα, ἦν δ' ἐγώ, ὦ Λύσι τε καὶ Μενέξενε, παντὸς μᾶλλον ἐξηυρήκαμεν ὃ ἔστιν τὸ φίλον καὶ οὔ.[那么现在，我说，吕西斯和墨涅克塞诺斯啊，我们必定已经发现了友好的东西是什么和不是什么。]

202 γοῦν[至少]，法国布德本希腊文作 οὖν[于是]，不从。

203 ἀλλὰ τί οἴει[但你究竟在想什么呢]，也可以译为"你还能认为别的什么吗"或"显而易见"。

204 副词 ἠρέμα 的基本意思是"温和地""平静地"，但 ἔχε ἠρέμα 是词组，意思是"保持安静！"；《牛津希–英词典》对它的解释是：keep still。

205 Τί δ' αὖ φοβῇ[但为何你又感到害怕呢]，也可以译为"但你又在害怕什么呢"。

206 ἐξαμαρτάνουσιν ἄκοντες[他们是在无意作恶]，也可以译为"他们是在无意犯错"。

207 πολλοῦ δεῖ[远非如此]，也可以意译为"大错特错"。πολλοῦ δεῖ 是词组，做副词使用，一般译为"差得多""差得远"；其反义表达是 ὀλίγου δεῖ[差得不多 / 几乎]。

208 τὸ δυνατόν τε καὶ χρήσιμον ἁπλῶς εἶναι καλόν[有能力以及有用绝对地是美]，也可以译为"有能力以及有用径直就是美"。副词 ἁπλῶς 派生自形容词 ἁπλόος[单一的 / 简单的 / 单纯的]，意思是"绝对地""简单地""径直"；根据希腊化时期人们对 ἁπλῶς 的理解，它在希腊文中具有三重含义：（1）κυρίως[严格地]；（2）μοναχῶς[唯一地]；（3）καθόλου[普遍地]。

209 ἐπὶ τὸ ἀγαθόν τι ποιῆσαι[为了做某种善事]，也可以译为"为了行某种善"。

210 τὰ καλὰ νόμιμα[各种美的合法的东西]，也可以简单译为"各种美的习俗"。

211 对观《菲勒玻斯》(26e6-8): Οὐκοῦν ἡ τοῦ ποιοῦντος φύσις οὐδὲν πλὴν ὀνόματι τῆς αἰτίας διαφέρει, τὸ δὲ ποιοῦν καὶ τὸ αἴτιον ὀρθῶς ἂν εἴη λεγόμενον ἕν;[那么，创生者的本性——除了在名称上不同之外——，岂不与原因的本性并无任何的不同，而创生者和原因，也会被正确地被称作一？]

212 对观《欧悌弗戎》(10a5-b6): {ΣΩ.} Ἀλλ᾽ ἐγὼ πειράσομαι σαφέστερον φράσαι. λέγομέν τι φερόμενον καὶ φέρον καὶ ἀγόμενον καὶ ἄγον καὶ ὁρώμενον καὶ ὁρῶν καὶ πάντα τὰ τοιαῦτα μανθάνεις ὅτι ἕτερα ἀλλήλων ἐστὶ καὶ ᾗ ἕτερα; {ΕΥΘ.} Ἔγωγέ μοι δοκῶ μανθάνειν. {ΣΩ.} Οὐκοῦν καὶ φιλούμενόν τί ἐστιν καὶ τούτου ἕτερον τὸ φιλοῦν; {ΕΥΘ.} Πῶς γὰρ οὔ; {ΣΩ.} Λέγε δή μοι, πότερον τὸ φερόμενον διότι φέρεται φερόμενόν ἐστιν, ἢ δι᾽ ἄλλο τι; {ΕΥΘ.} Οὔκ, ἀλλὰ διὰ τοῦτο. {ΣΩ.} Καὶ τὸ ἀγόμενον δὴ διότι ἄγεται, καὶ τὸ ὁρώμενον διότι ὁρᾶται; {ΕΥΘ.} Πάνυ γε.[苏格拉底：那我将试着说明得更清楚点。我们说某种东西被搬运和某种东西进行搬运，某种东西被引领和某种东西进行引领，某种东西被看和某种东西进行看，并且所有诸如此类的情形你都懂得它们彼此是不同的，并且如何是不同的；是这样吗？欧悌弗戎：我认为我的确懂得。苏格拉底：那么，岂不有着某种被喜爱的东西，以及异于这种东西的进行喜爱的东西？欧悌弗戎：为何不？苏格拉底：那么请告诉我，被搬运的东西是由于它被搬运而是一个被搬运的东西呢，还是由于别的什么？欧悌弗戎：不是〈由于别的什么〉，而就是由于〈被搬运〉这点。苏格拉底：并且被引领的东西正是由于它被引领〈而是一个被引领的东西〉，而被看的东西正是由于它被看〈而是一个被看的东西〉？欧悌弗戎：的确。]

213 σπουδαστόν ἐστι[是值得追求的]，也可以译为"是值得向往的""是值得热心尝试的"。形容词 σπουδαστός 由动词 σπουδάζω[认真做 / 热衷于] 派生而来，意思是"值得追求的""值得热心尝试的";《牛津希-英词典》举了柏拉图在这里的这个表达，对它的解释是: that deserves to be sought or tried zealously。

214 κινδυνεύει ἐξ ὧν εὑρίσκομεν ἐν πατρός τινος ἰδέᾳ εἶναι τὸ καλὸν τοῦ ἀγαθοῦ.[由此我们发现，美之于善，似乎是处在一种父亲的样子上。] 有意这么直译，ἰδέα[样子] 在这里也可以译为"形相"；当然，如果意译，这句话可以简单译为："由此我们发现，在某种意义上美似乎是善的父亲。""由此我们发现，在一定程度上美似乎是善的父亲。"

215 οἷόν τε εἶναι[是可能的] 是一个整体；οἷόν τε 跟不定式是固定表达，意思是"能够……"。

216 ἀρέσκει ... ἡμῖν[我们对此感到满意]。动词 ἀρέσκω 作"使……满

意""使……高兴"讲时，要求表人的名词与格作宾语，所以这里出现的是复数与格 ἡμῖν[我们]。参见《泰阿泰德》(157d7-8)：Λέγε τοίνυν πάλιν εἴ σοι ἀρέσκει τὸ μή τι εἶναι ἀλλὰ γίγνεσθαι ἀεὶ ἀγαθὸν καὶ καλὸν καὶ πάντα ἃ ἄρτι διῇμεν.[那么，请你再次告诉我，下面这点是否让你满意，即无任何东西是着，而总是在生成，善、美以及我们刚才讨论过的所有那些。]

217 ἐμοὶ ... ἥκιστα ἀρέσκει [它最少让我感到满意]，也可以译为"它最不让我感到满意""它一点也不让我感到满意"。ἥκιστα 是由形容词 ἥσσων [较弱的 / 较差的] 的最高级派生而来的副词，本意是"最少""最小"；用于否定句时，意思是"根本不""一点也不"。

218 ἐφαίνετο κάλλιστος εἶναι [显得是最美的]，在这里也可以译为"显得是最正确的"。

219 τὸ ὠφέλιμον καὶ τὸ χρήσιμόν τε καὶ τὸ δυνατὸν ἀγαθόν τι ποιεῖν [有益，即为了做某种善事而有用和有能力]，之所以这么翻译，参见前面 296d6-e6 那段话的相关内容。

220 σὺ δὲ ἔχεις τι λέγειν; [不过，你有什么要说吗？] 也可以译为"不过，你能够说点什么吗？"

221 Οὐκ ἔν γε τῷ παρόντι [目前肯定没有]，也可以译为"至少目前没有"。ἐν τῷ παρόντι [目前 / 眼下 / 现在] 是一个整体和词组，也写作 ἐν τῷ νῦν παρόντι；与 ἐν τῷ ἔπειτα [将来 / 以后] 相对。参见：

《斐洞》(67c5-d2)：Κάθαρσις δὲ εἶναι ἆρα οὐ τοῦτο συμβαίνει, ὅπερ πάλαι ἐν τῷ λόγῳ λέγεται, τὸ χωρίζειν ὅτι μάλιστα ἀπὸ τοῦ σώματος τὴν ψυχὴν καὶ ἐθίσαι αὐτὴν καθ' αὑτὴν πανταχόθεν ἐκ τοῦ σώματος συναγείρεσθαί τε καὶ ἀθροίζεσθαι, καὶ οἰκεῖν κατὰ τὸ δυνατὸν καὶ ἐν τῷ νῦν παρόντι καὶ ἐν τῷ ἔπειτα μόνην καθ' αὑτήν, ἐκλυομένην ὥσπερ [ἐκ] δεσμῶν ἐκ τοῦ σώματος; [而纯化岂不恰恰就是早已在谈话中曾说过的那种东西，那就是尽可能地使灵魂同身体相分离，并且让它习惯于独自在其自身地、全方位地从身体那儿聚合和集中起来，以及尽可能地让它仅仅在其自身地寓居于现在和将来而生活，就像从捆绑中解放出来那样从身体中解放出来。]

《斐德若》(230e2-4)：νῦν δ' οὖν ἐν τῷ παρόντι δεῦρ' ἀφικόμενος ἐγὼ μέν μοι δοκῶ κατακείσεσθαι, σὺ δ' ἐν ὁποίῳ σχήματι οἴει ῥᾷστα ἀναγνώσεσθαι, τοῦθ' ἑλόμενος ἀναγίγνωσκε. [但无论如何，既然我目前已经到了这儿，那我就决定要躺下来，至于你嘛，你认为以哪种姿势最适合进行读，那就请你那样选择来进行读。]

《泰阿泰德》(188a-4)：Οὐκοῦν τόδε γ' ἔσθ' ἡμῖν περὶ πάντα καὶ καθ'

ἕκαστον, ἤτοι εἰδέναι ἢ μὴ εἰδέναι; μανθάνειν γὰρ καὶ ἐπιλανθάνεσθαι μεταξὺ τούτων ὡς ὄντα χαίρειν λέγω ἐν τῷ παρόντι· νῦν γὰρ ἡμῖν πρὸς λόγον ἐστὶν οὐδέν.［无论是关于所有一切，还是就每个东西来说，下面这点对我们来说岂不都是可能的，即真地要么知道，要么不知道？至于学习和遗忘，由于它们是在这两者之间，我目前把它们放到一边；因为现在它们还同我们的讨论无关。］

222 见前面 295a3 以下。

223 ἐγὼ μοι δοκῶ ὑπὸ ἐπιθυμίας τοῦ εἰδέναι οὐχ οἷός τε σὲ εἶναι περιμένειν μέλλοντα ［我认为我由于求知欲而不可能等你，虽然你打算〈那么做〉。］这句话也可以简单译为："我认为我由于求知欲而不可能等你拖延。" μέλλοντα 是动词 μέλλω 的现在时分词主动态阳性宾格单数，修饰和限定前面的 σὲ［你］；μέλλω 的基本意思是"打算""注定要"，但也有"想做而未做"的意思，从而转义为"拖延""推迟"；如 τί μέλλεις;［你为何推迟？／你为何迟疑？］

224 καὶ γὰρ δή 是固定表达，意思是"事实上""当然"。

225 ηὑπορηκέναι［已经找到了某种解决之道］，也可以译为"已经有了办法"。ηὑπορηκέναι 是动词 εὐπορέω 的完成时不定式主动态；εὐπορέω 由前缀 εὖ［好］和 πόρος［通路／道路］派生而来，本义是"有出路"，转义为"有办法"，其反面是 ἀπορέω［无路可走／感到困惑／不知所措］。

226 πῶς τι ἄρ' ἂν ἀγωνιζοίμεθα;［那么，我们在竞赛中能够如何以及取得何种奖励呢？］之所以这么翻译，因为这里出现了两个疑问词，即 πῶς［如何］和 τι［何种］。动词 ἀγωνίζομαι 本义就是在运动会上比赛夺奖，而"讨论"或"对话"，也可以视为是一种"比赛"。

227 αὐτὸν τοῦ θράσους ἐπίσχοιμεν［我们会抑制住他的那种粗野］，这是意译，字面意思是"我们会把他从粗野中约束住"。

228 τὸν Σωφρονίσκου［索佛洛尼斯科斯的儿子］，即苏格拉底自己。索佛洛尼斯科斯（Σωφρονίσκος, Sophroniskos）是苏格拉底的父亲，据说他是个雕刻匠。

229 ἐμοὶ οὐδὲν ἂν ... ἐπιτρέποι ... λέγειν［他不会允许我说］是一个整体。动词 ἐπιτρέπω［允许］跟不定式，同时要求允许的对象用与格，故这里既出现了单数与格 ἐμοί［我］，也出现了不定式 λέγειν［说］。

230 ἔχ' ἡσυχῇ［请保持冷静！请保持安静！］是固定表达。副词 ἡσυχῇ 的基本意思是"安静地""沉着冷静地"；《牛津希-英词典》举了柏拉图在该对话中的这个表达，对这一固定搭配的解释是：keep quiet！

231 τάχ' ἄν［有可能］。τάχ' 即 τάχα；τάχα 是形容词 ταχύς［快的／迅速的］的副词，但 τάχ' ἄν 是固定搭配，意思是"或许""大概""有可能"。

232 ὑπομείνωμεν τοῦτον τὸν λόγον [让我们还是直面这种说法]。ὑπομείνωμεν 是动词 ὑπομένω 的一次性过去时虚拟式主动态第一人称复数，ὑπομένω 的基本意思是"留在下面""待在某处"，转义为"坚持""忍受"，但在这里的意思则是"面对""直面"；《牛津希-英词典》举了柏拉图在这里的这个表达，对它的解释是：face up to。

233 ταύτῃ 在这里是副词，意思是"这样地""以这种方式"。

234 περὶ τἀφροδίσια [关乎属于阿佛洛狄忒的事情]，也可以简单译为"关乎情欲方面的事情"。τἀφροδίσια 即 τὰ ἀφροδίσια；形容词 ἀφροδίσιος 的本义是"属于阿佛洛狄忒的"，而阿佛洛狄忒是司爱与美的女神，所以该形容词也专指"男女之乐的""情欲的"。参见：

《斐洞》（64d6）：Τί δὲ τὰς τῶν ἀφροδισίων; [但关于情欲方面的那些快乐又如何？]

《斐德若》（254a3-7）：ὁ δὲ οὔτε κέντρων ἡνιοχικῶν οὔτε μάστιγος ἔτι ἐντρέπεται, σκιρτῶν δὲ βίᾳ φέρεται, καὶ πάντα πράγματα παρέχων τῷ σύζυγί τε καὶ ἡνιόχῳ ἀναγκάζει ἰέναι τε πρὸς τὰ παιδικὰ καὶ μνείαν ποιεῖσθαι τῆς τῶν ἀφροδισίων χάριτος. [而另外那匹马，无论是御者的马刺，还是鞭子，它都不再将之当回事，而是一跃而起，猛地往前冲，由此既给它同轭的伙伴也给御者带来无尽的麻烦，强迫他俩走向那心爱的少年，并且对他提及那属于阿佛洛狄忒的快乐。]

《菲勒玻斯》（65c5-d3）：ἡδονὴ μὲν γὰρ ἁπάντων ἀλαζονίστατον, ὡς δὲ λόγος, καὶ ἐν ταῖς ἡδοναῖς ταῖς περὶ τἀφροδίσια, αἳ δὴ μέγισται δοκοῦσιν εἶναι, καὶ τὸ ἐπιορκεῖν συγγνώμην εἴληφε παρὰ θεῶν, ὡς καθάπερ παίδων τῶν ἡδονῶν νοῦν οὐδὲ τὸν ὀλίγιστον κεκτημένων· νοῦς δὲ ἤτοι ταὐτὸν καὶ ἀλήθειά ἐστιν ἢ πάντων ὁμοιότατόν τε καὶ ἀληθέστατον. [因为，一方面，快乐是一切中最厚颜无耻的，据说，甚至在关乎属于阿佛洛狄忒的那些事情的一些快乐那里——它们无疑看起来是一些最大的快乐——，就连发假誓也都已经从诸神那儿获得了体谅，因为诸快乐就像孩子们一样未曾取得理智，哪怕是最少的；而另一方面，理智确确实实要么与真是同一的，要么在所有东西中是最类似于它的和最真的。]

235 ἀποστερεῖτε τοῦ καλὰς εἶναι [你们剥夺了这点，即它们是美的。] 动词 ἀποστερέω 作"剥夺"讲时，"物"要求用属格；所以这里出现的是不定式属格 τοῦ καλὰς εἶναι [它们是美的]。

236 对观《菲勒玻斯》（65e9-66a3）：Ἡδονὰς δέ γέ που, καὶ ταῦτα σχεδὸν τὰς μεγίστας, ὅταν ἴδωμεν ἡδόμενον ὁντινοῦν, ἢ τὸ γελοῖον ἐπ' αὐταῖς ἢ τὸ πάντων

αἴσχιστον ἑπόμενον ὁρῶντες αὐτοί τε αἰσχυνόμεθα καὶ ἀφανίζοντες κρύπτομεν ὅτι μάλιστα, νυκτὶ πάντα τὰ τοιαῦτα διδόντες, ὡς φῶς οὐ δέον ὁρᾶν αὐτά.[而另一方面，无疑就各种快乐，尤其那些近乎最大的，每当我们看见无论哪个人在对之感到快乐时，由于我们看到在它们那里的可笑之物，或者伴随〈它们〉的一切中最丑陋的东西，我们自己就既感到丑陋，也通过抹去光来尽可能地隐藏它们，把所有诸如此类的事情都交给黑夜，好像光不应当看见它们似的。]

237 ἔχεις ἔτι τι χρῆσθαι τῷ λόγῳ[你还能够反驳这个说法吗]，也可以译为"你有办法对付这个说法吗"。这一表达可参见《斐洞》（95a9-b3）：Σιμμίου γὰρ λέγοντος ὅτε ἠπόρει, πάνυ ἐθαύμαζον εἴ τι ἕξει τις χρήσασθαι τῷ λόγῳ αὐτοῦ· πάνυ οὖν μοι ἀτόπως ἔδοξεν εὐθὺς τὴν πρώτην ἔφοδον οὐ δέξασθαι τοῦ σοῦ λόγου.[因为，当西米阿斯说出他所困惑的东西时，我非常好奇是否有人能够反驳他的说法；因此，下面这点对我来说显得非常奇特，即〈他的说法〉立马就没能顶住你的说法的第一轮进攻。]

238 αὐτὸ καθ' αὑτό 是一个整体，第一个 αὐτό 表强调，καθ' αὑτό 的意思则是"在其自身"；这里整体地把 αὐτὸ καθ' αὑτό 译为"独自在其自身"，也可以译为"自在自为地"。αὐτὸ καθ' αὑτό[自在自为/独自在其自身]在柏拉图那里是一常见表达，参见：

《斐洞》（64c5-8）：καὶ εἶναι τοῦτο τὸ τεθνάναι, χωρὶς μὲν ἀπὸ τῆς ψυχῆς ἀπαλλαγὲν αὐτὸ καθ' αὑτὸ τὸ σῶμα γεγονέναι, χωρὶς δὲ τὴν ψυχὴν ἀπὸ τοῦ σώματος ἀπαλλαγεῖσαν αὐτὴν καθ' αὑτὴν εἶναι;[并且死亡是这样吗，即当身体从灵魂分离而解脱后，它变得独自在其自身了，而当灵魂从身体分离而解脱后，它也是独自在其自身了？]

《泰阿泰德》（152d2-6）：ὡς ἄρα ἓν μὲν αὐτὸ καθ' αὑτὸ οὐδέν ἐστιν, οὐδ' ἄν τι προσείποις ὀρθῶς οὐδ' ὁποιονοῦν τι, ἀλλ' ἐὰν ὡς μέγα προσαγορεύῃς, καὶ σμικρὸν φανεῖται, καὶ ἐὰν βαρύ, κοῦφον, σύμπαντά τε οὕτως, ὡς μηδενὸς ὄντος ἑνὸς μήτε τινὸς μήτε ὁποιουοῦν.[肯定没有什么是自在自为的一，你既无法正确地把它称为某种东西，也无法把它称为某种性质；相反，如果你称它为大的，它也就会显得是小的，如果你称它为重的，〈它就会显得是〉轻的；一切都这样，因为没有什么是一，无论是作为某种东西，还是作为某种性质。]

《智者》（238c8-10）：Συννοεῖς οὖν ὡς οὔτε φθέγξασθαι δυνατὸν ὀρθῶς οὔτ' εἰπεῖν οὔτε διανοηθῆναι τὸ μὴ ὂν αὐτὸ καθ' αὑτό, ἀλλ' ἔστιν ἀδιανόητόν τε καὶ ἄρρητον καὶ ἄφθεγκτον καὶ ἄλογον;[因此，你岂不理解了：既不可能正确

地表达，也不可能正确地说出，也不可能正确地思想那自在自为的不是者，它毋宁是不可思想的、不可说的、不可表达的和不合道理的？]

《菲勒玻斯》（53d3-4）：Ἔστον δή τινε δύο, τὸ μὲν αὐτὸ καθ' αὐτό, τὸ δ' ἀεὶ ἐφιέμενον ἄλλου.[无疑有两种东西，一个自在自为，而另一个则总是渴望某一其他东西。]

《吕西斯》（220c1-7）：εἰ τριῶν ὄντων ὧν νυνδὴ ἐλέγομεν, ἀγαθοῦ καὶ κακοῦ καὶ μήτε ἀγαθοῦ μήτε κακοῦ, τὰ δύο λειφθείη, τὸ δὲ κακὸν ἐκποδὼν ἀπέλθοι καὶ μηδενὸς ἐφάπτοιτο μήτε σώματος μήτε ψυχῆς μήτε τῶν ἄλλων, ἃ δή φαμεν αὐτὰ καθ' αὑτὰ οὔτε κακὰ εἶναι οὔτε ἀγαθά, ἆρα τότε οὐδὲν ἂν ἡμῖν χρήσιμον εἴη τὸ ἀγαθόν, ἀλλ' ἄχρηστον ἂν γεγονὸς εἴη;[如果我们刚才说过的那三种是着的东西，即好的东西、坏的东西以及既不好也不坏的东西，其中两个被保留了下来，而坏的东西却完全走到了一边去，并且不会触及任何东西，既不会触及身体，也不会触及灵魂，也不会触及其他那些我们确实宣称它们自在自为地既不是坏的也不是好的的东西，那么，那时对我们来说好的东西就不会是有任何用处的，而是会成为了无用的？]

239 κοινῇ ... ἰδίᾳ[共同地……私下地]。κοινῇ 是由形容词 κοινός[共同的]的阴性与格单数派生而来的副词，即"共同地""一致地"。ἰδίᾳ 则是由形容词 ἴδιος[个人的/自己的/私有的]的阴性与格单数派生而来的副词，意思是"私下地"。

240 ἄλλως[以其他的方式]，也可以简单译为"否则"。

241 τι τῶν ὄντων ὁτιοῦν[诸是者中的任何东西]，也可以译为"诸是着的东西中的任何东西"。

242 ἡδέως γε[说得恰如其分]，这是一句讽刺的话。ἡδέω 是由形容词 ἡδύς[快乐的]派生而来的副词，《牛津希-英词典》举了柏拉图在这里的这个表达，对 ἡδέως γε 的解释是：prettily said。

243 ἑτοίμως 是形容词 ἑτοῖμος[预备好的/已经在手边的/现实的]派生而来的副词，但在这里的意思是"明显地""显然"；《牛津希-英词典》举了柏拉图在这里的这个表达，对 ἑτοίμως 的解释是 evidently。

244 对观《苏格拉底的申辩》（31b5-c3）：καὶ εἰ μέν τι ἀπὸ τούτων ἀπέλαυον καὶ μισθὸν λαμβάνων ταῦτα παρεκελευόμην, εἶχον ἄν τινα λόγον· νῦν δὲ ὁρᾶτε δὴ καὶ αὐτοὶ ὅτι οἱ κατήγοροι τἆλλα πάντα ἀναισχύντως οὕτω κατηγοροῦντες τοῦτό γε οὐχ οἷοί τε ἐγένοντο ἀπαναισχυντῆσαι παρασχόμενοι μάρτυρα, ὡς ἐγώ ποτέ τινα ἢ ἐπραξάμην μισθὸν ἢ ᾔτησα. ἱκανὸν γάρ, οἶμαι, ἐγὼ παρέχομαι τὸν μάρτυρα ὡς ἀληθῆ λέγω, τὴν πενίαν.[并且如果我从这些中曾得到了什么好处以及为

了获取酬金才劝告了这些，那么我还有某种理由。但现在请你们自己看看，当这些控告者如此无耻地控告我所有其他那些事情时，他们却不能够同样厚颜无耻地就下面这点举出证人来，说我曾从任何人那儿为自己强求或者索取过酬金。但我却认为我能够提供出我在说真话的见证来，那就是我的贫穷。]

245 μηδ' αὖ σὺ εἶ [你也同样如此]，字面意思是"你也不是它"，即"你未曾遭受它而不是它的那种东西，你不是它。"

246 ἕτερα δ' αὖ [另一方面]，在这里整体地将之理解为副词。

247 ὃ μήτ' ἐγὼ πέπονθα εἶναι μήτ' εἰμὶ μηδ' αὖ σὺ εἶ, τοῦτο ἀμφοτέρους πεπονθέναι ἡμᾶς οἷόν τ' εἶναι· ἕτερα δ' αὖ, ἃ ἀμφότεροι πεπόνθαμεν εἶναι, ταῦτα οὐδέτερον εἶναι ἡμῶν.[我未曾遭受了它而不是它的那种东西，我不是它，你也同样如此，但我们两人却能够〈共同〉遭受了它而是它；另一方面，那些我们两人〈共同〉遭受了它们而能够是它们的东西，我们两人中能够没有一个〈私下遭受了它们而〉是它们。] 有意完全按字面意思补充翻译；当然整段话可以简单意译为："一方面，我们两人各自都没有因遭受了它而是它的那种东西，我们两人却可能因共同遭受了它而是它；另一方面，我们两人因共同遭受了它们而是它们的那些东西，我们两人各自都可能因没有遭受了它们而是它们。"

248 ὀλίγον πρότερον [一小会儿前] 是一个整体和词组。参见《克里同》（44a5-8）：Οὐ τοίνυν τῆς ἐπιούσης ἡμέρας οἶμαι αὐτὸ ἥξειν ἀλλὰ τῆς ἑτέρας. τεκμαίρομαι δὲ ἔκ τινος ἐνυπνίου ὃ ἑώρακα ὀλίγον πρότερον ταύτης τῆς νυκτός· καὶ κινδυνεύεις ἐν καιρῷ τινι οὐκ ἐγεῖραί με.[因此，我不认为它在正来临的这天会到，而是要下一天才到。而我是一小会儿前从这个晚上我所看到的一个梦那儿推测出这点的；并且你可能适逢其时地没有叫醒我。]

249 ἔτι τοίνυν 是词组，意思是 "此外" "再者" "而且" ；《牛津希-英词典》对之的解释是：further, moreover, again。参见：

《斐洞》（109a9-b4）：Ἔτι τοίνυν, ἔφη, πάμμεγά τι εἶναι αὐτό, καὶ ἡμᾶς οἰκεῖν τοὺς μέχρι Ἡρακλείων στηλῶν ἀπὸ Φάσιδος ἐν σμικρῷ τινι μορίῳ, ὥσπερ περὶ τέλμα μύρμηκας ἢ βατράχους περὶ τὴν θάλατταν οἰκοῦντας, καὶ ἄλλους ἄλλοθι πολλοὺς ἐν πολλοῖσι τοιούτοις τόποις οἰκεῖν.[此外，他说，它是非常非常大的，并且从法希斯河到赫拉克勒斯之柱之间的我们，居住在一小片地方，就像蚂蚁或青蛙绕着一个池塘居住那样绕着海洋居住；在他处的许多别的，也住在许多诸如此类的地方。]

《克里同》（52c3-6）：ἔτι τοίνυν ἐν αὐτῇ τῇ δίκῃ ἐξῆν σοι φυγῆς τιμήσασθαι εἰ ἐβούλου, καὶ ὅπερ νῦν ἀκούσης τῆς πόλεως ἐπιχειρεῖς, τότε ἑκούσης ποιῆσαι. [此外，在那场审判中你仍然可以被判放逐，如果你愿意的话；并且你现在违背城邦的意愿所尝试的事情，那时是可以合它的意而做的。]

《政治家》(268b1-5)：ἔτι τοίνυν παιδιᾶς καὶ μουσικῆς ἐφ' ὅσον αὐτοῦ τὰ θρέμματα φύσει μετείληφεν, οὐκ ἄλλος κρείττων παραμυθεῖσθαι καὶ κηλῶν πραΰνειν, μετά τε ὀργάνων καὶ ψιλῷ τῷ στόματι τὴν τῆς αὐτοῦ ποίμνης ἄριστα μεταχειριζόμενος μουσικήν.［此外，就他的牲畜在本性上就已经参与到了游戏和音乐中所达到的程度而言，没有其他人比他更强于劝慰它们和通过诱惑来使它们平静，无论是借助一些乐器还是单纯靠嘴，他都最好地演奏出属于他的畜群的音乐来。］

250　κρούετε ... τὸ καλὸν καὶ ἕκαστον τῶν ὄντων［你们敲打美和诸是者中的每一个］，有意按字面意思翻译，当然可以转译为"你们检查美和诸是者中的每一个"。动词κρούω的本义就是"敲""打"，喻为"检查""检验"；《牛津希-英词典》举了柏拉图在这里的这个表达，对它的解释是：examine, try, prove。对观：

《泰阿泰德》(179d1-4)：προσιτέον οὖν ἐγγυτέρω, ὡς ὁ ὑπὲρ Πρωταγόρου λόγος ἐπέταττε, καὶ σκεπτέον τὴν φερομένην ταύτην οὐσίαν διακρούοντα εἴτε ὑγιὲς εἴτε σαθρὸν φθέγγεται.［因此，我们必须走得更近些，正如替普罗塔戈拉说的那种说法曾要求的那样，并且必须考察这个运动着的所是，通过敲打以判明它是在合理地，还是在不合理地发出声音。］

《菲勒玻斯》(55c4-9)：Μὴ τοίνυν ἡδονῆς μὲν πάντως ἐξέτασιν πᾶσαν ἐπιχειρῶμεν ποιήσασθαι, νοῦ δὲ καὶ ἐπιστήμης οἷον φειδόμενοι σφόδρα φανῶμεν· γενναίως δέ, εἴ πή τι σαθρὸν ἔχει, πᾶν περικρούωμεν, ὡς ὅτι καθαρώτατόν ἐστ' αὐτῶν φύσει, τοῦτο κατιδόντες εἰς τὴν κρίσιν χρώμεθα τὴν κοινὴν τοῖς τε τούτων καὶ τοῖς τῆς ἡδονῆς μέρεσιν ἀληθεστάτοις.［那好，让我们不要尝试，一方面，用所有的方式对快乐进行了一种彻底的检查，另一方面，我们又显得好像完全放过了理智和知识似的；相反，我们应当高贵地四周敲打这两者，看看它们是否在某个地方有着某种破损，以便当我们看清这两者中最纯粹的部分是什么之后，我们就可以为了它们互相共同的混合而使用这两者中以及快乐中那些最真的部分。］

251　ἐν τοῖς λόγοις κατατέμνοντες［在讨论中把它们切碎］，也可以译为"用言词把它们切碎"。

252　σώματα τῆς οὐσίας［所是的结构］，似乎也可直接译为"所是之整体"。在柏拉图那里，一般说来σῶμα［身体 / 形体 / 有形的东西］除了同ψυχή［灵魂］

相对之外，也同 οὐσία［所是］相对；但显然这里不能在这种意义上理解，故权且将之译为"结构"。

参见《智者》（246b2-3）：Τοιγαροῦν οἱ πρὸς αὐτοὺς ἀμφισβητοῦντες μάλα εὐλαβῶς ἄνωθεν ἐξ ἀοράτου ποθὲν ἀμύνονται, νοητὰ ἄττα καὶ ἀσώματα εἴδη βιαζόμενοι τὴν ἀληθινὴν οὐσίαν εἶναι· τὰ δὲ ἐκείνων σώματα καὶ τὴν λεγομένην ὑπ' αὐτῶν ἀλήθειαν κατὰ σμικρὰ διαθραύοντες ἐν τοῖς λόγοις γένεσιν ἀντ' οὐσίας φερομένην τινὰ προσαγορεύουσιν. ἐν μέσῳ δὲ περὶ ταῦτα ἄπλετος ἀμφοτέρων μάχη τις, ὦ Θεαίτητε, ἀεὶ συνέστηκεν.［正因为如此，那些同他们进行争论的人非常谨慎地从上面，即从不可见的某处来保卫他们自己，通过强迫某些可思想的、无形的形式是真正的所是。但那些人的各种有形的东西和被他们所称作的真，他们通过在各种讨论中把它们撕为碎片而将之称作与所是相对立的某种正在运动着的生成。而在他们双方中间，泰阿泰德啊，关于这些东西总是已经存在着一场巨大的战争。］

253 καὶ νῦν 是短语，意思是"甚至现在""甚至这样"；καὶ 在这里不是连词，而是表强调。参见：

《拉刻斯》（190b3-5）：Οὐκοῦν, ὦ Λάχης, καὶ νῦν ἡμᾶς τώδε παρακαλεῖτον εἰς συμβουλήν, τίν' ἂν τρόπον τοῖς ὑέσιν αὐτῶν ἀρετὴ παραγενομένη ταῖς ψυχαῖς ἀμείνους ποιήσειε;［那么，拉刻斯啊，甚至现在，这里的这两人岂不是邀请我们〈对下面这点给出〉建议，那就是：以何种方式，一种德性通过它的在场而会使得他们的儿子们的灵魂变得更好？］

《吕西斯》（221a5-7）：ἀλλ' οὖν τόδε γ' ἴσμεν, ὅτι καὶ νῦν ἔστιν πεινῶντα βλάπτεσθαι, ἔστιν δὲ καὶ ὠφελεῖσθαι.［但至少我们知道下面这点：甚至现在，一个饥饿者既有可能被饥饿所伤害，但也可能被它所助益。］

《政治家》（263a6-8）：ἡμεῖς μὲν καὶ νῦν μακροτέραν τοῦ δέοντος ἀπὸ τοῦ προτεθέντος λόγου πεπλανήμεθα, σὺ δὲ ἔτι πλέον ἡμᾶς κελεύεις πλανηθῆναι.［我们甚至现在都已经比应该做的那样远离了那被提交出来的讨论，而你要求我们还要更远地离题。］

《菲勒玻斯》（12c3-4）：καὶ νῦν τὴν μὲν Ἀφροδίτην, ὅπῃ ἐκείνῃ φίλον, ταύτῃ προσαγορεύω.［甚至现在，就阿佛洛狄忒，怎样是令她喜欢的，我就怎样称呼她。］

254 οὕτως ἀλογίστως καὶ ἀσκέπτως καὶ εὐήθως καὶ ἀδιανοήτως διάκεισθε.［你们是何等缺乏推理、欠缺考虑、天真幼稚和不加反思地对待你们自己啊！］也可以译为："你们把自己置于了何等的缺乏推理、欠缺考虑、天真幼稚和不加反思中啊！"

255 νῦν δὲ παρὰ σοῦ ἤδη ἀνεδιδάχθημεν[但现在我们已经被你更好地教育了],这么翻译,意味着一种讽刺;当然也可以平实地译为"但现在我们已经被你重新教育了""但现在我们已经被你另外教育了"。ἀνεδιδάχθημεν 是动词 ἀναδιδάσκω 的一次性过去时直陈式被动态第一人称复数,ἀναδιδάσκω 的基本意思是"教育好""学好""另外教""重新学";《牛津希-英词典》举了柏拉图在这里的这个表达,对它的解释是: to be better instructed.

256 见前面 301a 以下。

257 ἐξαρκεῖ 在这里是无人称动词作副词使用,意思是"够了!"《牛津希-英词典》对它的解释是: enough !

258 见前面 299d-e。

259 见前面 300a6-8。

260 见前面 299d。

261 ὡς ἐγὼ μνήμης ἔχω[如果我记得不差的话],这是意译,也可以按字面意思译为"就像我在记忆中所怀有的那样"。

262 οὐκοῦν τοῦτό γε τὸ πάθος ἀμφοτέραις μὲν ἔπεται[这种遭受岂不伴随着这两者]。"这种遭受",即"通过视觉和听觉而是快乐的"或"通过视觉和听觉而来的快乐";"这两者",即"视觉和听觉"。

263 ἑκάτερόν ... αὐτῶν[它们两者中的每一个],即"通过视觉而来的快乐"和"通过听觉而来的快乐"。

264 见前面 299c。

265 见前面 298a6-7,299b2-4。

266 见前面 301a。

267 ὧν δὴ ἦν καὶ αὐτὸ τὸ ἑκάτερον καὶ τὸ ἀμφότερον[而其中也就恰恰有着每一个和两者]。我在这里把 αὐτό 理解为表强调,故不译为"本身"。

268 形容词 ἄρρητος 同 ῥητός 相对,本义分别是"不可说的"和"可说的";用在数上,则分别指"无理数"和"有理数"。

269 参见前面 300c9。

270 参见前面 291b8。

271 τούτου διημάρτετε[你们对此完全犯了错]。διαμαρτάνω[完全出错/完全认错]是动词 ἁμαρτάνω 的增强体,ἁμαρτάνω 的本义是"未中的""未射中",喻为"犯错""失误";该动词要求属格,所以这里出现的是单数属格 τούτου[此/这]。

272 ᾧ διαφέρουσι τῶν ἄλλων[由之它们胜过了其他那些快乐]。动词 διαφέρω 除了具有"不同"的意思之外,也有"胜过""优于"的意思,并要求属格,所以这里出现的是复数属格 τῶν ἄλλων[其他那些快乐]。

273 τῷ ὄντι γὰρ βέλτισταί εἰσιν.[因为它们在是的方式上是最善的。]在这里当然可以简单译为：“因为它们确确实实是最善的。”

274 见前面297a以下。

275 οὐ ... θέμις[不合理的]，也可以译为"不应该的"。名词 θέμις 来自动词 τίθημι，本义是"确定下来的东西""建立起来的东西"，转义为"习惯""法律"，对于神来说，则指"神法""天理"。

276 κνήσματά ... καὶ περιτμήματα τῶν λόγων[一些支离和破碎的言语]，这是意译，字面意思是"从言语中刮下来的一些碎屑和渣子"。

277 见前面301b。

278 κατὰ βραχύ[一点一点地／逐渐地]是词组，《牛津希-英词典》对它的解释是：little by little。

279 πολλοῦ ἄξιον 是固定搭配，字面意思是"非常值得""所值甚多"。参见《克里同》（46b1-3）：Ὦ φίλε Κρίτων, ἡ προθυμία σου πολλοῦ ἀξία εἰ μετά τινος ὀρθότητος εἴη· εἰ δὲ μή, ὅσῳ μείζων τοσούτῳ χαλεπωτέρα.[亲爱的克里同啊，你的热心所值甚多，如果它是带有某种正确性的话；但如果没有，那么，它有多大就有多让人为难。]

280 ἐπὶ ἄλλῃ τινὶ ἀρχῇ, πρὸς ἣν ἂν ὁ λόγος ᾖ[在其他任何于其面前会有着一番讲话的权威机构那里]。名词 ἀρχή 除了具有"本源""开端"等意思之外，在政治上指"统治权""长官职务""公职"等；这里基于上下文，将之译为"权威机构"，也可以译为"权力机构"。参见：

《苏格拉底的申辩》（36b5-9）：τί ἄξιός εἰμι παθεῖν ἢ ἀποτεῖσαι, ὅτι μαθὼν ἐν τῷ βίῳ οὐχ ἡσυχίαν ἦγον, ἀλλ' ἀμελήσας ὧνπερ οἱ πολλοί, χρηματισμοῦ τε καὶ οἰκονομίας καὶ στρατηγιῶν καὶ δημηγοριῶν καὶ τῶν ἄλλων ἀρχῶν καὶ συνωμοσιῶν καὶ στάσεων τῶν ἐν τῇ πόλει γιγνομένων.[我应遭受或付出什么，就因为我一生不曾保持安静，而不关心众人〈所关心〉的，即赚钱、理家、领兵、在公民大会上发表演说和其他一些公职，以及在城邦中出现的各种起誓结盟和拉帮结派。]

《泰阿泰德》（173c6-d6）：Λέγωμεν δή, ὡς ἔοικεν, ἐπεὶ σοί γε δοκεῖ, περὶ τῶν κορυφαίων· τί γὰρ ἄν τις τούς γε φαύλως διατρίβοντας ἐν φιλοσοφίᾳ λέγοι; οὗτοι δέ που ἐκ νέων πρῶτον μὲν εἰς ἀγορὰν οὐκ ἴσασι τὴν ὁδόν, οὐδὲ ὅπου δικαστήριον ἢ βουλευτήριον ἤ τι κοινὸν ἄλλο τῆς πόλεως συνέδριον· νόμους δὲ καὶ ψηφίσματα λεγόμενα ἢ γεγραμμένα οὔτε ὁρῶσιν οὔτε ἀκούουσι· σπουδαὶ δὲ ἑταιριῶν ἐπ' ἀρχὰς καὶ σύνοδοι καὶ δεῖπνα καὶ σὺν αὐλητρίσι κῶμοι, οὐδὲ ὄναρ πράττειν προσίσταται αὐτοῖς.［既然你觉得如此，那我们似乎就该谈谈那些顶尖人物；因为，对于那些在哲学上拙劣地消磨时间的人，一个人会说什么呢？而这些顶尖人物，首先从年轻时就肯定不知道通往市场的路，也不知道法院、议事厅或城邦的其他任何公共会堂在哪儿；各种法律、投票通过的议案，无论是口头的还是书面的，他们都既不会看，也不会听；而各种朋党对公职的热衷，他们的各种集会、宴饮以及同吹笛女的狂欢，甚至他们做梦都不会想到。］

281 τούτων ... ἀντέχεσθαι［执着于这些］，也可以译为"坚持这些"。ἀντέχεσθαι 是动词 ἀντέχω 的现在时不定式中动态；ἀντέχω 的基本意思是"顶住""忍耐"；但其中动态的意思是"执着于""坚持"，并要求属格，所以这里出现的是属格复数 τούτων［这些］。《牛津希-英词典》对它的这层意思的解释是：hold on by, cling to。参见：

《菲勒玻斯》(58e1-3)：Ἀλλὰ σκοπῶ, καὶ χαλεπὸν οἶμαι συγχωρῆσαί τινα ἄλλην ἐπιστήμην ἢ τέχνην τῆς ἀληθείας ἀντέχεσθαι μᾶλλον ἢ ταύτην.［我的确在考虑这点，并且我也认为，难以同意某种其他的知识或技艺会比这种能力更执着于真。］

282 χαίρειν ἐάσαντα［不理会］是一个整体。χαίρειν 和 ἐάσαντα 分别是动词 χαίρω 的不定式和动词 ἐάω 的一次性过去时分词主动态阳性宾格单数；ἐάω 本义是"允许""让""听任"，而动词 χαίρω 的本义是"喜悦""满意"，其命令式则具有"欢迎""再会"等意思；由这两个词所构成的词组 ἐᾶν χαίρειν 的意思是"由它去""不理会"，而固定搭配 ἐᾶν χαίρειν τινά / τι 的意思是"不把某人或某事放在心上"。

283 δαιμονία τις τύχη［某种倒霉的命运］，也可以简单译为"某种厄运"。《牛津希-英词典》举了柏拉图在这里的这个表达，对 δαιμονία τύχη 的解释是：of ill fortune。

284 πλανῶμαι 在这里是动词 πλανάω 的现在时直陈式被动态第一人称单数，πλανάω 本义是"使飘荡""引入歧途"，但其被动态的意思则是"漫游""飘荡"，喻为"感到困惑""不知所措"；《牛津希-英词典》举了柏拉图在这里的这个表达，对它的解释是：to be in doubt or at a loss。参见：

《斐德若》(263b3-5)：{ΣΩ.} Ποτέρωθι οὖν εὐαπατητότεροί ἐσμεν, καὶ ἡ ῥητορικὴ ἐν ποτέροις μεῖζον δύναται; {ΦΑΙ.} Δῆλον ὅτι ἐν οἷς πλανώμεθα.［苏格拉底：那么，在这两方面的哪一方面我们是更容易受欺骗的，并且修辞术在哪些事情上有着更大的权能？斐德若：显然在我们对之感到困惑的那些事情上。］

《智者》（263b5–8）：εἶθ' ἅτε πλανωμένων τὰς δόξας ῥαδίως ἐξετάζουσι, καὶ συνάγοντες δὴ τοῖς λόγοις εἰς ταὐτὸν τιθέασι παρ' ἀλλήλας, τιθέντες δὲ ἐπιδεικνύουσιν αὐτὰς αὑταῖς ἅμα περὶ τῶν αὐτῶν πρὸς τὰ αὐτὰ κατὰ ταὐτὰ ἐναντίας.［然后，由于那些被盘问者感到不知所措，他们就容易检查〈他们的〉各种意见，并且当通过诸言说把它们一起领向同一个东西之后，他们将之彼此并排摆置出来，而在摆置中他们展示它们同时关于同一些东西、与同一些东西相关联、在同一些方面都彼此相反。］

285　περαίνειν ἐν δικαστηρίῳ ἢ ἐν ἄλλῳ τινὶ συλλόγῳ［在法庭上或者在其他任何集会上达成某件事］，其中的 περαίνειν，法国布德本希腊文作 <τι> περαίνειν；这里的翻译从布德本；如果译伯内特本翻译，这句话可以译为"在法庭上或者在其他任何集会上取得成功"。

286　ἐγγύτατα γένους［最亲的亲戚］是固定表达和词组，字面意思是"家族中最近的"；《牛津希-英词典》对它的解释是：next of kin。

287　εἰσέλθω οἴκαδε εἰς ἐμαυτοῦ［我回家，前往我自己的房间］，也可以简单译为"我回到我自己的家里"。

288　对观《苏格拉底的申辩》（38e2–39a1）：ἀλλ' οὔτε τότε ᾠήθην δεῖν ἕνεκα τοῦ κινδύνου πρᾶξαι οὐδὲν ἀνελεύθερον, οὔτε νῦν μοι μεταμέλει οὕτως ἀπολογησαμένῳ, ἀλλὰ πολὺ μᾶλλον αἱροῦμαι ὧδε ἀπολογησάμενος τεθνάναι ἢ ἐκείνως ζῆν. οὔτε γὰρ ἐν δίκῃ οὔτ' ἐν πολέμῳ οὔτ' ἐμὲ οὔτ' ἄλλον οὐδένα δεῖ τοῦτο μηχανᾶσθαι, ὅπως ἀποφεύξεται πᾶν ποιῶν θάνατον.［相反，我当时不认为因为危险而必须作奴性的事情，现在我也不后悔做了如此的申辩；但我远远宁愿选择以这种方式进行申辩而死，也不愿选择以那种方式进行申辩而生。因为，无论是在官司中还是在战斗中，我和其他人都不应谋求下面这点，那就是通过做一切事情来逃避死亡。］

289　Χαλεπὰ τὰ καλά［美事都是艰难的］，也可以译为"美的东西都是难的"；一般将这句谚语归于梭伦，柏拉图在别处也曾引用过它。参见：

《政制》（435c7–8）：ἴσως γάρ, ὦ Σώκρατες, τὸ λεγόμενον ἀληθές, ὅτι χαλεπὰ τὰ καλά.［因为有可能，苏格拉底啊，那句俗话是真的，那就是，美的事物都是艰难的。］（497d9–10）：τὰ γὰρ δὴ μεγάλα πάντα ἐπισφαλῆ, καὶ τὸ λεγόμενον τὰ καλὰ τῷ ὄντι χαλεπά.［显然，所有伟大的事物都是危险的，并且确实如常言所说，〈一切〉美的事物都是艰难的。］

《克拉底鲁》（384a8–b1）：παλαιὰ παροιμία ὅτι χαλεπὰ τὰ καλά ἐστιν ὅπῃ ἔχει μαθεῖν.［有一句古老的谚语，那就是，美的东西都是难以弄明白它是怎样的。］

术语索引

缩略语
［拉］拉丁文　［德］德文　［英］英文
adv.—副词　comp.—比较级　sup.—最高级

ἀβέλτερος 愚蠢的
　［拉］stupidus, fatuus
　［德］dumm
　［英］silly, stupid
　301d6
ἀγαθός (comp. βελτίων, ἀμείνων; sup. βέλτιστος, ἄριστος) 善的，好的，优秀的
　［拉］bonus
　［德］gut
　［英］good
　282b7, 283c4, 283c6, 283c8, 283d7, 283e7, 284c3, 284d4, 284d6, 285d2, 286c5, 287c6, 287d11, 287e2, 288c10, 288d7, 290a3, 290a9, 296c4, 296d4, 296d9, 296e7, 296e8, 297b2, 297b3, 297b5, 297b7, 297c3, 297c4, 297c8, 297d5, 301d5, 303e5, 303e7, 303e11, 303e13, 304a1
ἄγαμαι 惊奇，钦佩
　［拉］admiror
　［德］bewundern
　［英］wonder, admire
　291e4
ἀγαπητός (adv. ἀγαπητῶς) 可爱的，满意的，令人向往的
　［拉］aestimatione vel amore dignus, carus, dilectus
　［德］erwünscht, willkommen, lieb, geliebt
　［英］one must be content, desirable
　302b5
ἄγγελος 信使，使者
　［拉］nuntius
　［德］Bote
　［英］messenger
　281a6
ἀγνοέω 不知道
　［拉］ignoro
　［德］nicht wissen, verkennen

[英] to be ignorant of, fail to understand
289a2, 290b1, 290b6, 294d1, 294d4, 304e2

ἄγω 引领，带走
[拉] duco
[德] führen, bringen
[英] lead, carry, bring
286c1, 287b4, 292a9

ἀγωνίζομαι 竞赛，夺奖
[拉] certo, certamen ineo
[德] kämpfen
[英] contend for a prize
297e7

ἀδιανόητος (adv. ἀδιανοήτως) 不可思想的，不可理解的
[拉] incogitabilis, non intelligendus
[德] undenkbar, unbegreiflich
[英] unintelligible, inconceivable
301c3

ἄδικος (adv. ἀδίκως) 不正当的，不公正的，非正义的
[拉] injustus, iniquus
[德] ungerecht
[英] unjust, unrighteous
292b2, 292b4, 292c6, 300e10

ἀδυναμία 无能，无力，不可能
[拉] impotentia, imbecillitas
[德] Unmöglichkeit, Unvermögen
[英] inability, incapacity
295e10, 296c1

ἀδυνατέω 没能力
[拉] impotens sum
[德] kraftlos oder unvermögend sein

[英] to be unable, to be impossible
283c7, 283e4

ἀδύνατος 不可能的，无能力的
[拉] impotens, inops
[德] unmöglich, unvermögend
[英] impossible, unable
281c9, 284d5, 293c1, 294c5, 294c7, 295e8, 296a4, 300c5, 303d4, 303d7, 303d8

ἀείδω 歌唱
[拉] cano
[德] singen
[英] sing
292c7

ἆθλον 奖品，奖励
[拉] praemium
[德] Preis
[英] prize
304b2

ἀθρέω 细看，考虑，思量
[拉] video, considero
[德] sehen, hinschauen, beobachten
[英] gaze at, observe, consider
287d11

αἱρέω 拿，抓，捕获，判罪，选举
[拉] capio, convinco, eligo
[德] nehmen, fangen, zu Fall bringen, wählen
[英] grasp, seize, convict, elect
281a5, 294e4, 303c6

αἴσθησις 感觉，感知
[拉] sensus
[德] Empfindung
[英] sensation

298d2, 298e1

αἰσχρός (comp. αἰσχίων) 丑陋的，可耻的
[拉] turpis
[德] häßlich, schändlich
[英] ugly, shameful, base
286c6, 286d1, 289a3, 289a5, 289b2,
289b7, 289c5, 289d1, 289e5, 290c8,
290d3, 291d2, 293b7, 293c1, 295e2,
295e10, 299a6

αἰσχύνω 羞愧，感到羞耻
[拉] pudefacio
[德] beschämen, sich schämen
[英] to be ashamed, feel shame
298b8, 299a7, 304d5

αἴτιος 有责任的
[拉] in quo caussa rei est
[德] verantwortlich
[英] responsible
281c4, 296e9, 297a1, 297a2, 297a3,
297a4, 297a8, 297b2, 297c2, 299e4

ἀκοή 聆听，传闻，听觉
[拉] auditus
[德] das Hören, Gerücht
[英] hearing, hearsay
286b6, 297e6, 298a6, 298b3, 298d3,
299b4, 299c1, 299c5, 299e5, 300a1,
300a3, 302b8, 302c8, 302d7, 302e5,
303d2, 303d3, 303d7

ἀκούω 听
[拉] audio
[德] hören
[英] hear
284c8, 285b8, 285c3, 285e7, 286c1,
286d6, 287b7, 288a4, 289a8, 291d6,
298e4, 300e2, 304d3, 304d5, 304e4

ἀκρίβεια 准确，精确，严格
[拉] accuratio
[德] Genauigkeit
[英] exactness, precision
295a6

ἀκριβής (adv. ἀκριβῶς) 准确的，严格的
[拉] accuratus, certus
[德] genau, streng
[英] exact, accurate, precise
284e1, 285c7, 286e1, 295a5

ἄκριτος 未确定的，未判决的
[拉] non discretus, non iudicatus, indemnatus
[德] unentscheiden, ohne Richterspruch
[英] undistinguishable, undecided, unjudged, untried
292b10

ἀκροάομαι 听，听从
[拉] audio
[德] zuhören
[英] listen, obey
285d4, 285e1

ἄκων (ἀέκων) 不情愿的，勉强的，无意的
[拉] invitus
[德] unfreiwillig, widerwillig
[英] involuntary, constrained
296b7, 296c5

ἀλεκτρυών 公鸡
[拉] gallus
[德] Hahn
[英] cock

295d1

ἀλήθεια 真，真相，真理
　　［拉］veritas
　　［德］Wahrheit
　　［英］truth
　　281b5, 284e7, 284e8

ἀληθής (adv. ἀληθῶς) 真的
　　［拉］verus, rectus
　　［德］wahr, wirklich, echt
　　［英］true, real
　　282b2, 284d5, 284e4, 285a2, 285e9,
　　287e4, 288c4, 288d5, 289c8, 297c3,
　　299e6, 300a3, 300a5, 302e3, 302e5

ἁλίσκομαι 被捉住，被查获，被判罪
　　［拉］prehendor, occupor
　　［德］gefangen werden, ertappt werden
　　［英］to be caught, seized
　　286a8

ἄλλοθι 在别处
　　［拉］alibi, alio loco
　　［德］anderswo
　　［英］elsewhere, in another place
　　284a6

ἀλλόκοτος 奇异的，异乎寻常的
　　［拉］alienus, monstrosus
　　［德］fremdartig, ungewöhnlich
　　［英］strange, portentous
　　292c5

ἄλλοτε 别的时候，其他时候
　　［拉］alio tempore
　　［德］zu andrer Zeit
　　［英］at another time
　　282c2

ἀλογία 缺乏理性，欠缺考虑，荒谬
　　［拉］rationis privatio, abusrditas
　　［德］Unvernunft, Mangel an Überlegung
　　［英］want of reason, absurdity
　　303c3

ἀλόγιστος (adv. ἀλογίστως) 缺乏推理的，考虑不周的
　　［拉］inconsideratus
　　［德］unbesonnen, unüberlegt
　　［英］inconsiderate, thoughtless
　　301c2

ἀμαθής 无知的
　　［拉］inscitius
　　［德］unwissend
　　［英］ignorant, stupid
　　290e3

ἀμαθία 无知，愚蠢
　　［拉］inscitia
　　［德］Unwissenheit, Torheit
　　［英］ignorance, stupidity
　　283a3, 290b6, 296a6

ἁμαρτάνω 犯错，犯罪
　　［拉］pecco
　　［德］verfehlen, sündigen
　　［英］do wrong, err, sin
　　284d6, 284d7

ἀμέλει 无疑，一定，当然
　　［拉］utique, profecto
　　［德］ganz gewiss, sicherlich
　　［英］doubtless, by all means, of course
　　295b6

ἄμουσος 非文艺的，无音乐修养的
　　［拉］immusicus
　　［德］unmusikalisch

[英] unmusical
292c7

ἀμπέχω 围上，穿上
[拉] circumdo, induo
[德] umgeben, umkleiden, anhaben
[英] surround, put on
291a6

ἀμφότερος (adv. ἀμφοτέρως) 双方的，两边的
[拉] ambo, uterque
[德] beidseitig, beide
[英] both together, both of two
281d1, 299c7, 299c9, 300a6, 300a10, 300b1, 300b4, 300b8, 300d8, 300e4, 300e5, 300e9, 300e10, 301a3, 301a6, 301b8, 301c1, 301d8, 301e1, 301e3, 301e4, 301e5, 302a5, 302a7, 302a8, 302b2, 302b3, 302c1, 302c2, 302c3, 302c5, 302d1, 302d2, 302d4, 302e6, 302e8, 302e11, 303a2, 303a6, 303a7, 303a10, 303b2, 303b3, 303b4, 303b5, 303b6, 303c4, 303c5, 303d6, 303e2, 303e5, 304e7

ἀναβιόω (ἀναβιώσκομαι) 复活，回生，使复活，使回生
[拉] in vitam revoco
[德] wieder oder neu beleben
[英] bring back to life
281d9

ἀναγκάζω (διά-ἀναγκάζω) 逼迫，迫使
[拉] cogo, compello
[德] nötigen, zwingen
[英] force, compel
285e1

ἀναγκαῖος (adv. ἀναγκαίως) 必然的
[拉] necessarius
[德] notwendig
[英] necessary
304e5

ἀνάγκη 必然（性），强迫
[拉] necessitas
[德] Notwendigkeit
[英] necessity
290a1, 294b4, 299b6, 301a7, 301e2, 301e3, 302b2, 303a1, 303e3

ἀναδιδάσκω 教育好，学好，重新教，重新学
[拉] contra doceo, dedoceo
[德] neu, eines Bessern belehren
[英] teach better, learn better, learn anew
301e1

ἀναλαμβάνω (ἀναληπτέον) 拿起，采取，从事
[拉] adsumo, recipio
[德] aufnehmen, sich unterziehen
[英] take up, adopt, undertake
288a7

ἀναμάχομαι 重新战斗
[拉] rursum seu denuo pugno
[德] wieder kämpfen
[英] renew the fight
286d7

ἀναπείθω 诱劝，误导，说服
[拉] persuadeo
[德] umstimmen, verleiten
[英] seduce, mislead, persuade

304c6

ἀναπίμπλημι 使充满，实现，完成，感染
　　[拉] repleo, inficio
　　[德] anfüllen, beflecken
　　[英] fill up, accomplish, to be infected
　　291a6

ἀναφαίνω 显示，展示
　　[拉] manifesto, ostendo
　　[德] zeigen, erscheinen
　　[英] show forth, make known, display
　　291c8

ἀνδριαντοποιός 雕塑家，雕刻家
　　[拉] statuarius
　　[德] Bildhauer
　　[英] sculptor
　　282a2

ἀνερεύνητος 未经调查的，调查不出来的
　　[拉] non exploratus, qui investigari nequit
　　[德] unerforscht, unerforschlich
　　[英] not investigated, that cannot be searched or found out
　　298c1

ἀνέχω 忍受，容许
　　[拉] persevero, tolero
　　[德] ertragen, aushalten
　　[英] put up with, tolerate
　　285c2, 285c6

ἀνήρ 男人
　　[拉] vir
　　[德] Mann
　　[英] man
　　281b6, 287a3, 288d6, 289e7, 291d10, 291e6, 300d1

ἀνθρώπειος 人的，适合于人的，属于人的
　　[拉] humanus, ad homines pertinens
　　[德] menschlich
　　[英] suited to man, human
　　289c8

ἄνθρωπος 人
　　[拉] homo
　　[德] Mensch
　　[英] man, mankind
　　282d1, 283a1, 284a3, 284e2, 284e7, 285d1, 285d6, 287b2, 288d1, 289a2, 289a4, 289b4, 289e1, 290d10, 291a4, 291b1, 291b3, 292a8, 292d2, 292d3, 293a2, 296c4, 298a1, 298a6, 298b6, 299b1, 301a6, 301c5, 304b8, 304d2

ἀνίημι (ἀνετέον) 放松，让，任由
　　[拉] remitto
　　[德] nachlassen
　　[英] relax, let go
　　295a1

ἀνόητος (adv. ἀνοήτως) 无理智的，愚蠢的
　　[拉] mente carens, stultus
　　[德] unvernünftig
　　[英] unintelligent, senseless, silly
　　283a6, 304b5

ἄνομος 不法的，无视法律的
　　[拉] legibus carens
　　[德] gesetzlos

[英] lawless, illegal
285a6

ἀνόσιος 不虔敬的
[拉] impius
[德] unheilig
[英] unholy, profane
293b7

ἀντεῖπον (ἀντιλέγω) 反驳，驳斥，回应
[拉] contradico
[德] widersprechen
[英] speak against, gainsay
289b8, 291d7

ἀντέχω 抵抗，忍耐
[拉] teneo, sustineo
[德] aushalten
[英] hold against, endure
304b4

ἀντιλαμβάνω 抓住，捕获
[拉] recipio, prehendo
[德] ergreifen, fest angreifen
[英] seize, hold on
287a4, 287a6, 287a8

ἀντιλέγω 反驳，反对
[拉] redarguo
[德] widerlegen
[英] speak against, contradict
289a1

ἀντίληψις 异议，反驳
[拉] objectio
[德] Einwand
[英] objection
287a6

ἀνωφελής 无益的，无用的
[拉] inutilis

[德] unnütz
[英] unprofitable, useless
284e6

ἄξιος (adv. ἀξίως) 有价值的，值……的，配得上的
[拉] dignus, aestimabilis
[德] wertvoll, würdig
[英] worthy, estimable, worthy of
282d3, 284a8, 286b6, 286e6, 288e8, 291e4, 304a7, 304c5

ἀξιόω 认为适合，指望，要求
[拉] existimo, opto
[德] wert erachten, fordern
[英] think fit, deem worthy, expect, require that
282c7

ἀπᾴδω 走调，离题，不一致
[拉] dissono, dissention, aberro
[德] im Tone abweichen, disharmonieren, abweichen
[英] sing out of tune, dissent, wander away
292c7

ἀπαιδευσία 缺乏教育，愚蠢
[拉] inscitia, imperitia
[德] Mangel an Erziehung
[英] want of education, stupidity
293d2

ἀπαίδευτος 未受过教育的，愚蠢的
[拉] ineruditus
[德] ungebildet
[英] uneducated
288d1

ἀπαλλάσσω (ἀπαλλακτέον) 和解，复原，

摆脱，避免，离开
[拉] reconcilio, libero, abeo
[德] sich wegbegeben, sich losmachen, weichen
[英] to be reconciled, settle a dispute, escape
291b8, 303c8

ἅπαξ 一次，只一次
[拉] semel
[德] einmal
[英] once, once only
285e7

ἅπας 全部，全体，每个
[拉] unusquisque, omnes ad unum
[德] ganz, jeder
[英] quite all, the whole, every one
293a9, 295a6, 303a7

ἀπάτη 欺骗
[拉] deceptio, fraus
[德] Betrug, Täuschung
[英] trick, fraud, deceit
294a7

ἀπειλέω 威胁，许诺
[拉] minor, promitto
[德] drohen, versprechen
[英] threaten, promise
286d5

ἄπειμι 离开，离去；不在场，缺席
[拉] abeo, ibo, absum
[德] weggehen, fortgehen, abwesend sein
[英] go away, depart, to be away or absent
286d3

ἀπειρία 无经验；无限
[拉] imperitia, infinitas, infinitio
[德] Unerfahrenheit, Unendlichkeit
[英] inexperience, unlimitedness
293d2, 300c2

ἄπειρος 无经验的，不懂的；无限的
[拉] ignarus, imperitus, infinitus
[德] unerfahren, unkundig, unendlich
[英] inexperienced, ignorant, boundless, infinite
289e7

ἀπεργάζομαι 完成，实现，使成为
[拉] facio, efficio
[德] machen, bilden
[英] complete, cause, produce
295e7

ἀπέρχομαι 走开，离开
[拉] abeo
[德] weggehen
[英] go away, depart from
295b5

ἀπέχω 挡住，离开，放手，放开
[拉] abstineo, impedio
[德] fernhalten, weghaben, ausschließen
[英] keep off or away from, abstain
281c7

ἀπιστέω 不相信，不听从
[拉] diffido, non pareo, non obtempero
[德] nicht glauben, ungehorsam sein
[英] disbelieve, distrust, disobey
300c10

ἁπλόος (adv. ἁπλῶς) 简单的
[拉] simplex

[德] einfach
[英] simple
296d7

ἀποβλέπω (ἀποβλεπτέον) 盯住，注视
[拉] respicio, intueor
[德] hinschauen, hinblicken
[英] gaze steadfastly, look at
295d6, 299e2

ἀποδέχομαι 接受，认可，赞同
[拉] recipio, admitto, probo
[德] aufnehmen, anerkennen
[英] accept, admit
289e8, 290a1, 290a4

ἀποδιδράσκω 跑开，逃走
[拉] effugio, refugio
[德] fortlaufen, entfliehen
[英] run away, escape or flee from
295b1

ἀποκρίνω (ἀποκριτέον) 分开，选出，回答
[拉] separo, secerno, respondeo
[德] sondern, wählen, beantworten
[英] set apart, choose, give answer to, reply to
286c4, 286d3, 286e1, 287a4, 287b2, 287c2, 287c3, 287e2, 287e6, 288a1, 288d5, 288e4, 289a7, 289c4, 289d1, 289d2, 289d7, 289e2, 290b8, 291b2, 291c2, 291d2, 292b5, 292b10, 293c6, 293c8, 293d7, 298a5, 299c10, 300b2, 300b3, 300e7, 300e8

ἀπόκρισις 回答
[拉] responsum

[德] Antwort
[英] answer
290a3, 291c7, 292a3, 293e2

ἀπολαμβάνω 拿到，接受，截住，拦住
[拉] accipio, intercludo
[德] behalten, abschneiden
[英] take, receive, intercept
301b4

ἀπολείπω 放弃，离开
[拉] relinquo
[德] aufgeben
[英] desert, abandon
302c7

ἀπόλλυμι 毁灭，丧命，丧失
[拉] perdo, amitto
[德] zerstören, ruinieren, verlieren
[英] destroy utterly, ruin, lose
283a6

ἀπομνημονεύω 记住，记忆
[拉] recordor, reminiscor
[德] in Gedächtnis behalten
[英] remember
285e8

ἀποπέμπω 送走，打发走
[拉] dimitto, ablego
[德] abschicken, entlassen
[英] send off, dispatch, dismiss
283d6

ἀπορέω 困惑，不知所措
[拉] dubito, aestuo, consilii inops sum
[德] ratlos sein, ohne Mittel und Wege
[英] to be at a loss, be in doubt, be puzzled
286d2, 289e3, 297d11, 304c2

ἀπορία 难题，缺乏，贫穷，困惑
　　[拉] difficultas, inopia
　　[德] Verlegenheit, Mangel
　　[英] difficulty, lack of, perplexity
　　286c5, 298c6, 304c3
ἀποσβέννυμι 熄灭
　　[拉] exstinguo
　　[德] verlöschen
　　[英] extinguish
　　290e8
ἀποστερέω 抢劫，剥夺，骗取
　　[拉] privo, fraudo
　　[德] berauben, vorenthalten
　　[英] rob, despoil, defraud
　　298e2
ἀποφαίνω (πρός-ἀποφαίνω) 显示，展示，宣称
　　[拉] ostendo
　　[德] aufzeigen, darlegen
　　[英] show forth, display, declare
　　283a8
ἀργύρεος 银的，银制的
　　[拉] argenteus
　　[德] silbern
　　[英] of silver
　　301a4
ἀργύριον 银，银钱
　　[拉] argentum
　　[德] Silber
　　[英] silver
　　282c7, 282d2, 282d3, 282d7, 283b3, 283b5, 283d6, 300d1
ἀρέσκω 满意，高兴
　　[拉] placeo

　　[德] befriedigen, gefallen
　　[英] please, satisfy
　　297c7, 297c9, 297d1
ἀρετή 德性
　　[拉] virtus
　　[德] Tugend, Tüchtigkeit
　　[英] virtue, goodness, excellence
　　283c4, 283e3, 284a2, 284a8
ἀριθμέω 数，算
　　[拉] numero
　　[德] zählen, aufzählen
　　[英] number, count
　　285c4
ἁρμόζω 联结，安排，绑紧，使适合
　　[拉] vincio, moderor, adapto
　　[德] zusammenfügen, ordnen, stimmen
　　[英] join, accommodate, bind fast
　　294a4
ἁρμονία 和谐，协调
　　[拉] harmonia
　　[德] harmonie
　　[英] harmony
　　285d2, 285d3
ἄρρητος 不可说的
　　[拉] non dicendus, ineffabilis
　　[德] ungesprochen, unsagbar, unbeschreiblich
　　[英] unspoken, unspeakable
　　303b7, 303c1
ἄρτιος (adv. ἀρτίως) 完全的，完美的，相合的，偶数的
　　[拉] perfectus, integer, aptus, par
　　[德] angemessen, passend, vollkom-

men, gerade
[英] complete, perfect, suitable, even
302a7, 302a8, 302b1, 303b6, 303b7

ἀρχαιολογία 关于古代历史的讲述，古代历史，古老的传说
[拉] historia vel narratio rerum antiquarum
[德] Erzählung alter Geschichten
[英] antiquarian lore, ancient legends or history
285d8

ἀρχαῖος 自古以来的，从前的
[拉] pristinus, antiquus
[德] anfänglich, früher
[英] from the beginning, ancient, former
281d6, 283a2, 285d7

ἀρχή 开始，开头，统治，公职
[拉] principium, imperium, magistratus
[德] Anfang, Herrschaft, Amt
[英] beginning, sovereignty, office
286a7, 289c9, 302c8, 303d11, 304b1

ἄρχων 首领，统帅，领袖
[拉] praefectus, princeps
[德] Herrscher, Gebieter
[英] ruler, commander
285e5, 296c4

ἀσινής 未受伤害的，无害的
[拉] innocens
[德] unbeschädigt, unschädlich
[英] unhurt, unharmed, innocent
303e4

ἄσκεπτος (adv. ἀσκέπτως) 未考虑到的，未考察到的
[拉] inconsideratus
[德] unüberlegt, nicht untersucht
[英] inconsiderate, unconsidered, unobserved
301c2

ἄστρον (ἀστήρ) 星辰
[拉] stella
[德] Gestirn
[英] star
285c1

ἄτοπος 荒诞不经的，荒谬的，奇特的
[拉] absurdus
[德] ungewöhnlich, widersinnig
[英] strange, paradoxical
294e10, 304e6

αὐτόθι 在那里
[拉] ibi
[德] dort
[英] there
282e1, 286a4

ἀφαιρέω (ἀφαιρετέον) 取走，减去，削减
[拉] eximo, detraho
[德] wegnehmen
[英] take away from
298e8

ἀφικνέομαι 到达，返回
[拉] advenio, redeo
[德] ankommen, zurückkehren
[英] arrive at, return
282b5, 282c3, 282d8, 283b5, 283b6, 291d11

ἀφορίζω 分离，分开，规定

[拉]separo, segrego, distinguo
[德]abgrenzen, trennen, bestimmen
[英]separate, distinguish, determine
298d7

ἀφροδίσιος 属于阿佛洛狄忒的，属于男女之乐的，情欲的
[拉]venereus
[德]die sinnliche Liebe btreffend
[英]belonging to the goddess of love
298e1, 299a3

ἄχθομαι 不快，烦恼，憎恶
[拉]aegre et moleste fero
[德]betrüben, sich gedrücktfühlen
[英]to be vexed, grieved
292d7

ἄχρηστος 无用的，无益的
[拉]inutilis
[德]nutzlos
[英]useless, unprofitable
295e2, 295e9

βακτηρία 棍子，手杖
[拉]baculus
[德]Stab, Stock
[英]staff, cane
292a6

βάλλω 扔
[拉]iacio
[德]werfen
[英]throw
293a2

βλάβη 伤害，害处，破坏
[拉]damnum, noxa
[德]Schaden, Nachteil
[英]harm, damage
284d1

βλάπτω 伤害，损害
[拉]laedo, noceo
[德]schaden, schädigen
[英]damage, hurt
284d3

βοηθέω 帮助，搭救
[拉]succurro
[德]helfen, zu Helfe kommen
[英]assist, aid
291e5

βουλευτήριον 议事厅
[拉]consiliilocus
[德]Rathaus
[英]council-chamber
304a8

βουλή 决定，建议
[拉]decretum, consilium
[德]Beschluß, Rat
[英]determination, advice
282c4

βούλομαι 愿意，想
[拉]volo
[德]wollen, wünschen
[英]will
282c1, 282e8, 284b2, 287a6, 290e1, 291b7, 291c4, 295b3, 295d5, 296b3, 296d8, 300e2, 301a4, 301a5, 301c5

βραχύς (adv. βραχέως) 短的，简短的
[拉]brevis, paucus
[德]kurz, klein
[英]short, brief
286c4, 304a6

γεγωνέω 大声说，叫喊

[拉] vociferari
[德] zurufen
[英] cry out
292d4

γελάω 嘲笑，笑
[拉] rideo
[德] lachen
[英] laugh at
289c1, 291e9

γέλοιος 可笑的，荒诞的
[拉] ridiculus
[德] lächerlich, witzig
[英] amusing, absurd
293c4, 294a5, 297d6

γέλως 笑料，笑柄
[拉] ridiculus
[德] Gelächter
[英] laughter
281d9, 286e2, 291e8

γενναῖος (adv. γενναίως) 高贵的，优良的
[拉] generosus, nobilis
[德] von vornehmer Abstammung, edel
[英] high-born, noble
290e9, 298a6, 301a4

γένος (γέννα) 种族，种类，属，民族，家族
[拉] genus
[德] Geschlecht, Abstammung
[英] race, family
285d6, 289a4, 289a5, 289a9, 289b7, 289c8, 304d3

γέρων 老年人

[拉] senex
[德] Alter, Greis
[英] old man
301a5

γεωμετρία 几何学
[拉] geometria
[德] Geometrie
[英] geometry
285c3

γῆρας 老年
[拉] senectus
[德] Alter
[英] old age
291d11

γίγνομαι 发生，产生，生成，成为，变得，出现
[拉] accido, evenio
[德] werden, geschehen, sich ereignen
[英] happen, come to be
282a2, 283c8, 283e7, 286b2, 287b5, 288c5, 293a1, 293b8, 293c2, 295b2, 297a6, 297a7, 297b1, 297b2, 297c2, 299b4, 303d8

γιγνώσκω 认识
[拉] nosco, percipio
[德] erkennen, kennen
[英] know, recognize
290e2, 290e3, 294e8

γλυκύς 甜的
[拉] dulcis
[德] süß
[英] sweet
288b8

γονεύς 生产者，父母

[拉] parens
[德] Erzeuger, Eltern
[英] begetter, parents
291d11, 293a9

γράμμα 文字，学问
[拉] littera
[德] Schrift, Wissenschaft
[英] letters, learning
285d1, 285d3

δαιμόνιος (adv. δαιμονίως) 精灵的，属于精灵的
[拉] daemonicus
[德] dämonisch
[英] of or belonging to a daemon
293d6, 304c1

δείκνυμι 指出，显示
[拉] ostendo
[德] zeigen, nachweisen
[英] show, point out
288b5

δεινός (adv. δεινῶς) 聪明的，强有力的，可怕的
[拉] fortis, potens, peritus, terribilis, dirus
[德] tüchtig, geschickt, gewaltig, furchtbar
[英] clever, powerful, terrible
292c1, 293b7

δεσπότης 主人
[拉] dominus
[德] Herr, Besitzer
[英] master, lord
292a8

δεύτερος 第二位的，次要的
[拉] secundus
[德] zweiter
[英] second
286e2

δέχομαι 接受，赞同，选择
[拉] accipio, eligo
[德] annehmen, gutheißen
[英] accept, choose, prefer
292b11, 292c1

δέω (δεῖ, δέομαι) 捆绑；缺乏，需要，恳求，必须，应当
[拉] vincio, indigeo
[德] binden, fesseln, bedürfen, brauchen
[英] bind, lack, want
281a4, 285b4, 285c5, 286b7, 287d4, 287e4, 296d1, 299a4, 302c6

δῆλος 清楚的，显而易见的
[拉] manifestus
[德] klar, offenbar
[英] clear
283b5, 285b8, 287d10, 290b5, 290e6, 296b8, 296e5, 299c2

δημιουργός 匠人，工匠
[拉] qui opera populo utilia facit, auctor operis
[德] Handwerker
[英] one who works for the people, skilled workman, handicraftsman
281d4, 282d4, 290a5, 290a9

δῆμος 区，乡，公民，平民
[拉] region, populus
[德] Gebiet, Land, Volk, Gemeinde
[英] district, country, land, common people

282b7

δημόσιος 公共的，非私人的
　　[拉]publicus
　　[德]gemeinschaftlich, öffentlich
　　[英]public
　　281c1, 282b3, 282b5, 282c2, 282c3, 294d3

διαιρέω (διαιρετέον) 分开，分解
　　[拉]divido
　　[德]teilen, auseinandernehmen
　　[英]take apart, divide
　　285d1, 304a6

διάκειμαι 被置于某种境况
　　[拉]dispositus sum
　　[德]in eine Lage versetzt sein
　　[英]to be in a certain state
　　286a6, 301c3, 301c7, 301d3, 304e2

διαλέγω (διαλεκτέον) 谈论，交谈
　　[拉]colloquor
　　[德]reden, diskutieren
　　[英]hold converse with, discuss
　　291a4, 293d2, 301b3, 304d6

διανοέομαι (διανοέω, διανοητέον) 思考，打算
　　[拉]cogito
　　[德]denken
　　[英]think
　　282b1, 301c8

διαπράσσω 完成，做完，导致，引起
　　[拉]perficio, conficio
　　[德]vollführen, erlangen, bewirken
　　[英]bring about, accomplish
　　281a4

διαφέρω 不同，不一致，有分歧，胜过
　　[拉]differo, vinco, supero
　　[德]verschieden sein, sich auszeichnen
　　[英]differ, excel
　　283a2, 287d7, 287d9, 299d2, 299d5, 303e6

διαφεύγω 逃走，逃脱
　　[拉]effugio, evito
　　[德]entfliehen, vermeiden
　　[英]get away from, escape
　　294e7

διάφορος (adv. διαφόρως) 不同的，不一样的
　　[拉]differens, diversus
　　[德]verschiedenartig
　　[英]different, unlike
　　299e1

διδασκαλεῖον 学校
　　[拉]schola
　　[德]Schule
　　[英]teaching-place, school
　　286b6

διδάσκω 教，传授
　　[拉]doceo
　　[德]lehren
　　[英]teach, instruct
　　286d8, 287b2

δίδωμι (δοτέον) 给，交出，赠送，赠与，认可
　　[拉]do, dono, concedo, permitto
　　[德]geben, schenken, zugeben, gestatten
　　[英]give, offer, grant
　　282e5, 285b2, 292b4

διέξειμι 出去，详细叙述，仔细检查
　　[拉] exeo, narro
　　[德] hinausgehen, vollständig vortragen
　　[英] go through, go through in detail, relate circumstantially
　　286a4

διέρχομαι 经过，细说，叙述
　　[拉] transeo, narro
　　[德] durchgehen, erzählen
　　[英] pass through, recount
　　303a7, 303a9

διηνεκής 连续不断的，长久的
　　[拉] perpetuus, integer
　　[德] ununterbrochen
　　[英] continuous, unbroken
　　301b6, 301e3

διθύραμβος 酒神颂
　　[拉] dithyrambus
　　[德] Dithyrambe
　　[英] dithyramb
　　292c7

δίκαιος (adv. δικαίως) 正当的，公正的，正义的
　　[拉] justus
　　[德] gerecht, richtig
　　[英] just, right
　　287c2, 292b6, 292b9, 293c7, 300e9, 303b3

δικαιοσύνη 正义，公正
　　[拉] justitia
　　[德] Gerechtigkeit
　　[英] righteousness, justice
　　287c2, 287c3, 287c4

δικαστήριον 法庭
　　[拉] judicium
　　[德] Gerichtshof
　　[英] court
　　304a8, 304c8

δικαστής 陪审员，法官
　　[拉] judex
　　[德] Richter
　　[英] juror
　　281a6

δίκη 官司，惩罚，审判，判决
　　[拉] judicium, causa, poena
　　[德] Rechtsstreit, Prozess, Strafe, Urteil
　　[英] lawsuit, penalty, judgement
　　292a9, 292b4

δίωτος 两耳的，双柄的
　　[拉] utrinque ansatus
　　[德] zweiohrig, zweihenklig
　　[英] two-eared, two-handled
　　288d8

δοκέω 设想，看来，认为
　　[拉] puto, opinor, videor
　　[德] glauben, scheinen
　　[英] imagine, seem
　　282b2, 282b7, 283a8, 285b3, 285b6, 287d6, 287d8, 288a4, 289d2, 291a1, 291d1, 291e5, 292b5, 292b6, 292b7, 292e5, 293b9, 293b10, 293d3, 293e1, 293e7, 294a3, 294e4, 294e6, 295c1, 295c5, 295e2, 296d1, 296e1, 297c4, 297e3, 298a9, 298c3, 299a8, 299b1, 299c7, 299d6, 299d7, 300b3, 300c1, 300c5, 302a1, 303a4, 303b1,

303c4, 303e3, 304b5, 304e6, 304e8

δόξα 名声，意见，期望，荣誉，判断
　　[拉] opinio, exspectatio, fama, gloria
　　[德] Meinung, Erwartung, Ruhm, Vorstellung
　　[英] opinion, expectation, repute, judgement
　　301d6

δοξάζω 认为，相信，猜想，判断
　　[拉] opinor, suspicor
　　[德] meinen, glauben, vermuten
　　[英] think, imagine, suppose
　　294c9

δρόμος 跑道，跑场；赛跑，奔跑
　　[拉] curriculum, cursus
　　[德] Lauf, Rennbahn, Rennen
　　[英] course, race, running
　　295c9

δύναμαι 能够，有能力
　　[拉] possum, valeo
　　[德] können, imstande sein
　　[英] to be able
　　282b4, 283d5, 284a7, 287b3, 292d4, 294e3, 296b4, 296b5, 296b7, 296c1, 296c2, 296d4, 301c6

δύναμις 能力，力量
　　[拉] potentia
　　[德] Macht, Vermögen
　　[英] power, might
　　285d1, 295e9, 296b8, 296c6

δυνατός 有可能的，能办到的，有能力的
　　[拉] potens, possibilis
　　[德] imstande, fähig
　　[英] possible, powerful
　　295c5, 295c6, 295e7, 295e8, 296a3, 296d2, 296d6, 296d9, 297d5

δύσφημος 不吉祥的，兆头不好的，诽谤的
　　[拉] impius
　　[德] von böser Vorbedeutung, übel klingend
　　[英] of ill omen, boding, slanderous
　　293a5

ἐάω (ἐατέος) 允许，同意，不理会，放弃
　　[拉] dimitto, omitto
　　[德] zulassen, unterlassen
　　[英] concede, permit, let alone, let be
　　282d8, 292b2, 294b7, 304b4

ἐγγύς (comp. ἐγγύτερος; sup. ἐγγύτατος) 近，附近
　　[拉] prope
　　[德] nahe
　　[英] near, nigh, at hand
　　304d3

ἐγκέφαλος 在脑内的东西，脑髓，脑子
　　[拉] qui in capite est, cerebrum
　　[德] im Kopf befindlich, Gehirn
　　[英] within the head, of the brain
　　292d6

ἐγκωμιάζω 颂扬，称赞
　　[拉] laudo
　　[德] preisen, loben
　　[英] praise, laud, extol
　　282a6

ἐθέλω 愿意，乐于

[拉]volo

[德]wollen, wünschen

[英]to be willing, wish

286c3, 288b6, 297c7

ἔθος 习惯，习俗

[拉]mos, consuetudo

[德]Gewohnheit, Sitte

[英]custom, habit

287b8

ἔθω 习惯于

[拉]soleo

[德]gewohnt sein, pflegen

[英]to be accustomed

282a5, 284b7, 284e2, 293e6, 301b3

εἶδος 形式，样式，形状，外貌，形相

[拉]forma, species, modus

[德]Form, Aussehen, Gestalt

[英]form, appearance, shape

289d4, 298b4

εἴδω (οἶδα, ἀπό-εἶδον) 看，知道，熟悉

[拉]video, scio, peritus sum

[德]sehen, wissen, verstehen

[英]see, know, be acquainted with

282d6, 282d7, 284c6, 284e3, 284e4, 284e5, 284e9, 286a1, 286c8, 286e3, 287d10, 287e4, 288b4, 288c9, 289a8, 289e4, 291d6, 291e7, 292c5, 295a4, 295c6, 297e2, 297e3, 298c1, 298c2, 298e4, 300d5, 301d2, 304b7, 304d8, 304e9

εἰκός (adv. εἰκότως) 很可能的，合理的，当然的

[拉]probabilis, decens

[德]wahrscheinlich, folgerichtig, natürlich

[英]probable, reasonable

284a7, 285e10

εἶμι (ἰτέον) 去，来

[拉]ibo

[德]gehen, kommen

[英]go, come

286d6, 288a8

εἶπον 说

[拉]dico

[德]sagen

[英]say, speak

282b7, 283b4, 283c3, 285a4, 285c4, 285d4, 286d1, 286e1, 286e6, 287a8, 287c1, 287d2, 288c5, 290e1, 290e2, 291b7, 291c2, 292b9, 292c5, 292d6, 292e3, 292e5, 294b8, 295a6, 295c3, 296d8, 298c3, 301c8, 301d1, 301d6, 302a2

εἰσέρχομαι 进来，进入，进场

[拉]ingredior, accedo ad, pervenio in

[德]hineingehen, auftreten

[英]enter, go into

304d4

ἕκαστος 每，每一个，各自

[拉]singulus, quisque

[德]jeder

[英]each, every one

281b1, 290d5, 290d6, 294d3, 295d7, 295e7, 297d8, 301b4, 301d2, 303a5

ἑκάστοτε 每回，每次，任何时候

[拉]semper

[德]jedesmal, jemals

[英]each time, on each occasion

293e6, 301c5

ἑκάτερος 两者中的每一个
　　[拉] alteruter
　　[德] jeder von beiden
　　[英] each of two
　　282d3, 299c8, 300b1, 300b2, 300b5, 300e9, 300e10, 301a1, 301a2, 301a7, 301c1, 301d7, 301d8, 301e2, 301e5, 302a2, 302a4, 302a8, 302b2, 302b3, 302c1, 302c2, 302c3, 302c4, 302d1, 302d2, 302d3, 302e6, 302e7, 302e8, 302e10, 302e11, 302e12, 303a2, 303a5, 303a6, 303a10, 303b4, 303b5, 303b7, 303b8, 303c4, 303c5, 303d3, 303e5, 304a1

ἔκγονος 后裔，子孙
　　[拉] proles
　　[德] Abkömmling
　　[英] offspring
　　291e1, 293a8, 293b11, 297b5

ἐκεῖθεν 从那里，从那时起，因此
　　[拉] illinc, inde
　　[德] von dort, von damals, daraus
　　[英] from that place, thenceforward, thence
　　284c6

ἐκμανθάνω 熟悉，通晓，记住，背诵
　　[拉] edisco, cognosco
　　[德] vernehmen, auswendig lernen
　　[英] learn thoroughly, learn by heart
　　285e1, 285e6

ἐκμελετάω 认真地训练或教育
　　[拉] exerceo
　　[德] sorgfältig üben oder lernen

　　[英] train or teach carefully
　　285e2, 286d6, 287a5

ἐκπλήσσω 使惊慌失措，吓呆
　　[拉] stupefacio, obstupesco
　　[德] erstaunen, erschrecken
　　[英] amaze, astound
　　282e6

ἐκτός 远离，除去
　　[拉] extra
　　[德] fern von, ohne
　　[英] out of, far from
　　298d2

ἐκφαίνω 使显现，揭露，揭示
　　[拉] ostendo, patefacio
　　[德] offenbaren, vorzeigen
　　[英] bring to light, reveal
　　295a2

ἐκφεύγω 逃脱，避免
　　[拉] vito
　　[德] entgehen
　　[英] escape
　　292a6

ἐκχέω 泼掉，倒出
　　[拉] effundo
　　[德] ausschütten, verschütten
　　[英] pour out
　　290e8

ἑκών 自愿的，心甘情愿的，故意的
　　[拉] voluntarius
　　[德] freiwillig, gern
　　[英] willing
　　300d3

ἐλαχύς (comp. ἐλάσσων; sup. ἐλάχιστος)
少的，小的

[拉] parvus
[德] klein, gering
[英] small, little
283b8, 299d4

ἐλέγχω 质问，反驳，谴责
[拉] redarguo
[德] ausfragen, beschimpfen
[英] cross-examine, question, accuse
287e3, 288a2, 288a3, 288b1, 289e4, 304d2

ἐλεέω 怜悯，同情
[拉] misereor
[德] bemitleiden, sich erbarmen
[英] to have pity on, show mercy to
293d1

ἐλεφάντινος 象牙制成的
[拉] eburneus
[德] elfenbeinern
[英] of ivory
290b5, 290c2, 290c4, 301a4

ἐλέφας 大象，象牙
[拉] elephantus, ebur
[德] Elefant, Elfenbei
[英] elephant, ivory
290c5, 290d1

ἐλπίς 希望
[拉] spes
[德] Hoffnung
[英] hope, expectation
295a2

ἔμπειρος 有经验的，有见识的，老练的，熟悉的
[拉] peritus
[德] erfahren, kundig

[英] experienced, acquainted
287a5

ἐμπίτνω (ἐμπίπτω) 落到，落进，撞上
[拉] incido
[德] hineinfallen
[英] fall upon
298c6

ἔμπροσθεν (ἔμπροσθε) 从前，以前，在前面
[拉] olim, antehac
[德] zuvor, vorher, früher, vorn
[英] before, of old, in front
293c3, 297d8

ἔναγχος 刚刚，刚才，不久前
[拉] nuper
[德] neulich
[英] just now, lately
282c3, 286a4, 286c5

ἐναντιόομαι 反对，拒绝
[拉] repugno
[德] sich widersetzen, entgegentreten
[英] set oneself against, oppose
285b4

ἐναντίος 相反的，对立的
[拉] contra
[德] gegenüberstehend, widrig
[英] opposite
283a4, 294d1, 295b2

ἔνδεια 缺乏，不足
[拉] indigentia, defectus
[德] Mangel, Armut
[英] want, lack
283d2

ἔνδικος (adv. ἐνδίκως) 正当的，合理的，合法的
　　[拉] iustus
　　[德] rechtmäßig, gerecht
　　[英] according to right, just, legitimate
　　292b1

ἕνεκα 为了，由于
　　[拉] gratia, propter
　　[德] um ... willen, angesichts
　　[英] on account of, for the sake of, as far as regards
　　284d2, 290c3, 302a8, 302c4

ἐνθάδε 这儿，在这儿，那儿，
　　[拉] hic, huc, illuc
　　[德] hier, hierher, dort, dorthin
　　[英] here, hither, there
　　286b5, 301e6, 304d1

ἐνθυμέομαι 考虑，推断，寻思
　　[拉] cogito, considero
　　[德] überlegen, erwägen
　　[英] ponder, consider
　　300d2

ἐνίοτε 有时
　　[拉] interdum, aliquando
　　[德] manchmal
　　[英] at times, sometimes
　　284d2, 293b11, 293d1

ἐννοέω 想起，思考，注意到，理解，明白
　　[拉] recordor, animadverto, intelligo
　　[德] entsinnen, besinnen, merken, verstehen
　　[英] think of, reflect upon, notice, understand
　　285e9, 285e10, 295c4

ἐντυγχάνω 路遇，碰见
　　[拉] incido in aliquem
　　[德] treffen
　　[英] light upon, fall in with, meet with
　　286d5

ἐξαμαρτάνω 犯错
　　[拉] pecco, aberro
　　[德] verfehlen, abirren
　　[英] fail, do wrong
　　284c1, 290b6, 296b6, 296c5

ἐξαπατάω 欺骗，引诱
　　[拉] decipio
　　[德] täuschen, gänzlichbetrügen
　　[英] deceive thoroughly, beguile
　　293e9, 300d3

ἐξαρκέω 足够，足以
　　[拉] sufficio
　　[德] hinreichen, genügen
　　[英] to be quite enough for, suffice for
　　302b5

ἔξαρνος 否认的
　　[拉] qui negat
　　[德] ableugnend
　　[英] denying
　　288c2, 290d3

ἐξελέγχω 驳斥，反驳，揭发
　　[拉] redarguo, convinco
　　[德] widerlegen, als falsch darstellen
　　[英] confute, refute
　　286e2, 286e7, 287b3, 304d7

ἔξεστι 可以，能够，容许
　　[拉] licet

[德] es steht frei, es ist erlaubt
[英] it is allowed, is possible
302e12, 303a1

ἐξευρίσκω 找出，发现
[拉] invenio
[德] ausfinden, herausfinden
[英] find out, discover
290c5, 295b3

ἐξικνέομαι 到达，抵达
[拉] pervenio, attingo
[德] hinkommen, gelangen
[英] reach, arrive at
281d1

ἔοικα 看来，似乎
[拉] ut videtur
[德] es scheint
[英] seem, look like
289c5, 291c8, 293b1, 293c1, 296d3, 296e5, 297b3, 297d2, 297d9, 300e7, 303e9, 304c1

ἐπάγω 引向，加于……
[拉] admoveo
[德] hinzuführen, heranbringen
[英] bring on, lay on
289b4

ἐπαινέω (ἐπαινετέον) 赞许，赞美
[拉] laudo
[德] loben
[英] approval, praise
284c8, 285b7, 285d4, 286c7, 288b9

ἐπαΐω 精通，懂得
[拉] intelligo, percipio
[德] verstehen
[英] understand, to be an expert in

289e1, 291d7

ἔπειμι 来到，来临；在上面
[拉] insto, succedo, insum, adsum
[德] hinzukommen, anbrechen, darauf sein
[英] come upon, approach, to be upon, be set upon
300a10

ἐπέχω (ἐπίσχω, ἐπισχετέον) 阻止，堵住，放到
[拉] impedio, retineo, inhibeo, admoveo
[德] abhalten, zurückhalten, ansetzen
[英] hinder, restrain, present, offer
298a7

ἐπιγίγνομαι 随后发生，后来产生
[拉] post nascor, subsequor
[德] nach geboren werden
[英] to be born after, come into being after
303a5, 303a6

ἐπιδείκνυμι 指出，显示
[拉] ostendo, declare
[德] aufzeigen, vorstellen
[英] exhibit as a specimen, display, exhibit
285c6, 286b4, 286b5, 287b6, 301c8, 304c2, 304c4

ἐπίδειξις 展示，显示
[拉] ostentation
[德] Darstellung, das Zeigen
[英] exhibition, display
282b7, 282c5, 282c7

ἐπιδημέω（外侨）定居在一个地方，住在家里
[拉] domi sum, inter populum versor
[德] sich als Fremder wo aufhalten, in der Gemeinde, daheim bleiben
[英] come to stay in a city, reside in a place, to be at home, live at home
282e1

ἐπιδίδωμι 捐赠，给予，取得进步
[拉] addo, proficio
[德] mitgeben, Fortschritte machen
[英] give besides, advance, improve
281d3, 281d6, 282b3, 283e3

ἐπιθυμέω 渴望，愿意
[拉] cupio
[德] begehren, wünschen
[英] long for, desire
283c8, 283d4, 283d4

ἐπιλαμβάνω 获得，把握
[拉] occupo, prehendo
[德] umfassen, ergreifen
[英] lay hold of, take
293e1

ἐπιμελέομαι 关心，照料
[拉] curo
[德] sorgen
[英] take care of
283e5

ἐπισκοπέω (ἐπισκέπτομαι) 检查，考虑
[拉] considero, inspicio, observo
[德] prüfen, betrachten
[英] inspect, observe, examine, consider
295c1

ἐπίσταμαι 知道
[拉] scio
[德] wissen
[英] know
284a3, 284a4, 285c1, 285c5, 285c7, 286e4, 296b4

ἐπιτήδευμα 一生从事的事情，事业
[拉] studium
[德] Beschäftigung, Bestrebung
[英] pursuit, business
286a3, 286b1, 287b7, 294c9, 295d5, 298b2, 298d1, 304d6

ἐπιτηδεύω 一心从事，致力于
[拉] studeo, curo
[德] beschäftigen, betreiben
[英] pursue, practice
286a5, 286b2, 304b8

ἐπιτρέπω 放过，容许，交付，交托
[拉] permitto, concedo, trado
[德] gestatten, überlassen
[英] give up, yield, permit, turn over to
285b2, 298c1

ἐπιχειρέω (ἐνχειρέω, ἐπιχειρητέον) 尝试，企图，着手
[拉] manum admoveo, conor
[德] versuchen, unternehmen
[英] put one's hand to, attempt
284d6, 288b1, 288b2, 288b4, 288b5, 289e4, 300d6

ἐπιχώριος 本地的，属于当地的
[拉] indigenus
[德] einheimisch
[英] local

285a2
ἕπομαι 跟随，听从
　　[拉] sequor, assequor
　　[德] folgen, mitgehen
　　[英] follow
　　302c5, 302d2, 302e6, 302e10,
　　302e11
ἔπος 言辞，字句
　　[拉] verbum, sermo, narratio
　　[德] Wort
　　[英] word, speech
　　285c4, 286e6
ἐργάζομαι 工作，做，制造
　　[拉] laboro, infero
　　[德] arbeiten, tun
　　[英] work at, labour, make
　　282a2, 282b8, 282d4, 282d7, 282e3,
　　282e7, 283b3, 283b5, 284b1, 288e7,
　　290c4, 291c5, 295d7, 296b6, 296c7,
　　298a5, 300d1, 300d2
ἔργον 事情，行动，行为，结果，任务
　　[拉] res, opus
　　[德] Sache, Ding, Tat, Werk
　　[英] thing, matter, deed, action
　　297b5
ἐρημία 孤寂，孤单
　　[拉] solitude, inopia
　　[德] Einsamkeit, das Alleinsein
　　[英] solitude, loneliness
　　295a4
ἔρις 争吵，争论
　　[拉] lis, contentio
　　[德] Streit, Zank
　　[英] strife, quarrel, contention

294d2
ἔρομαι 问，询问，请教
　　[拉] interrogo, inquiro, quaero
　　[德] fragen, befragen
　　[英] ask, question, inquire
　　286b1, 286c7, 287b8, 288a7, 289c9,
　　293a4, 298d6
ἐρρωμένος (adv. ἐρρωμένως) 强壮的，有力的
　　[拉] robustus, fortis, validus
　　[德] stark, kräftig
　　[英] powerful, strong
　　287a7
ἔρχομαι 动身，去
　　[拉] venio, progredior
　　[德] schreiten, gehen
　　[英] go, start
　　281a5, 282e4, 295a5
ἐρῶ 将要说，将要宣布
　　[拉] dicam, dico, loquor, nuncio
　　[德] reden, sagen
　　[英] will tell, proclaim
　　288a10, 288b5, 288c9, 289c2,
　　289c8, 290a4, 290a6, 290a7, 290b2,
　　290c1, 291d1, 291e4, 292c3, 292c5,
　　297d1, 299b2, 299b5, 299b6, 301d2,
　　302e1
ἐρωτάω 问，询问
　　[拉] interrogo, rogo
　　[德] fragen, erfragen, befragen
　　[英] ask, question
　　281b4, 286d7, 287b5, 287d4,
　　287d11, 288d9, 289a2, 289c2,
　　289c4, 289e3, 292c9, 292d4, 292e1,

293c6, 293d2, 299b1, 304d5

ἐρώτημα 提问，问题
 [拉] quaestio
 [德] das Fragen, Frage
 [英] that which is asked, question
 287b1, 287c3, 292c8, 293a3

ἐσθίω (φαγεῖν) 吃
 [拉] edo
 [德] essen
 [英] eat
 299a2

ἑστιάω 设宴
 [拉] convivio excipio, convivia agito
 [德] bewirten, ein Mahl bereiten
 [英] entertain, feast
 290e9

ἑταῖρος (ἑταίρα) 朋友，同伴
 [拉] amicus, socius
 [德] Kamerad, Freund
 [英] comrade, companion
 282c2, 284b3, 285b5, 290e7, 295a1, 296a8, 300d3

ἕτερος (ἅτερος, adv. ἑτέρως) 另一个，两者中的一个，不相同的
 [拉] alter, alius
 [德] ein andrer, der eine von zweien, verschieden
 [英] one or the other of two, another, different
 283a7, 293a4, 299c5, 299e5, 300e5, 302c6, 303e12

ἔτνος 浓汤
 [拉] puls
 [德] dicker Brei
 [英] thick soup
 290d8, 290e5, 290e7

ἕτοιμος (adv. ἑτοίμως) 预备好的，已经在手边的，现实的
 [拉] paratus, certus
 [德] wirklich, bereit, vorhanden
 [英] at hand, prepared, realized
 300c7

εὐδοκιμέω 有名声，受到重视
 [拉] opinione hominum probor
 [德] in gutem Rufe stehen, geachtet sein
 [英] be of good repute, highly esteemed
 281c3, 282c4, 282e1, 286a4, 291a7

εὐδόκιμος 有名声的，有声誉的
 [拉] celeber
 [德] berühmt
 [英] honoured, famous, glorious
 286b2

εὔδοξος (adv. εὐδόξως) 有好名声的，著名的
 [拉] gloriosus, probatus
 [德] berühmt, in gutem Rufe stehend
 [英] of good repute, honoured
 287e5

εὐέλεγκτος (εὐεξέλεγκτος) 容易检验的，容易反驳的
 [拉] qui facile reprehendi, refelli potest
 [德] leicht zu prüfen, leicht zu beweisen, leicht zu widerlegen
 [英] easy to test, easy to refute or detect

293d8

εὐεργετέω 做好事，行善事，施恩惠
[拉] benefacio, bene mereor
[德] gut handeln, Gutes tun, Wohltaten erweisen
[英] do good services, show kindness to
281c2

εὐήθης (εὐηθικός) 心地单纯的，头脑简单的，愚蠢的
[拉] simplex, stultus
[德] einfältig, albern
[英] simple-minded, simple, silly
282d2, 289e1, 293d8, 301c2, 301c7, 301d9

εὐλαβέομαι 提防，当心，注意，谨防
[拉] caveo, vereor, metuo
[德] sich hüten
[英] to be discreet, cautious, beware
282a6

εὐνοικός 好心的，善意的
[拉] benevole
[德] wohlwollend
[英] welldisposed, kindly, favourable
291e5

εὐνομέομαι 有好的法律，有好的秩序
[拉] bonis legibus utor
[德] gute Gesetze haben
[英] have good laws
284b3

εὐνομία 好秩序，守法
[拉] bonae leges, aequitas
[德] gute Beobachtung der Gesetze, Rechtlichkeit
[英] good order
284d5

εὔνομος 有好法律的，有好秩序的
[拉] bene institutus
[德] mit guten Gesetzen versehen
[英] under good laws, well-ordered
283e9, 284a1

εὐπορέω 富有，有能力，有办法
[拉] abunde possum, est mihi faculats
[德] vermögend sein, Mittel finden, Wege finden
[英] to be able to do, find a way, find means
297e5

εὐπορία 容易做，疑难的解决
[拉] facilitas, subsidium
[德] Leichtigkeit etw. zu erlangen, Lösung von Zweifeln, Schwierigkeiten
[英] ease, facility, solution of doubts or difficulties
298c7

εὑρίσκω 发现，找到
[拉] invenio, exquiro
[德] finden, entdecken
[英] find, discovery
285b5, 285d5, 295a4, 295b2, 295b4, 295b5, 295b6, 297b6, 297e2, 300d7

εὐτυχέω 运气好，顺利
[拉] prospera fortuna utor
[德] glücklich sein
[英] to be prosperous, fortunate
285e3

εὔφημος 吉祥的，说吉利话的

[拉] faustus, lenis
[德] glückverheissend, heilig
[英] fair-sounding, auspicious, mild
293a3

εὐώδης 芬芳的，芳香的
 [拉] bene vel suaviter olens
 [德] wohlriechend, duftend
 [英] sweetsmelling, fragrant
 290e6

ἐφικνέομαι 到达，对准
 [拉] attingo, pervenio
 [德] bis wohin gelangen, reichen
 [英] reach at, aim at
 292a7

ἔχω (ἴσχω, ἀμφί-ἴσχω, adv. ἐχόντως) 有，拥有
 [拉] habeo
 [德] haben, besitzen
 [英] have, possess
 282a3, 282b2, 283b4, 283d4, 284e2, 284e9, 285e6, 285e10, 286d1, 286d3, 287c1, 288e6, 289a3, 291d6, 291e9, 292a2, 292a6, 292d6, 293a4, 293e6, 295a2, 295b4, 296a1, 296a8, 297d6, 297d10, 297d11, 298b4, 299b5, 299e1, 300a9, 300b3, 300c2, 300c5, 301d6, 301d9, 301e4, 302b6, 302e4, 303e5

ἕψω 煮，烹调
 [拉] coquo, elixo
 [德] kochen, sieden
 [英] boil, seethe
 290d8

ζάω 活，活着
 [拉] vivo
 [德] leben
 [英] live
 282a7, 304e3

ζητέω (ζητητέος) 想要，追寻
 [拉] requiro, studeo, volo
 [德] forschen, wünschen
 [英] require, demand
 289d1, 291d1, 294a8, 294b1, 294c2, 294d9, 294e2

ζήτησις (ζήτημα) 探寻，探究
 [拉] investigatio
 [德] Untersuchung
 [英] inquiry, investigation
 303d1

ζωγράφημα 画
 [拉] pictura
 [德] Gemälde, Bild
 [英] a picture
 298a2

ζῷον 动物，生物，活物
 [拉] animal, animans
 [德] Tier
 [英] living being, animal
 295d1

ἡγέομαι (ἡγητέον) 带领，引领，认为，相信
 [拉] duco, puto, existimo, opinor
 [德] anführen, meinen, glauben
 [英] go before, lead the way, believe, hold
 281a5, 284e6, 284e9, 302a5

ἡδονή 快乐，愉悦
 [拉] laetitia

[德] Lust, Vergnügen
[英] enjoyment, pleasure
297e6, 298e3, 298e6, 298e7, 299a8,
299d3, 299d5, 299d8, 299d9, 299e3,
299e6, 300a1, 300a3, 300b4, 302b8,
302c8, 302d3, 302d6, 303e2, 303e4,
303e9

ἡδύς (adv. ἡδέως) 满意的，喜悦的
[拉] dulcis, laetus
[德] angenehm, lieb
[英] pleasant, well-pleased, glad
285d3, 285d8, 286a2, 298a7, 298b3,
298d4, 298d7, 298d8, 298e2, 299a2,
299a3, 299a4, 299b2, 299c1, 299c2,
299c4, 299c5, 299c6, 299c9, 299d2,
299d3, 300c4, 301d4, 301d5, 302e4,
303d2, 303d7

ἥκω 已来到
[拉] veni
[德] ich bin gekommen, angelangt
[英] to have come
286d8, 303e13

ἠλίθιος 傻的，蠢的，愚笨的
[拉] stultus
[德] töricht
[英] foolish, silly
304c5

ἡμέρα 一天，一日
[拉] dies
[德] Tag
[英] day
286b5

ἡνίκα 在……时，当
[拉] quum, quando
[德] als, wenn
[英] at the time when, when
293e2

ἠρέμα 轻轻地，温和地，微微地
[拉] sensim, lente
[德] sanft, leise
[英] gently, softly
296a8

ἥρως 英雄
[拉] heros
[德] Heros
[英] hero
285d6, 293b1, 293b6

ἥσσων (ἥττων, super. ἥκιστος) 较弱的，较差的
[拉] minor, inferior
[德] schwächer, geringer
[英] inferior, weaker
297d1, 298e7, 299d4, 302d5, 302d6

θάλασσα (θάλαττα) 海洋
[拉] mare
[德] Meer
[英] sea
295d3

θαμίζω 常来，常到
[拉] frequento
[德] häufig kommen
[英] come often
281b4

θάπτω 安葬，埋葬
[拉] sepelio
[德] bestatten
[英] bury
291e2, 292e10, 293a8, 293a9,

293b11
θάρσος (θράσος) 勇气，信心
　[拉] audacia, fiducia
　[德] Mut, Vertrauen
　[英] courage, confidence
　298a7
θαυμάζω (θαυμαστέος) 惊异，钦佩
　[拉] miror, admiror
　[德] wundern, hochschätzen
　[英] wonder, admire
　282d7, 282e6
θαυμάσιος (adv. θαυμασίως) 令人惊异的，令人钦佩的
　[拉] mirificus
　[德] wunderbar, bewundernswert
　[英] wonderful, admirable
　288b4, 291e3
θαυμαστός (adv. θαυμαστῶς) 奇怪的，离奇的，好奇的
　[拉] mirus
　[德] wunderbar, erstaunlich
　[英] wonderful, marvellous
　282c6, 283c2
θεάομαι (θεατέον) 看，注视
　[拉] specto, contemplor
　[德] schauen, sehen
　[英] see clearly, contemplate
　295b7
θέμις 神法，天理，习惯，法
　[拉] fas, jus
　[德] Sitte, Recht, Gesetz
　[英] right, custom
　304a3
θεός 神
　[拉] Deus
　[德] Gott
　[英] God
　285b7, 286c3, 288b9, 288c5, 289a9,
　289b4, 289b6, 289c7, 291d8, 292d2,
　293a1, 293a11, 293b2, 295b2, 296a5
θῆλυς 女的，雌性的
　[拉] muliebris
　[德] weiblich
　[英] female
　288b8
θνῄσκω 死，死亡
　[拉] perimo
　[德] sterben
　[英] die, perish
　304e3
θρασύς 大胆的，勇敢的
　[拉] audax
　[德] mutig
　[英] bold
　298a5
ἰδέα 理念，形状，形相，形式
　[拉] idea, forma
　[德] Idee, Form, Urbild
　[英] idea, form
　297b6
ἴδιος 自己的，个人的
　[拉] privatus
　[德] eigen, privat
　[英] one's own, private, personal
　281b6, 281d2, 282b4, 282b7, 282c4,
　294d3, 300b1
ἰδιωτικός 个人的，私人的，普通的，外行的

[拉] ad privatos pertinens, privatus
[德] einem Privatmann zugehörig, gemein, ungebildet
[英] private, unprofessional, amateurish
287a1

ἱκανός (adv. ἱκανῶς) 充分的，足够的
 [拉] sufficiens, satis
 [德] zureichend, genügend, hinlänglich
 [英] sufficient, adequate
 281a6, 281b6, 281c2, 281d1, 282b6, 283b4, 283d3, 286c1, 286d8, 304b8

ἱμάτιον 外衣，衣服
 [拉] vestis
 [德] Kleider
 [英] an outer garment, cloth
 294a4

ἱππικός 关于马的，关于骑者的
 [拉] equester, equestris artis peritus
 [德] zum Pferde gehörig, zum Reiter gehörig
 [英] of a horse, of horsemen or chariots
 284a4

ἵππος 马
 [拉] equus
 [德] Pferd
 [英] horse
 288b9, 288c1, 288c5, 288e8, 289d4, 295d1

ἰσχυρός (adv. ἰσχυρῶς) 强有力的，严厉的
 [拉] potens, robustus, severus
 [德] kräftig, gewaltig, gewalttätig

 [英] strong, powerful, severe
 303b2

κάθημαι 坐下，就坐
 [拉] sedeo, desideo
 [德] sitzen, dasitzen
 [英] sit, sit down
 301e6

καθίστημι 带往，置于，制定
 [拉] traho, depono
 [德] bringen, stellen, einsetzen
 [英] bring down, place
 304a8, 304c8, 304e1

κακός (adv. κακῶς) 坏的，有害的
 [拉] malus, vitiosus
 [德] schlecht, böse
 [英] bad, evil
 284d3, 290a5, 296b6, 296c3, 296c7, 304d2, 304e4

κάλλος 美，美丽
 [拉] pulchritudo
 [德] Schönheit
 [英] beauty
 289b5, 292d3

καλός (adv. καλῶς, comp. καλλίων, sup. κάλλιστα) 美的，好的
 [拉] pulcher
 [德] schön
 [英] beautiful
 281a1, 282b1, 282d6, 282e9, 283a8, 284a2, 284a3, 284a4, 285b8, 286a4, 286b1, 286c5, 286c7, 286d1, 286d2, 286d8, 287b7, 287b8, 287c8, 287d1, 287d3, 287d5, 287d6, 287d10, 287d11, 287e1, 287e3, 287e4,

287e5, 288a8, 288a9, 288a10,
288a11, 288b2, 288b9, 288c1,
288c2, 288c3, 288c6, 288c11,
288d8, 288e1, 288e2, 288e4, 288e6,
288e7, 288e8, 288e9, 289a3, 289a4,
289b1, 289b6, 289c3, 289c4, 289c5,
289c7, 289d1, 289d2, 289d3, 289d7,
289d8, 289e2, 289e3, 289e5, 290b1,
290b5, 290b7, 290c2, 290c6, 290d2,
290d6, 290d8, 291a6, 291a7, 291b3,
291b4, 291b6, 291b7, 291c3, 291c7,
291c8, 291c9, 291d2, 291d4, 291d9,
291e1, 292c9, 292d1, 292e1, 292e2,
292e4, 292e6, 292e7, 292e9, 293a8,
293b8, 293c2, 293c4, 293c5, 293c6,
293d3, 293e1, 293e3, 293e5, 294a1,
294a3, 294a5, 294a6, 294a7, 294b1,
294b5, 294b6, 294b8, 294c2,
294c4, 294c5, 294c6, 294c9, 294d6,
294d8, 294e1, 294e3, 294e5, 294e8,
294e9, 295a2, 295b4, 295c1, 295c3,
295c4, 295c8, 295d1, 295d6, 295e1,
295e6, 295e9, 296a3, 296a5, 296d1,
296d3, 296d7, 296e1, 296e3, 296e4,
296e6, 297a1, 297b2, 297b3, 297b4,
297b7, 297b9, 297c1, 297c4, 297c8,
297d3, 297d5, 297d7, 297e7, 298a1,
298a3, 298a6, 298b1, 298b2, 298b4,
298c6, 298d4, 298d8, 298e2, 299a1,
299a2, 299a3, 299a8, 299b2, 299b4,
299b8, 299c1, 299c2, 299c9, 299e2,
299e3, 299e5, 299e6, 300a2, 300a3,
300a6, 300a9, 300b1, 300b5, 300d5,
301b4, 302b8, 302c4, 302c6, 302d1,
302d2, 302d4, 302d5, 302e1, 302e4,
302e10, 302e12, 303a2, 303b1,
303b4, 303c2, 303c4, 303d1, 303d2,
303d3, 303d7, 303d8, 303e1, 303e3,
303e8, 304a1, 304a7, 304c8, 304d6,
304d7, 304e1, 304e2, 304e8

κάμνω 患病
[拉]aegroto
[德]erkranken
[英]to be sick
301a1

καταβάλλω 扔，投
[拉]conjicio
[德]hinabwerfen
[英]throw down, overthrow
286c6

καταγέλαστος 可笑的，令人发笑的
[拉]ridiculus
[德]verlacht, verspottet
[英]ridiculous, absurd
282a3, 288b2, 288b5, 290a1, 292a1

καταγελάω 嘲笑，讥讽
[拉]rideo
[德]verlachen
[英]laugh scornfully, deride
291e7, 291e9, 292a4, 299a1

καταίρω 下来，降落，进港
[拉]devenio
[德]herabkommen, einlaufen
[英]come down, put into port
281a2

καταλέγω 计算，详述
[拉]enumero, numero
[德]erzählen, darlegen

术语索引 | 153

[英] recount, tell at length or in order
285e5

καταλιμπάνω 放弃，抛下，留下
[拉] relinquo
[德] entsagen, aufgeben, verlassen
[英] abandon, bequeath
283a4

καταμελέω 不注意，忽视
[拉] negligo
[德] vernachlässigen, unachtsam sein
[英] give no heed, neglect
283a5

κατατέμνω 割开，切碎
[拉] seco, concido
[德] zerschneiden
[英] cut in pieces, cut up
301b5

καταφαίνω 使清楚，使明显，显得
[拉] ostendo, appareo
[德] vorzeigen, sich zeigen, erscheinen
[英] declare, make known, appear
298c9, 303c3

καταφρονέω 藐视，轻视，小看
[拉] contemno
[德] verachten, gering achten
[英] despise, think slightly of
281c2

κατέχω 拦住，阻止，占据，掌控
[拉] detineo, compesco, possideo, habeo
[德] zurückhalten, hemmen, innehaben
[英] hold back, withhold, detain, possess, occupy
304c1

κατοίκισις 移民，殖民，城邦的建立
[拉] ponitur in colonis deducendis et in urbe condenda, civitate constituenda
[德] Gründung einer Kolonie, Wiederherstellung einer Stadt
[英] foundation of a state, colonisation
285d7

κεῖμαι (κείω, κέω) 躺，躺下，弃置，制定
[拉] jaceo, positus sum
[德] liegen, gelegen sein
[英] lie, to be laid down
295d8

κελεύω 命令，敦促，要求
[拉] jubeo
[德] befehlen
[英] order, request
284b4, 287b4

κεραμεύς 陶匠，陶工
[拉] figulus
[德] Töpfer
[英] potter
288d7

κεραμεύω 做陶匠，制作陶器
[拉] figlinam exerceo
[德] Töpfer sein
[英] to be a potter
288d6

κήδω 忧心，关心，烦恼
[拉] curam injicio, ango

　　　　[德] besorgt machen, betrüben
　　　　[英] distress, to be concerned, care for
　　　　283e6
κινδυνεύω 有可能，似乎是，也许是，冒险
　　　　[拉] videor, periclitor
　　　　[德] scheinen, wagen
　　　　[英] seems likely to be, it may be, possibly, venture
　　　　292a3, 297b6, 297d3, 298c5, 300c4, 300c7
κινέω 移动，推动
　　　　[拉] moveo
　　　　[德] bewegen
　　　　[英] move, remove
　　　　284b6
κνῆσμα 刮下来的碎屑
　　　　[拉] ramentum
　　　　[德] Schnitzel, Brocken
　　　　[英] scrapings
　　　　304a5
κοινός 公共的，共同的
　　　　[拉] communis, publicus
　　　　[德] gemeinsam, gemeinschaftlich
　　　　[英] common, public
　　　　281d2, 282b6, 300a10
κομψός 精巧的，巧妙的，优美的
　　　　[拉] venustus, elegans, bellus
　　　　[德] raffiniert, fein, schlau
　　　　[英] smart, clever, ingenious
　　　　288d4
κοσμέω 安排，整理，装扮，修饰
　　　　[拉] ordino, adorno

　　　　[德] ordnen, schmücken
　　　　[英] order, arrange, adorn
　　　　289d3, 289d8, 289e6
κράτιστος 最好的
　　　　[拉] optimus
　　　　[德] best, vornehmst
　　　　[英] best, most excellent
　　　　304c7
κρείσσων (κρείττων) 较强的
　　　　[拉] melior
　　　　[德] stärker
　　　　[英] stronger, superior
　　　　304e2
κρίνω 判决，审判，判断
　　　　[拉] judico
　　　　[德] aburteilen, verurteilen
　　　　[英] adjudge, give judgement
　　　　286c1, 288e8
κρούω 打，击
　　　　[拉] pulso
　　　　[德] schlagen, klopfen
　　　　[英] strike, smite
　　　　301b4
κτῆμα 所有物
　　　　[拉] possessio
　　　　[德] Erwerbung, Habe, Besitz
　　　　[英] property, possession
　　　　289e2
κτίζω 建立，建造
　　　　[拉] condo
　　　　[德] gründen, einrichten
　　　　[英] found, build
　　　　285d7
κύων 狗

[拉]canis
[德]Hund
[英]dog
287e5, 298b7

κωλύω 阻止，妨碍
[拉]prohibeo, impedio
[德]hindern, abhalten, zurückhalten
[英]hinder, prevent
287a3, 303a3, 303a4, 303b6

λαμβάνω (ληπτέον) 获得，拥有，抓住
[拉]accipio
[德]bekommen, empfangen, fassen
[英]take, possess, seize
281b7, 281c1, 282c1, 282c5, 284a6,
284c7, 292c6, 294a4

λανθάνω 不被注意到，没觉察到
[拉]lateo, delitesco
[德]verborgen, unbekannt sein
[英]escape notice, unawares, without being observed
282d2, 301b6, 301b7

λέγω (λεκτέος) 说
[拉]dico
[德]sagen
[英]say, speak
281b1, 281c5, 281d8, 282a4, 282b2,
282c4, 282e9, 283a6, 283c2, 284b8,
284c9, 284d1, 284d6, 284e1, 285a2,
285a4, 285b4, 285e9, 286a8, 286b3,
286c2, 286d7, 287a2, 287b7, 287e4,
288a5, 288a7, 288b2, 288b6, 288b7,
288c4, 289b3, 289e9, 290b1, 290b8,
290d4, 290d8, 290d10, 291a2,
291c2, 291c6, 291c9, 291d8, 291d9,
291e9, 292a8, 291e9, 292a8, 292c2,
292c4, 293a10, 293a11, 293d5,
293e7, 293e11, 294c1, 295a7,
295b1, 295c1, 295c8, 295e5, 296a4,
296a9, 296e4, 297b8, 297b9, 297c3,
297c7, 297d8, 297d11, 297e1,
298a9, 298b8, 298b9, 298c1, 298c8,
298d1, 298d6, 298d8, 299b7, 299b8,
299c7, 299c8, 299e6, 300a4, 300b3,
300d6, 300d7, 300e1, 300e2, 301d4,
301e9, 301e10, 302a1, 302b2,
302b4, 302b7, 302c7, 302e1, 302e3,
302e7, 303a1, 303b2, 303d11,
303e4, 303e6, 303e8, 304a3, 304a6,
304c4, 304c5, 304c6, 304d5, 304e4,
304e8

λεῖος (adv. λείως) 光滑的
[拉]laevis
[德]glatt
[英]smooth
288d7

λέξις 说话方式，说话风格
[拉]dictio, stilus
[德]Redeweise, Stil
[英]diction, style
300c3

ληρέω 胡说，说傻话，做傻事
[拉]nugor
[德]dumm schwatzen
[英]speak or act foolishly
298b8

λῆρος 蠢话，胡说
[拉]nuga, vaniloquus
[德]dummes Gerede

[英]trifle, trash

304b5

λίαν 非常，十分

[拉]nimis

[德]gar sehr

[英]very much, overmuch

293d8, 304b5

λίθινος 石头的，石头制造的

[拉]lapideus

[德]steinig, von Stein

[英]stony, made of stone

290c4

λίθος 石头

[拉]lapis

[德]Stein

[英]stone

290c5, 292d2, 292d5

λογισμός 计算，算数

[拉]computatio

[德]Rechnung

[英]counting, calculation

285c5

λόγος 话，说法，言词，理由，道理，讨论

[拉]verbum, dictum, oratio

[德]Wort, Rede

[英]words, arguments

281a6, 283a3, 284e1, 285a5, 285b3, 286a5, 286a7, 286a8, 286c6, 286d7, 287a4, 287b6, 291b8, 292b11, 293b5, 293d4, 294b7, 296b1, 297d1, 297d4, 298a4, 298d4, 299b7, 300c3, 301b5, 301d3, 301e3, 302b7, 303e13, 304a5, 304a7, 304b1, 304c3, 304c7, 304d8

λύρα 七弦琴

[拉]lyra

[德]Leier

[英]lyre

288c6, 289d5

μάθημα 学问，课业

[拉]doctrina, disciplina

[德]Lehre, Unterricht

[英]that which is learnt, lesson

284a8, 286e4, 292d3

μακαρία 幸福，福祉

[拉]beatitudo

[德]Seligkeit

[英]happiness, bliss

293a2

μακάριος 有福的，幸福的，幸运的

[拉]beatus, felix

[德]glückselig, glücklich

[英]blessed, happy

304b7

μάλα (comp. μᾶλλον, sup. μάλιστα) 很，非常

[拉]valde, vehementer

[德]sehr, recht, ganz

[英]very, exceedingly

282a6, 283b2, 283e5, 284a5, 284b1, 284b3, 284c8, 285a2, 286c7, 286e1, 287a5, 287b5, 289c5, 290b2, 291a1, 291a3, 291b2, 292a7, 292d4, 293c1, 294d2, 294d4, 294e10, 295a7, 295e6, 298b7, 298b11, 299d4, 301c8, 304a2, 304e3

μανθάνω 学习，理解，弄明白，懂

[拉]disco, intelligo
[德]lernen, verstehen
[英]learn, understand
283c4, 286d6, 286e7, 287a7, 287e2, 289a1, 299a7, 300e2

μαντεύομαι (μαντεύω, μαντευτέον) 求神谕，预示
[拉]oraculum peto, vaticinor
[德]das Orakel befragen, weissagen
[英]seek divinations, presage, forebode
292a3

μαρτυρέω (μαρτύρομαι) 作证
[拉]testor
[德]bezeugen
[英]bear witness, give evidence
288a4, 296a1

μάχη 战斗，交战，斗争，争吵，竞争
[拉]pugna, conflictus, dimicatio
[德]Kampf, Schlacht, Streit, Zank
[英]battle, combat, strife
294d2

μάχομαι 战斗
[拉]pugno
[德]kämpfen
[英]fight
299a4

μεγαλεῖος (adv. μεγαλείως) 高大的，宏伟的
[拉]magnficus
[德]großartig
[英]magnificent, splendid
291e3

μεγαλοπρεπής (adv. μεγαλοπρεπῶς) 宏大的，显赫的，崇高的
[拉]magnificus
[德]großartig, erhaben
[英]magnificent
291e2

μέγας (comp. μείζων; sup. μέγιστος; adv. μεγαλωστί) 强有力的，大的
[拉]validus, magnus
[德]gewaltig, groß
[英]mighty, great, big
281b3, 281c4, 282e9, 283d5, 284d4, 285b6, 287b1, 294b2, 294b3, 294b4, 295a7, 298e6, 299d3, 300e8, 301a6, 301b6, 304b2

μέλλω 打算，注定要，必定，应当
[拉]futurus sum, debeo, fatali necessiate cogor
[德]wollen, gedenken, sollen, bestimmt sein
[英]to be about to, to be destined
281c2, 286b5, 287d2, 290b5, 290e9, 291c6, 297e4

μέρμερος 吹毛求疵的，挑剔的
[拉]difficilis
[德]verdrießlich, entsetzlich
[英]captious, fastidious
290e4

μέρος (μερίς) 部分
[拉]pars
[德]Teil
[英]portion, part
299b3

μέσος (adv. μέσως) 中间的
[拉]medius

[德] inderMitte
[英] middle
290c3, 298d5

μεστός 满的，充满……的
[拉] plenus, refertus
[德] voll, angefüllt
[英] full, full of
290d9

μεταχειρίζω 从事，处理
[拉] contrecto, administro
[德] behandeln
[英] take in hand, handle
304b6

μέχρι 直到，直到……为止
[拉] usque
[德] bis, so lang als
[英] as far as, until
281c6

μῆνις 愤怒
[拉] ira
[德] Zorn
[英] wrath
282a7

μικρολογία 烦琐，斤斤计较，小气
[拉] cura, quae impenditur rebus parvis
[德] Kleinlichkeit, Knauserei
[英] meanness, pettiness
304b4

μικρός (σμικρός) 小的
[拉] parvus
[德] klein
[英] small, little
282e4, 286e3, 286e5, 304b2, 304c5

μιμέομαι 模仿，仿效
[拉] imitor
[德] nachtun, nachahmen
[英] imitate
287a3, 292c3

μιμνήσκω (μιμνήσκομαι) 想起，记起
[拉] recordor, memini
[德] erinnern
[英] remember, remind oneself of
289c2, 292c9, 302b7, 302d6, 302d7

μισθός 酬金
[拉] merces
[德] Bezahlung
[英] pay, allowance
282c7

μνᾶ 米那
[拉] mina
[德] Mine
[英] mina
282e3

μνήμη (μνεία) 记忆，提醒
[拉] memoria
[德] Gedächtnis, Erinnerung
[英] remembrance, memory, reminder
302e4

μνημονικός (adv. μνημονικῶς) 有关记忆力的，记忆力好的，记性好的
[拉] memoria valens, memor
[德] ein gutes Gedächtnis besitzend
[英] of or for remembrance or memory, having a good memory
285e10

μόνος 唯一的，仅仅的
[拉] solus, singularis, unus

[德]allein, alleinig, bloß
[英]alone, solitary, only
290a4, 292a3, 294d6, 294e3, 295b2

μουσικός 文艺的，音乐的
[拉]musicus
[德]musisch
[英]musical
295d4, 298a4

μυθολογέω 讲故事，讲神话
[拉]fabulor, fabulam narro
[德]fabulieren, erdichten
[英]tell stories, tell mythic tales
286a2

μυθολογία 讲故事
[拉]fabularum narratio
[德]Sagengeschichte
[英]story-telling
298a4

μυλίας 磨石
[拉]molaris
[德]Mühlstein
[英]millstone
292d5

μυρίος (adv. μυριάκις) 巨大的，无限的，成千上万的
[拉]infinitus, extremus, maximus
[德]unendlich, unzählig
[英]infinite, immense
303c1

νέος (comp. νεώτερος) 新奇的，年轻的
[拉]novus, juvenis
[德]neu, jung
[英]new, young
281b7, 282b8, 282c5, 283e2, 284c4,
286a5, 286b2, 301a5

νόμιμος 法定的，按照惯例的
[拉]legitimus, idoneus
[德]gebräuchlich, gesetzmäßig
[英]conformable to custom, usage, or law
284c5, 284d7, 285a3, 285a6, 285b6,
286b4, 294c9, 296e3

νόμος 法，法律，习俗
[拉]jus, lex, mos
[德]Gesetz, Gewohnheit, Sitte
[英]law, custom
284b7, 284c9, 284d1, 284d3, 284d4,
284d7, 295d5, 298b2, 298c4, 298d1,
298d5

νόος (νοῦς) 理智，努斯
[拉]mens, intellectus
[德]Verstand, Vernunft
[英]mind, intellect
295c2

νουθετέω 斥责，警告
[拉]corrigor, castigo, admoneo
[德]zurechtweisen, ermahnen
[英]rebuke, warn
301c6, 301c7

ξένος (ξενικός, adv. ξένως) 陌生的，不熟悉的，异乡的
[拉]alienus, peregrinus
[德]fremd
[英]unacquainted with, ignorant of
284c5, 285a1, 287c1, 287d3

ξύλον 木头
[拉]lignum
[德]Holz

[英]wood, log

291c8, 292d2

ὄζω 闻，嗅

[拉]oleo

[德]riechen

[英]smell

299a3

οἴκαδε 向家中去

[拉]domum

[德]nach Hause

[英]to one's house, home, homewards

282e5, 304d4

οἰκέω 居住，生活，管理，治理

[拉]habito, vivo, guberno, administro

[德]wohnen, leben, verwalten

[英]inhabit, dwell, live, manage, direct

284d5, 304d4

οἴκοθεν 从家里

[拉]domo

[德]von Hause

[英]from home

282b5

οἴομαι 料想，猜，认为，相信

[拉]puto

[德]vermuten, denken

[英]guess, think, believe

281c9, 282e6, 283e8, 284b3, 284d2, 288b1, 288e6, 290a6, 290b1, 290c2, 292b8, 292c6, 295b1, 295b4, 296a6, 297d7, 297e5, 298c7, 299b2, 301b7, 302c5, 302c7, 304a4, 304e2

οἴχομαι 走，上路

[拉]abeo, proficiscor

[德]gehen, kommen

[英]go or come

294e7, 296d6, 304b1

ὀλίγος (sup. ὀλίγιστος) 小的，少的

[拉]paucus, parvus

[德]gering, klein

[英]little, small

282e2, 295a4

ὅλος (adv.ὅλως) 整个的，全部的

[拉]totus

[德]ganz, völlig

[英]whole, entire

288e7, 295c8, 301b2

ὁμιλία 来往，交往

[拉]consuetudo, colloquium

[德]das Zusammensein, Verkehr, Umgang

[英]intercourse, company

283d3, 304e7

ὁμοιότης 相似（性）

[拉]similitudo

[德]Ähnlichkeit

[英]likeness, similarity

290c5

ὁμολογέω (ὁμολογητέον) 同意，赞同，认可，达成一致

[拉]consentio, assentior

[德]zugestehen, bestimmen

[英]agree with, concede

288e1, 289b6, 289c1, 290a9, 290c8, 290c9, 290d3, 290d5, 291b4, 291b5, 294c8, 299c2, 303d4, 303d6

ὀνειδίζω 训斥，责骂
　　[拉] objurgo
　　[德] vorwerfen, verweisen
　　[英] reproach, upbraid
　　286d4, 293c7, 304e4
ὀνίνημι 帮助，使满意
　　[拉] juvo
　　[德] nützen, helfen
　　[英] profit, benefit, help, gratify
　　301c6
ὄνομα 语词，名字，名声
　　[拉] nomen
　　[德] Name, Nomen
　　[英] word, name, fame
　　281c4, 282a3, 285e8, 286a6, 288d2,
　　290e2, 291a6, 298e8
ὀνομάζω 命名，称呼
　　[拉] nomino, appello
　　[德] nennen
　　[英] name, call or address by name
　　282b1, 284e2, 288d2, 303e3
ὀπτάω 烘烤，烧干
　　[拉] asso, coquo
　　[德] braten, rösten, backen
　　[英] roast, broil
　　288d8
ὁπωσοῦν 无论如何
　　[拉] quocunque modo
　　[德] wie auch immer
　　[英] in any way whatever
　　283e1, 285c2, 290a6, 292b3
ὁράω 看，注意
　　[拉] video, animadverto, intelligo
　　[德] schauen, einsehen, merken

　　[英] see, look, pay heed to
　　293e11, 295a7, 295c5, 297e5,
　　298a3, 299a5, 299a6, 299e1, 300c5,
　　300c6
ὄργανον 工具，装备，器官
　　[拉] instrumentum
　　[德] Werkzeug, Organ
　　[英] instrument, tool, organ
　　295d3
ὀργίζω 发怒，生气
　　[拉] irascor
　　[德] zornig machen, erzürnen
　　[英] make angry, irritate
　　286d4, 295a7
ὀρθός (adv. ὀρθῶς) 正确的，直的
　　[拉] rectus
　　[德] recht, gerade
　　[英] right, straight
　　281d8, 284b8, 284c3, 284c5, 288a1,
　　288a4, 288c4, 289a7, 289d2, 289e9,
　　290a7, 290a8, 290c1, 290d4, 291a5,
　　295e5, 295e6, 304a3
ὅρος 界线，边界，限度，标准
　　[拉] terminus, finis, norma
　　[德] Grenze, Kriterium
　　[英] boundary, limit, standard
　　283b2
ὄρτυξ 鹌鹑
　　[拉] coturnix
　　[德] Wachtel
　　[英] quail
　　295d1
οὐράνιος 天上的
　　[拉] coelestis

[德] himmlisch
[英] heavenly, dwelling in heaven
285c1

οὖς 耳朵
[拉] auris
[德] Ohr
[英] ear
292d5

οὐσία 所是，产业
[拉] essentia, facultas
[德] Wesen, Vermögen
[英] substance, essence, stable being, immutable reality, property
301b6, 301b8, 302c5

ὀφθαλμός 眼睛
[拉] oculus
[德] Auge
[英] eye
290b3, 290c4, 295c4

ὀφλισκάνω 欠下罚款，处以罚金，招致惩罚
[拉] debeo, mulctor, damnor
[德] Geldstrafe schulden, verurteilt werden
[英] become liable to pay, fine, incur
282a1, 286e2, 292a9

ὄχημα 支撑物，运输工具，船
[拉] vehiculum
[德] Fahrzeug, Schiff
[英] anything that bears, ship
295d2

ὀχληρός 使人讨厌的，麻烦的
[拉] turbulentus, molestus
[德] lästig, widerwärtig
[英] troublesome, irksome, importunate
295b6

ὄψις 形象，外貌，视力，视觉
[拉] visus, facies, oculus
[德] das Aussehen, Sehkraft
[英] aspect, appearance, sight
297e7, 298a7, 298b3, 298d3, 299a4, 299c1, 299c4, 299c6, 299e3, 299e4, 299e6, 300a3, 302b8, 302c8, 302d7, 302e5, 303d2, 303d3, 303d7

ὄψον 菜肴
[拉] obsonium
[德] Speise
[英] relish
290e9

πάγκαλος (adv. παγκάλως) 极美的，极好的
[拉] rectissimus, pulcerrimus
[德] wunderschön
[英] very beautiful, good, or right
286a5, 286b4, 288c5, 288d9, 296b2

πάθος (πάθη, πάθημα) 属性，情状，遭遇，情感，经验
[拉] passio, affectum
[德] Eigenschaft, Attribut, Leiden
[英] state, condition, property, quality, experience
285c1, 300b5, 300b7, 301b8, 302e6

παίδευσις 教育，教化
[拉] institutio, disciplina, doctorina
[德] Erziehung, Unterricht
[英] process education, education
284c5, 284c7, 285a1

παιδεύω 教育
  [拉] doceo
  [德] erziehen
  [英] educate
  283d7, 284b7, 284c4, 284c6, 285a1, 285a5
παίζω 戏谑，开玩笑
  [拉] jocor
  [德] scherzen
  [英] make fun of
  300d3, 300d5
παῖς (παιδίον) 孩童，孩子，小孩
  [拉] pueritia
  [德] Kind
  [英] child, childhood
  283d7, 283e7, 286a2, 293b2, 296c4
πάλαι 很久以前，过去
  [拉] olim, pridem
  [德] vor alters, ehedem, schon lange
  [英] long ago
  299a7
παλαιός 古老的，古旧的
  [拉] vetus
  [德] alt
  [英] ancient, old
  281c4, 281d4, 282a5, 282c6, 283a7
πάλη 角力，摔跤
  [拉] luctatio
  [德] Ringen
  [英] wrestling
  295c9
πάμπολυς (παμπληθής) 极多的，极大的
  [拉] permultus, varius
  [德] sehr viel, sehr groß
  [英] very great, large, or numerous
  286b3
πανταχοῦ 一切地方，全然
  [拉] ubique
  [德] überall
  [英] everywhere, altogether, absolutely
  291d9
παντοδαπός 各种各样的，五花八门的
  [拉] varius, multiplex
  [德] mannigfach, mancherlei
  [英] of every kind, of all sorts, manifold
  282d1
πάππος 祖父，祖先
  [拉] avos
  [德] Großvater, Ahnherr
  [英] grandfather, ancestors
  292e10
παραγίγνομαι 在旁，在附近，在场
  [拉] advenio, intersum
  [德] zum jem. stehen, dabeisein
  [英] to be beside, stand by
  293e11
παράγω 领着经过，引向一边
  [拉] adduco, induco, profero
  [德] daneben führen, herbeiführen
  [英] lead by, lead aside
  298d5
παραδίδωμι 交出去，交给，出卖，背叛
  [拉] trado, dedo
  [德] hingeben, verraten
  [英] give, hand over to another, be-

tray
283e5, 284a2, 284a5, 284a8

παραλανθάνω 逃避某人的注意
　　[拉]lateo
　　[德]daneben entgehen
　　[英]escape the notice of
298b5

παραληρέω 胡说，胡说八道
　　[拉]deliro
　　[德]Verkehrtes reden, schwatzen
　　[英]talk nonsense, rave
295c2

παρανομέω 违法
　　[拉]contra legem facio, leges perrumpo
　　[德]gesetzwidrig handeln
　　[英]transgress the law
285b1

παράνομος (adv. παρανόμως) 违法的，不法的
　　[拉]iniquus, improbus, illicitus
　　[德]gesetzwidrig, ungesetzlich
　　[英]lawless, violent
285b5

παράπαν 完全，绝对
　　[拉]omnino
　　[德]ganz, völlig
　　[英]altogether, absolutely
283c1, 296b4, 298e3

πάρειμι 在场，在旁边；走上前来
　　[拉]adsum, procedo
　　[德]dabei od. anwesend sein, gegenwärtig sein, herbeikommen
　　[英]to be present in or at, to be by or near, go by, come forward
286b7, 292a1, 294a1, 294c4, 294c6, 297e1, 300c3

παρέχω 提请，提供，让
　　[拉]adduco, praebeo
　　[德]darbieten, aufbieten, veranlassen
　　[英]hand over, yield, allow, grant
295a7, 303d8

πάρημαι 坐在旁边
　　[拉]adsideo
　　[德]dabeisitzen
　　[英]sit by or near
292d5

παρθένος 少女，女孩
　　[拉]virgo
　　[德]Mädchen
　　[英]girl
287e4, 288a10, 288e9, 289a5, 289a9, 289b2, 289b6, 289d4, 293c3, 297d7

παροιμία 谚语
　　[拉]proverbium
　　[德]Sprichwört
　　[英]proverb
304e8

παροιμιάζω 引用谚语
　　[拉]proverbium facio aliquid
　　[德]sich eines sprichwörtlich Ausdrucks bedienen
　　[英]cite the Proverbs of
301c5

παροράω 看错
　　[拉]perperam video
　　[德]versehen

[英] see wrong
300c8

πάσχω 遭遇，发生，经历
    [拉] accido
    [德] empfangen, erfahren, erleiden
    [英] suffer, happen to one
    289b1, 293c4, 300b4, 300b6, 300b8, 300d8, 300e3, 300e4, 300e5, 301a2, 301a3, 302a2, 302c1

πατήρ 父亲
    [拉] pater
    [德] Vater
    [英] father
    282e5, 283e4, 285a6, 297b6, 297b9, 297c1

πάτριος (πατρικός) 父辈传下来的，父亲的
    [拉] pateruus, patrius
    [德] väterlich, angestammt
    [英] of or belonging to one's father, derived from one's fathers, hereditary
    284b6, 284b8

παύω 终止，停止
    [拉] desinere facio, finio
    [德] beenden, aufhören machen
    [英] cease, end
    287b7, 293d7

πεζός 陆行的，步行的
    [拉] pedes, pedester, terrestris
    [德] zu Fuß gehend, zu Lande gehend
    [英] walking on foot, going by land
    295d2

πείθω (πειστέον) 劝，听从
    [拉] persuadeo, obedio
    [德] überreden, gehorchen
    [英] persuade, obey
    283e2, 283e4, 284b4, 284b5, 301e6, 304b1

πειράω (πειρατέον) 弄清楚，考察，试验，尝试
    [拉] experior, conor, nitor
    [德] erproben, versuchen, unternehmen
    [英] attempt, endeavour, try, make proof
    286e1, 287b5, 292a7, 294c1

περαίνω 使结束，使完成，抵达终点
    [拉] finio, termino
    [德] vollenden, vollbringen
    [英] bring to an end, finish, accomplish
    304c8

περιμένω 等待，期待
    [拉] exspecto, maneo
    [德] warten, erwarten
    [英] waitfor, await
    297e4

περισσός 超过一般的，不寻常的，奇数的
    [拉] eximius, excellens, impar
    [德] ungewöhnlich, außergewöhnlich, ungerade
    [英] out of the common, extraordinary, strange, odd
    302a4, 302a5, 303b7

περιστέλλω 埋葬，安葬，殡葬

[拉] sepelio
[德] begraben, bestatten
[英] bury
291e1

περίτμημα 碎片，渣
[拉] praesegmen
[德] Splitter
[英] piece cut off, trimming, clipping
304a5

πίθηκος 猴子
[拉] simia
[德] Affe
[英] ape, monkey
289a3, 289b4

πλανάω 飘荡，漫游
[拉] erro
[德] umherirren, verirren
[英] wander
304c2

πλάσμα 铸造或塑制的东西
[拉] figmentum
[德] das Erdichtete, Gebildete
[英] anything formed or moulded
298a2

πληγή 鞭打，打击
[拉] plaga
[德] Schlag
[英] blow, stroke
292c6

πλήρης 充满……的，满是……的
[拉] plenus
[德] voll
[英] full of
283d6

πλήσσω 捶打
[拉] pulso
[德] schlagen
[英] strike
301a1

πλοῖον 船
[拉] navis
[德] Schiff
[英] ship
295d3

πλουτέω 富有，变得富有
[拉] dives sum
[德] reich sein
[英] to be rich, wealthy, becomes rich
291d10

ποιέω 做，当作
[拉] facio, efficio
[德] machen, tun, annehmen
[英] make, do
282b8, 282c5, 282c7, 283c4, 283c6,
290b3, 290b7, 290c1, 290d2,
290d6, 290e7, 290e9, 290e10,
292a9, 294a1, 294a2, 294a3, 294a6,
294b6, 294b8, 294c4, 294c6, 294d7,
294d8, 294d9, 294e1, 294e2, 294e5,
296b4, 296b6, 296b7, 296b8, 296c2,
296c3, 296c4, 296d9, 296e7, 296e8,
297a4, 297a5, 297a6, 297a8, 297d5,
297e6, 300a9, 302d1, 303c8, 303d3,
303e11, 303e12

ποίκιλμα 刺绣品，花样繁多，花花绿绿
[拉] ornatus versicolor
[德] buntweberei, bunter Zierrat

［英］brocade, embroidery
298a2

πόλις 城邦，城市
［拉］civitas
［德］Staat
［英］city
281a4, 281b1, 281b2, 281c1, 282c1,
283b5, 284a1, 284b2, 284d1, 284d4,
285d8, 292b1, 294d3, 296a3

πολίτης 公民，同邦人，同胞
［拉］civis
［德］Bürger
［英］citizen
282e6, 292b2

πολιτικός 城邦的，公共的，属于公民的
［拉］politicus
［德］politisch, öffentlich
［英］civil, public
281c8, 296a2

πολλάκις 经常，多次
［拉］saepe
［德］oft
［英］many times, often
281b1, 282c2

πολύς (comp. πλείων, sup. πλεῖστος, adv. πλειστάκις) 多，许多
［拉］multus
［德］viel
［英］many, much
281b2, 281b3, 281b7, 281c3, 281c7,
282b8, 282d2, 282d3, 282e2, 282e4,
282e7, 283a3, 283a5, 283b1, 283b3,
283b4, 283b6, 283c5, 283c7, 283e3,
284a3, 284a6, 284a8, 284b1, 284c7,
284e4, 285a7, 285c4, 285c6, 286a1,
286b6, 286e4, 287b1, 291b8, 291e6,
292c7, 293c8, 296c3, 296d1, 299b1,
300c2, 300c9, 300d1, 300d4, 303c3,
303d1, 304a7, 304c7

πονηρός 邪恶的，坏的
［拉］malus, improbus
［德］schlecht, böse
［英］evil, wicked, malicious
291e8

ποτόν (ποτός) 饮料，喝酒
［拉］potus
［德］Getränk
［英］drink
298e1

πούς 脚
［拉］pes
［德］Fuß
［英］foot
290b4

πρᾶγμα 事情，重大的事情，麻烦事
［拉］res
［德］Sache
［英］thing
285e5, 286e8, 288d3, 291a8, 294b1,
295a7, 301b3

πραγματεύομαι 从事
［拉］facio, laboror
［德］beschäftigen
［英］busy oneself, work at
304c5

πρᾶξις 行事，行为，实践，情况，事情的结局

[拉] actio, successus rerum
[德] Handlung, Lage, Ende der Geschichte
[英] doing, action, practice, result
281c8, 292d2, 304e1

πράσσω (πράττω) 做
[拉] ago
[德] tun, handeln, machen
[英] do, act
282b4, 282b6, 282c7, 284c1, 284c3, 299a5

πρέπω 相适合，相配，合适
[拉] decet, convenio
[德] passen, ziemen
[英] fit, suit
290c7, 290c8, 290c9, 290d2, 290d5, 290d7, 290e5, 291a1, 291a3, 291a5, 291b2, 291b4, 291b5, 291c3, 293e2, 293e4, 293e5, 293e7, 293e11, 294a7, 294b6, 294c3, 294d6, 294d7, 294e1, 294e4, 294e8

πρεσβευτής 使节，大使
[拉] legatus
[德] Gesandten
[英] ambassador
281a5

πρεσβεύω 敬重，做使节
[拉] veneror, legatus sum
[德] schätzen, achten, Gesandter sein
[英] respect, to be an ambassador or serve as one
281b2, 282b5

πρέσβυς (πρεσβύτης) 老人
[拉] senex

[德] Alter
[英] old man
282e1, 286a2

προαιρέω 有意选择，首先选择
[拉] praefero
[德] vorziehen, sich auswählen
[英] prefer, choose
299d9

προαποφαίνω 提前宣布，事先解释
[拉] ante declaro
[德] vorher darlegen, aussprechen
[英] declare or explain before
288d6

προβαίνω 向前走，前进
[拉] progredior, procedo
[德] vorschreiten, vorrücken
[英] step forward, advance
296b2

προβάλλω 扔向前面，抛给
[拉] projicio, propono
[德] vorwerfen, vorschieben
[英] throw or lay before, put forward
293d2

πρόγονος 祖先
[拉] progenitor
[德] Vorfahr
[英] forefather, ancestor
292e9, 293b11

προδιδάσκω 预先教
[拉] edoceo
[德] vorher lehren
[英] teach beforehand
291b1

προερέω (προεῖπον) 预先说出，预先

告知
　　[拉]praedico
　　[德]vorhersagen
　　[英]say beforehand
　　297c5
προπηλακίζω 抹黑，侮辱
　　[拉]contumeliose tracto
　　[德]beschimpfen, entehren
　　[英]treat with contumely
　　304c3
προσαγορεύω 称呼，打招呼
　　[拉]voco, saluto
　　[德]anreden, nennen, begrüßen
　　[英]address, greet
　　295d6
προσγίγνομαι 加上，增加，产生，发生
　　[拉]adsum, adnascor
　　[德]dazukommen, sich anschließen
　　[英]to be added, accrue, come to, happen to
　　289d4, 289d8, 289e5, 290b7, 292d1
πρόσειμι 走向，走近；加上……，属于
　　[拉]adeo, adsum
　　[德]hinzugehen, dabei sein
　　[英]come or go to, approach, to be added to
　　293e4, 294d5, 294d6
προσέχω 带给，献上
　　[拉]applico
　　[德]herführen
　　[英]apply, bring
　　295c2
πρόσθεν 在……前，以前，从前
　　[拉]ante, olim, prius

　　[德]vorn, früher
　　[英]before, in front of
　　302e7
προσποιέω 假装，佯装
　　[拉]affecto, simulo
　　[德]vorgeben
　　[英]pretend
　　298b8
πρόσχημα 托词，借口，装饰物，外表
　　[拉]praetextus, decus, ornamentum
　　[德]Vorwand, Einkleidung
　　[英]pretence, pretext, ornament, aspect
　　286a7
πρόσωπον 脸，面容
　　[拉]vultus
　　[德]Angesicht, Gesichtszüge
　　[英]face, countenance
　　290b3
πρότερος (προτεραῖος) 更早的，在先的
　　[拉]prior
　　[德]früher, vorhergehend
　　[英]before, former, earlier
　　282a5, 282a6, 282d5, 283a2, 283b1, 287b8, 289e5, 291c1, 300e8, 301e6, 302b4, 303e13
προφαίνω 使显现，使出现
　　[拉]appareo, prodeo
　　[德]vorzeigen, zum Vorschein bringen
　　[英]bring to light, show forth, manifest
　　300c9, 300d6, 303c2
πυνθάνομαι 询问，打听，听到，了解到

　　　　[拉] interrogo, quaero, audio
　　　　[德] fragen, sich erkundigen
　　　　[英] inquire about, hear, learn
　　　287d5, 293d4, 295b6
πῦρ 火
　　　　[拉] ignis
　　　　[德] Feuer
　　　　[英] fire
　　　290e8
ῥάδιος (adv. ῥαδίως) 容易的，漫不经心的
　　　　[拉] facilis, expeditus
　　　　[德] leicht, mühelos
　　　　[英] easy, ready
　　　286e7, 289d7, 289e8, 295b1, 295b5, 298c1
ῥῆμα 言辞，说出的话语，动词
　　　　[拉] verbum, dictum
　　　　[德] Wort, Ausspruch
　　　　[英] that which is said or spoken, word, saying, phrase
　　　292c4
ῥητός 可说的
　　　　[拉] dictus
　　　　[德] erklärbar, sagbar
　　　　[英] speakable
　　　303b8
ῥυθμός 节奏
　　　　[拉] rhythmus
　　　　[德] Rhythmus
　　　　[英] rhythm
　　　285d2
σαφής (adv. σαφῶς) 清楚的，明白的
　　　　[拉] manifestus, clarus, planus

　　　　[德] deutlich, klar, sichtbar
　　　　[英] clear, plain, distinct
　　　286e3, 300e2, 301e11
σεμνός 庄严的，神圣的
　　　　[拉] vererandus, sacer
　　　　[德] erhaben, heilig
　　　　[英] august, holy
　　　288d3
σιτίον (σῖτος) 食物，粮食
　　　　[拉] cibus
　　　　[德] Essen, Getreide
　　　　[英] food, grain
　　　298e1
σκέπτομαι 考虑，思考
　　　　[拉] considero
　　　　[德] nachdenken
　　　　[英] consider
　　　295a5, 297e2
σκεῦος 器具，器皿
　　　　[拉] apparatus, instrumentum
　　　　[德] Zeug, Gerät
　　　　[英] vessel, implement
　　　288e7, 295d2
σκοπέω 考虑，注视，查明
　　　　[拉] speculor, considero
　　　　[德] überlegen, prüfen, sich umshen
　　　　[英] behold, contemplate
　　　293e1, 293e5, 293e9, 293e10, 297a4, 300e8, 301b3, 302e3
σοφία 智慧
　　　　[拉] sapientia
　　　　[德] Weisheit
　　　　[英] wisdom
　　　281c5, 281d7, 282d1, 282d3, 283a1,

283a8, 283c3, 287c5, 289b5, 291a7, 296a5, 296e3, 300d1

σοφίζω 使有智慧，教诲
  [拉] sapientiae studeo
  [德] weise machen, belehren
  [英] make wise, instruct
283a6

σοφιστής 智者
  [拉] sophistes, sophista
  [德] Sophist
  [英] sophist
281d5, 282b5, 282e8

σοφός 智慧的
  [拉] sapiens
  [德] weise, klug
  [英] wise
281a1, 281b6, 283b1, 283b2, 286d5, 287c5, 289a6, 289b4, 290d2, 301a4, 304c3

σπουδάζω 认真做，热衷于
  [拉] serio contendo
  [德] ernsthaft sein
  [英] to be serious
284a7, 297b3

σπουδαστός 值得追求的，值得向往的
  [拉] serio studio dignus, magni faciendus
  [德] erstrebenswert
  [英] that deserves to be sought or tried zealously
297b5

στέργω 喜欢，满意
  [拉] diligo, amo
  [德] zufrieden sein, lieben
  [英] love, to be content or satisfied
295b4

στρογγύλος 圆形的，球形的
  [拉] rotundus
  [德] rund
  [英] round, spherical
288d7

σύγκειμαι 躺在一起，被组合起来
  [拉] simul positus sum, consto, compositus sum
  [德] zusammen liegen, zusammengesetzt sein
  [英] lie together, to compounded
286a6

συγχωρέω (συγχωρητέον) 让步，同意
  [拉] concedo, indulgeo
  [德] nachgeben, zulassen
  [英] concede, give up
283d8, 284e7, 284e8, 285b3, 302c3, 304a3

συζητέω 一起寻找，一道探究
  [拉] una quaero vel exploro
  [德] mituntersuchen
  [英] search or examine together with
295b3

συκῆ 无花果树
  [拉] ficus
  [德] Feigenbaum
  [英] fig-tree
291c4

σύκινος 无花果树的
  [拉] ficulneus
  [德] vom Feigenbaum
  [英] of the figtree

290d9, 290e6, 291a1, 291b2, 291b6
συλλαβή 音节
 [拉] syllaba
 [德] Silbe
 [英] syllable
285d1
συλλήβδην 简而言之，总之
 [拉] summatim
 [德] zusammenfassend, mit einem Wort
 [英] in sum, in short
285d8
σύλλογος 集会，会议
 [拉] conventus, coetus, concilium
 [德] Versammlung
 [英] assembly, concourse, meeting
304d1
συμβαίνω 有结果，发生
 [拉] succedo
 [德] sich ereignen, geschehen
 [英] result, follow, happen
283a4, 304e4
συμβάλλω 造成，促成，扔到一起
 [拉] suadeo, conjicio
 [德] beitragen, zusammenwerfen
 [英] contribute, throw together
289a4, 289a5, 289b1, 289b2
συμβουλεύω 劝说，劝告，建议
 [拉] consilium do, consulo
 [德] raten, sich beraten
 [英] advise, counsel
289c6
συμμαρτυρέω 共同作证，为某人作证
 [拉] attestor
 [德] Mitzeuge sein, mitbezeugen
 [英] bear witness with
282b2
σύμπας (συνάπας) 全部，总共，整个
 [拉] omnis, totus, cunctus
 [德] all, insgesamt
 [英] all together, the whole, sum
298a4, 304a4
σύμφημι 同意，赞成
 [拉] concedo, approbo
 [德] beistimmen, bejahen
 [英] assent, approve
293e6
συναμφότερος (συνάμφω) 两者合在一起的
 [拉] uterque simul
 [德] beides zugleich
 [英] both together
303b8
συνδοκέω 也同意，一同认为好
 [拉] consentio
 [德] es scheint mir auch, beipflichten
 [英] seem good also, also agree
283b1
σύνειμι 在一起，共处，结交
 [拉] una sum, consuetudinem habeo
 [德] mit leben
 [英] to be with, live with
282b8, 282c5, 283c3, 283e3
συνεπισκέπτομαι 一起考察，共同检查
 [拉] una inspicio, una considero
 [德] gemeinsam betrachten
 [英] examine together

296b3

συνουσία 就教，交往
　　［拉］conversatio, colloquium
　　［德］das Zusammensein, Umgang, Verkehr zwischen Lehrer und Schüler
　　［英］being with or together, intercourse with a teacher
286a4

συντρίβω 打破，打碎
　　［拉］contero
　　［德］zerschlagen
　　［英］shatter
290e7

συρφετός 垃圾，乌合之众
　　［拉］sordes, turba vilis
　　［德］Abfall, Gesindel
　　［英］litter, mixed crowd, mob
288d4

σφοδρός (adv. σφοδρῶς, σφόδρα) 激烈的，急躁的，热烈的，猛烈的
　　［拉］vehemens
　　［德］heftig, ungestüm
　　［英］violent, impetuous
295e10, 300d4

σχεδόν 几乎，将近，大致
　　［拉］paene, prope
　　［德］nahe, fast, ungefähr
　　［英］near, approximately, more or less
282e6, 287a5, 288c9, 293c8, 295d5, 293c8, 295d5

σχέτλιος 固执己见，冷酷无情
　　［拉］pertinax
　　［德］eigensinnig, stark
　　［英］unwearying, unflinching

289e7

σχολή (adv. σχολῇ) 闲暇
　　［拉］otium
　　［德］Muße, freie Zeit
　　［英］leisure
281a3

σῶμα 身体，肉体
　　［拉］corpus
　　［德］Leib, Körper
　　［英］body, corpse
295c8, 296e3, 301b6

σωτηρία 拯救，保全
　　［拉］salus
　　［德］Rettung
　　［英］salvation
304b2

σωφρονέω 清醒过来，明白过来，节制
　　［拉］prudens sum
　　［德］vernünftig, klug, besonnen sein
　　［英］come to one's senses, learn moderation, to be temperate
304a2

ταὐτός 同一的
　　［拉］idem
　　［德］identisch, gleich
　　［英］identical
289b1, 293c3, 298a5

ταχύς (adv. τάχα, ταχέως, comp. θάσσων) 快的，迅速的
　　［拉］citus, celer, velox
　　［德］schnell, bald
　　［英］quick, hasty
291d8, 298d2, 303b6, 303b7, 303b8

τεκμαίρομαι 推断，推测，断定

[拉] argumentor, conjecto
[德] festsetzen, vermuten
[英] judge, conjecture
288c10

τεκμήριον 证明，证据
[拉] argumentum
[德] Beweis
[英] proof
282e9, 283a8

τέλειος (τέλεος, adv. τελέως) 完美的，完满的
[拉] perfectus
[德] vollkommen
[英] perfect
281b6

τελευταῖος 最后的
[拉] finalis, extremus
[德] schließlich
[英] last
282c3

τελευτάω 死亡，完成，结束
[拉] morior, occumbo, finio
[德] sterben, vollenden, zu Ende bringen
[英] die, finish, accomplish
282a8, 291d11

τέρας 异象，怪异
[拉] portentum, prodigium
[德] Vorzeichen, Wunder
[英] sign, wonder, marvel, portent
283c2, 300e7

τέρπω 高兴，喜悦
[拉] delecto
[德] erfreuen

[英] delight
298a3

τέχνη 技艺
[拉] ars
[德] Kunst, Kunstfertigkeit
[英] art, skill
281d3, 281d5, 282b3, 282d4, 295d4

τήμερον (σήμερον) 今天
[拉] hodie
[德] heute
[英] today
293c5

τίθημι (θετέος) 提出，设定
[拉] pono, duco
[德] setzen, stellen
[英] give, put, set up
284d2, 284d3, 284d4, 303c2

τιμάω (τιμητέος) 尊重，敬重，看重；提出应受的惩罚
[拉] honoro, decoro, dignum judico
[德] ehren, achten, schätzen, auf eine Strafe antragen
[英] worship, esteem, honour, estimate the amount of punishment
284a6, 284b1, 291d10, 303e3

τίμιος 贵重的，受尊敬的
[拉] pretiosus
[德] geehrt, kostbar
[英] valuable, held in honour, worthy
284a1, 301a5

τιτρώσκω 受伤，伤害
[拉] vulnero, laedo
[德] verwunden

[英] wound, damage, injure
301a1

τολμάω (τολμητέον) 敢，敢于，大胆
  [拉] audeo
  [德] wagen
  [英] dare
  288c2, 288d2, 304d6

τόπος 地方，地区
  [拉] locus
  [德] Ort, Platz
  [英] place, region
  281b4

τορύνη 搅拌勺
  [拉] tudicula
  [德] Rührlöffel, Quirl
  [英] stirrer, ladle
  290d9, 290e5, 291c2

τοσοῦτος 这样大的，这样多的
  [拉] tantus
  [德] so groß
  [英] so great, so large
  292c7, 301b7

τρέπω 转向，走向
  [拉] converto, verso
  [德] sich wenden, sich drehen
  [英] turn one's steps, turn in a certain direction
  297d10

τριήρης 三列桨战船
  [拉] triremis
  [德] Dreiruderer
  [英] trireme
  295d3

τρόπος 方式，生活方式，性情，风格
  [拉] modus
  [德] Weise
  [英] way, manner
  286d3, 288c10, 292c3, 295d6

τυγχάνω 恰好，碰巧
  [拉] invenio, incido
  [德] sich treffen, sich zufällig ereignen
  [英] happen to be
  289c4, 291e6, 293d4, 293e5, 295e5, 298d3, 299c1, 301a6, 302c1, 304d3

τύπτω 打，击，敲
  [拉] verbero
  [德] schlagen
  [英] beat, strike, smite
  292b2, 292b4, 292b10, 292b11

τυφόω 有错觉，发狂
  [拉] stupore opprimo
  [德] behexen
  [英] delude, to be crazy, demented
  290a5

τύχη 命运，运气
  [拉] fortuna, sors
  [德] Geschick, Zufall
  [英] fate, chance
  295b5, 304c1

τωθάζω 嘲讽，讥笑
  [拉] irrideo
  [德] spotten, verspotten
  [英] mock, jeer at, flout
  290a4

ὑβριστικός (adv. ὑβριστικῶς) 侮慢的，放纵的
  [拉] insolens, lascivus
  [德] übermütig

[英] insolent, outrageous
286c8

ὑγιαίνω 健康
　　[拉] valeo
　　[德] gesund sein
　　[英] to be sound, healthy
291d10, 300e10

υἱός 儿子
　　[拉] filius
　　[德] Sohn
　　[英] son
283c6, 283e6, 284b7, 285a5, 285b3, 297b9, 297c1

ὑπάρχω 开始，属于，存在
　　[拉] initium do, adsum
　　[德] anfangen, beginnen, zuteil werden, vorhanden sein
　　[英] begin, belong to, exist
292d1

ὑπερέχω 在……之上，超出，胜过
　　[拉] supero, excello
　　[德] überragen, herausragen
　　[英] to be above, excel
294b2, 294b3

ὑποδέω 穿鞋
　　[拉] calceo
　　[德] beschuhen
　　[英] put on shoes
291a7

ὑπόδημα (ὑπόδεσις) 鞋
　　[拉] calceus
　　[德] Schuh
　　[英] shoe
294a4

ὑπόθεσις 建议，假设，假定
　　[拉] hypothesis
　　[德] Voraussetzung, Annahme, Hypothese
　　[英] proposal, suggestion, presupposition
302e12

ὑπολαμβάνω 反驳，打断；接受，认为
　　[拉] respondeo, puto
　　[德] erwidern, einwerfen, annehmen
　　[英] retort, interrupt, accept
291d4

ὑπομένω 忍受，忍耐，等候
　　[拉] tolero, maneo
　　[德] ertragen, hinnehmen, erwarten
　　[英] submit, bear, await
298d4, 304e5

ὑπομιμνήσκω 提醒，启发
　　[拉] in memoriam revoco
　　[德] erinnern
　　[英] remind
286c5, 301e7

ὑποτίθημι 假定，假设，置于……之下
　　[拉] suppono, propono
　　[德] voraussetzen, annehmen
　　[英] assume, suppose
286b3, 299b2

ὕστερος 较晚的，后来的
　　[拉] posterior, sequens
　　[德] später, nächst
　　[英] latter, next
281c6, 292e9

φαίνω 显示，显得，表明，看起来
　　[拉] in lucem protraho, ostendo, ap-

pareo
　　[德] ans Licht bringen, scheinen
　　[英] bring to light, appear
　　281c7, 289b3, 289b5, 289d3, 289d8,
　　289e5, 289e6, 290b5, 290d2, 291d3,
　　293b5, 294a1, 294a3, 294a5, 294a6,
　　294b3, 294b5, 294b7, 294b8, 294c1,
　　294c3, 294c5, 294c6, 294d1, 294d5,
　　294d7, 294d9, 294e1, 294e2, 294e5,
　　294e6, 294e9, 297a5, 297c6, 297d3,
　　298d2, 300d4, 300d7, 300e3, 302b6,
　　302d6, 303a1, 303e12

φανερός (adv. φανερῶς) 明显的，看得见的
　　[拉] manifestus, evidens
　　[德] offenbar
　　[英] visible, manifest
　　304d6

φαντάζω (φαντάζομαι) 使显得，显出
　　[拉] ostendo, appareo
　　[德] erscheinen
　　[英] make visible, appear
　　300c10

φαῦλος (φλαῦρος; adv. φαύλως, φλαύρως) 容易的，微小的，低劣的，坏的
　　[拉] pravus, levis, malus
　　[德] gering, leicht, schlimm
　　[英] easy, slight, mean, bad
　　281d5, 281d7, 286e8, 288d2

φαυλότης 微不足道，低劣
　　[拉] pravitas
　　[德] Schlichtheit, Schlechtigkeit
　　[英] meanness, poorness, badness
　　286d2

φέρω 携带，带到，引向，搬运，忍受
　　[拉] fero, traho, perfero
　　[德] tragen, bringen, dulden, ertragen
　　[英] carry, lead, endure, bear
　　282e5, 286d1, 287b5, 288a6, 304b1

φεύγω 逃，避开
　　[拉] fugio, evado
　　[德] fliehen, vermeiden
　　[英] flee, avoid, escape
　　283d2, 292a6

φημί (φατέον) 说
　　[拉] dico
　　[德] sagen
　　[英] say, speak
　　281d6, 282a1, 283a4, 283b8, 283d8,
　　284c2, 284e10, 286c8, 287b6,
　　287d3, 288a8, 288b8, 288c1, 288c6,
　　288c7, 288e1, 288e4, 289a5, 289a8,
　　289c3, 289c4, 289c5, 289c6, 289c9,
　　290b1, 290b2, 290c3, 290c6, 290c7,
　　290d1, 290d7, 290e5, 291a1, 291b3,
　　291c7, 291d7, 292c6, 292c8, 292c9,
　　292e1, 292e2, 292e6, 292e7, 292e8,
　　292e9, 293a4, 293a7, 293b10,
　　293c5, 293d6, 293e2, 294b4, 295c4,
　　295e1, 296c7, 297e7, 298b3, 298e2,
　　298e3, 298e4, 298e5, 298e7, 299a1,
　　299a2, 299a7, 299a8, 299b3, 299b8,
　　299c4, 299c6, 299d2, 299d8, 299e2,
　　299e7, 299e8, 300a4, 300a6, 300a7,
　　300a8, 300c5, 301c5, 302e12,
　　303a2, 303a3, 303c1, 303d11,
　　303e1, 303e8, 303e9, 303e11,
　　304a2, 304c1, 304d8

φθόγγος 声音，乐音
　　[拉] sonus
　　[德] Ton
　　[英] sound
　　298a3

φθονέω 嫉妒
　　[拉] invideo
　　[德] beneiden, neidisch sein
　　[英] grudge, be envious or jealous
　　283e6, 283e8

φθόνος 嫉妒
　　[拉] invidia
　　[德] Neid
　　[英] envy, jealousy
　　282a7

φίλος (sup. φίλτατος) 亲爱的，令人喜爱的
　　[拉] carus, amicus
　　[德] lieb, geliebt
　　[英] beloved, dear
　　289c6, 291a5, 296a8, 303a4, 304b3, 304b7

φλυαρία 蠢话，胡说
　　[拉] nuga, garrulitas
　　[德] Geschwätz, Torheit
　　[英] talk nonsense, play the fool
　　304b5

φοβέω (φοβέομαι, φέβομαι) 担心，害怕
　　[拉] vereor
　　[德] fürchten, sich scheuen
　　[英] fear, be afraid of
　　282a7, 292d6, 296a8, 296b1, 301e10

φράζω 说明，解释，揭示
　　[拉] expono, explano, interpretor
　　[德] anzeigen, erklären
　　[英] point out, show, explain
　　293d6, 298c9

φρόνησις 明智，审慎，真正的知识
　　[拉] prudentia
　　[德] Einsicht, Gesinnung
　　[英] prudence, practical wisdom
　　281d1, 297b4

φροντίζω 考虑，操心，在意，放在心上
　　[拉] curo, cogito
　　[德] nachdenken, sorgen für
　　[英] consider, ponder
　　288d5

φύρω 混合，弄糊涂
　　[拉] misceo
　　[德] vermischen
　　[英] mix, jumble together, confuse
　　291a8

φύσις 自然，本性
　　[拉] natura
　　[德] Natur
　　[英] nature
　　293e4, 300c3

φύω 生，生长，产生
　　[拉] nascor
　　[德] erzeugen, wachsen, schaffen
　　[英] beget, bring forth, produce
　　295d7, 301b6

χαίρω 高兴，满意，喜欢
　　[拉] gaudeo, laetor, delector
　　[德] sich freuen
　　[英] rejoice, be glad
　　284c8, 285b7, 285c3, 285e4, 285e10,

297e5, 304b4

χαλεπαίνω 动怒
　　［拉］irrito, irascor
　　［德］wüten, zürnen
　　［英］to be angry with
　　302a1

χαλεπός (adv.χαλεπῶς) 困难的，艰难的，难对付的，痛苦的
　　［拉］difficilis, molestus
　　［德］schwer, schlimm
　　［英］difficult, painful, grievous
　　287b1, 290c1, 292c5, 295a3, 304e8

χάρις 满意，感激
　　［拉］gratia
　　［德］Dank, Wohlwollen
　　［英］thankfulness, gratitude, gratification, delight
　　291b1

χείρ 手
　　［拉］manus
　　［德］Hand
　　［英］hand
　　290b4

χειρόω 弄到手，制服，俘虏
　　［拉］vi supero, subigo, domo
　　［德］überwältigen
　　［英］to bring into hand, master, subdue
　　287a2

χείρων 更坏的，更差的
　　［拉］deterior
　　［德］schlechter
　　［英］worse, inferior
　　284c3

χοῦς 罐，桶
　　［拉］poculum
　　［德］Kanne
　　［英］pitcher
　　288d9

χράω (χράομαι) 利用，使用，运用
　　［拉］utor
　　［德］benutzen, gebrauchen
　　［英］use, make use of
　　286a1, 299b5

χρή (χρεών) 必须……，应该……
　　［拉］opus est, oportet, licet
　　［德］es ist nötig, man muß
　　［英］it is necessary, one must or ought to do
　　281c2, 283e5, 286a4, 289a1, 293e10, 304b4, 304b8

χρῆμα 钱财，财物，必需之物
　　［拉］divitia, pecunia
　　［德］Reichtum, Geld
　　［英］money, treasures
　　281b7, 282b8, 282c5, 282e7, 283a5, 283d2, 283d4, 284a6, 284b1, 284c6, 304b3

χρήσιμος 有用的，有益的
　　［拉］utilis, commodus
　　［德］brauchbar, nützlich
　　［英］useful, serviceable
　　295c3, 295c6, 295d8, 295e1, 295e6, 295e8, 296c6, 296c7, 296d3, 296d5, 296d6, 296d8, 297d4

χρησμός 神的答复，神示，神谕
　　［拉］vaticinium, oraculum
　　［德］Orakelspruch, Prophezeiung

[英] oracular response, oracle
288b9

χρόνος 时间
    [拉] tempus
    [德] Zeit
    [英] time
    281a1, 282e2, 295a4

χρύσεος 黄金的，金的
    [拉] aureus
    [德] golden
    [英] golden
    290b3, 290b4, 290d9, 290e10, 291a1, 291b3, 291b6, 301a3

χρυσός (χρυσίον) 黄金
    [拉] aurum
    [德] Gold
    [英] gold
    285b2, 289e3, 289e6, 290b6, 290d1, 291c7, 291c8, 293e2

χύτρα 陶器
    [拉] olla
    [德] Topf
    [英] earthen pot, pipkin
    288c10, 288d6, 288d8, 288e1, 288e4, 289a4, 289b1, 290d8, 290e6, 290e8, 293c3

χώρα (χωρίον) 地点，位置
    [拉] locus
    [德] Ort
    [英] place, position
    282e3

χωρέω 前进，前行；容纳
    [拉] procedere, succedo, capio
    [德] sich fortbewegen, enthalten
    [英] to go forward, contain
    288d9

ψέγω 指责，非难
    [拉] vitupero
    [德] tadeln
    [英] blame, censure
    286c6

ψυχή 灵魂，性命
    [拉] anima, animus
    [德] Seele
    [英] soul
    296d8, 300c10

ὠφέλεια 益处，好处，帮助
    [拉] utilitas
    [德] Hilfe, Nutzen
    [英] help, profit, advantage, utility
    284d2

ὠφελέω 帮助，有益
    [拉] juvo, utilitatem capio
    [德] helfen, nützen
    [英] help, benefit
    281c1, 283d5, 285a7, 304e6, 304e7

ὠφέλιμος (adv. ὠφελίμως) 有好处的，有益的，有帮助的
    [拉] utilis
    [德] nützlich
    [英] useful, beneficial
    284e6, 284e10, 285a3, 296e2, 296e4, 296e5, 296e7, 297d4, 303e9, 303e11

专名索引

神话与传说

Ἀθήνη 雅典娜，290b2

Αἰακός 埃阿科斯，292e10

Ἀχιλλεύς 阿喀琉斯，292e8

Δάρδανος 达耳达诺斯，293b6

Δαίδαλος 代达罗斯，282a1

Ζεύς 宙斯，281d3，283b7，285c6，285e3，286a3，286e5，294e10，297c3，297c5，297c9，297c10

Ζῆθος 仄托斯，293b6

Ἥρα 赫拉，287a2，291e4

Ἡρακλῆς 赫拉克勒斯，290d10，293a9

Νεοπτόλεμος 涅俄普托勒摩斯，286a8

Νέστωρ 涅斯托耳，286b1，286b3

Πέλοψ 珀罗普斯，293b7

Τάνταλος 坦塔罗斯，293b6

人名

Ἀναξαγόρας 阿那克萨戈拉，281c6，283a4

Ἀπήμαντος 阿珀曼托斯，286b7

Βίας 比阿斯，281c5，281d9

Γοργίας 高尔吉亚，282b4

Εὔδικος 欧狄科斯，286b7

Ἡράκλειτος 赫拉克利特，289a3，289b3

Θαλῆς 泰勒斯，281c6

Ἱππίας 希庇阿斯，281a1，281b5，281c3，281d9，282b1，282e9，283c2，284b4，284d1，284e3，285a4，285a5，285b7，285e3，286c3，287a2，287c2，287d6，287e5，288a6，288c1，288c7，288d4，289a1，289a5，289a6，289b6，289e7，290b8，290c6，290e4，291b5，291d4，291e3，292b5，292d7，292e1，293c8，294a8，294c8，294e7，295a7，296a5，296d2，296d7，296e6，297a2，297c10，297d10，298a1，298b3，298b7，298c5，298d7，298e4，299a6，299b5，300a4，300c4，300e1，301c4，301e4，301e7，302b5，303b1，303c8，303d5，303e4，304a2，304b7，304e7

Πιττακός 庇塔科斯，281c5

Πρόδικος 普洛狄科斯，282c2

Πρωταγόρας 普罗塔戈拉，282d5，262d8

Σόλων 梭伦，285e4

Σωκράτης 苏格拉底，281a3，281c9，282a4，282d6，283b7，283c5，283d1，

284a4, 284b6, 284c2, 284e1, 285b1,
285d6, 285e7, 286a3, 286c8, 286e5,
287d4, 287e3, 288a3, 288a8, 288b8,
288c4, 288d1, 288e3, 288e6, 289a7,
289a9, 289b8, 289c2, 289d6, 289e9,
290a7, 290d10, 291a3, 291b4,
291b7, 291e8, 292b7, 292c1,
292c6, 292e4, 293a3, 293c6, 293d5,
293d6, 293e8, 294c3, 294d4, 294e6,
294e10, 295a3, 295e6, 296a1,
296a6, 296b1, 296d1, 296d4, 296e6,
297b8, 298a9, 298b5, 298c8, 298d7,
298e5, 299b6, 300b6, 300c7, 300d5,
300e7, 301b2, 301d2, 301e9, 302a6,
303c7, 304a4

Σωφρονίσκος 索佛洛尼斯科斯，298b11
Φειδίας 斐狄阿斯，290a5, 290a9, 290b1
Φειδοστράτος 斐多斯特剌托斯，286b5

地名

Ἀθῆναι 雅典，281a2
Ἑλλάς 希腊，284a5
Ἦλις 埃利斯，281a3

Θετταλία (Θεσσαλία) 忒塔利亚，284a5
Ἴνυκός 伊倪科斯，282e4, 283c5, 284b4
Κέως 刻俄斯，282c4
Λακεδαίμων 拉栖岱蒙，281b3，283b6,
　　283e3, 283e9, 284b1
Σικελία (Σικελός) 西西里岛，282d8,
　　284b3
Τροία 特洛伊，286a8

其他

Ἕλληνες (Ἕλλην) 希腊人，291a8,
　　291d10
Ἑλληνικός (Ἑλλήνιος) 希腊人的，284b2
Ἠλεῖος 埃利斯人，287c1, 292e9
Λακεδαιμόνιος 拉栖岱蒙人，283c8,
　　283d1, 283d6, 284b6, 284b8,
　　284e10, 285a5, 285b1, 285e3, 286a1
Λάκων 拉孔人，285b5
Λεοντῖνος 勒昂提诺伊人，282b5, 282b6
Μιλήσιος 米利都人，281c6
Σικελιώτης 西西里岛的希腊人，283c7
Σπαρτιάτης 斯巴达人，283c6

参考文献

（仅限于文本、翻译与评注）

1. *Platon: Platonis Philosophi Quae Extant, Graece ad Editionem Henrici Stephani Accurate Expressa, cum Marsilii Ficini Interpreatione*, 12 Voll. Biponti (1781–1787).
2. F. Ast, *Platonis quae exstant opera, Graece et Laine*, 11 Bände. Lipsiae (1819–1832).
3. I. Bekker, *Platonis Scripta Graece Opera*, 11 Voll. Londini (1826).
4. H. Cary, G. Burges, *The Works of Plato, a new and literal version, chiefly from the text of Stallbaum*, 6 vols. London (1848–1854).
5. F. Schleiermacher, *Platons Werke*, Zweiten Theiles Dritter Band, Dritte Auflage. Berlin (1861).
6. H. Müller, *Platons Sämmtliche Werke*, 8 Bände. Leipzig (1850–1866).
7. G. Stallbaum, *Platonis opera omnia, Recensuit, Prolegomenis et Commentariis, Vol. IV. Sect. II. Continens Menexenum, Lysidem, Hippiam Utrumque, Ionem*. Gothae (1857).
8. W. William, *Platonic Dialogues for English Readers*, 3 Vols. Cambridge (1859–1861).
9. R. B. Hirschigius, *Platonis Opera, ex recensione R. B. Hirschigii, Graece et Laine*, Volumen Primum. Parisiis, Editore Ambrosio Firmin Didot (1865).
10. B. Jowett, *The Dialogues of Plato*, in Five Volumes, Third Edition. Oxford (1892).
11. J. Burnet, *Platonis Opera*, Tomus I–V. Oxford (1901–1905).
12. G. Budé / M. Croiset, *Platon: Œuvres complètes*, Tome 2. Texte établi et traduit par Alfred Croiset. Paris (1921).
13. O. Apelt, *Platon: Sämtliche Dialoge*, 7 Bände. Leipzig (1922–1923).

14. H. N. Fowler, *Plato: Cratylus, Parmenides, Greater Hippias, Lesser Hippias*. Loeb Classical Library. Harvard University Press (1926).
15. *Platon: Sämtliche Werke*, in 3 Bänden. Verlag Lambert Schneider, Berlin (1940).
16. Hamilton and Huntington Cairns, *The Collected Dialogues of Plato*. Princeton (1961).
17. R. Rufener, *Platon: Jubiläumsausgabe Sämtlicher Werke zum 2400. Geburtsage, in Achte Bänden*. Artemis Verlage Zürich und München (1974).
18. P. Woodruff, *Plato: Hippias Major, Translated with Commentary and Essays*. Oxford (1982).
19. T. J. Saunders, *Early Socratic Dialogues*. Penguin Books (1987).
20. B. Vancamp, *Platon: Hippias Maior - Hippias Minor*. Franz Steiner Verlag Stuttgart (1996).
21. J. M. Cooper, *Plato Complete Works, Edited, with Introduction and Notes, by John M. Cooper*. Indianapolis / Cambridge (1997).
22. E. Heitsch, *Platon: Größerer Hippias, Übersetzung und Kommentar*. Vandenhoeck & Ruprecht, Göttingen (2011).
23. G. Eigler, *Platon: Werke in acht Bänden, Griechisch und deutsch, Der griechische Text stammt aus der Sammlung Budé, Übersetzungen von Friedrich Schleiermacher und Hieronymus Müller*. Darmstadt: Wissenschaftliche Buchgesellschaft (7. Auflage 2016).
24. 《柏拉图文艺对话集》，朱光潜译，北京：商务印书馆，2017 年。
25. 《美事艰难：柏拉图〈希琵阿斯前篇〉义疏》，王江涛著，上海：上海人民出版社，2018 年。
26. 《政治哲学之根：被遗忘的十篇苏格拉底对话》，托马斯·潘戈尔编，韩潮等译，北京：商务印书馆，2019 年。

图书在版编目(CIP)数据

大希庇阿斯:希汉对照/(古希腊)柏拉图著;溥林译.—北京:商务印书馆,2023(2023.7重印)
(希汉对照柏拉图全集)
ISBN 978-7-100-21185-7

Ⅰ.①大…　Ⅱ.①柏…②溥…　Ⅲ.①柏拉图(Platon 前 427—前 347)—哲学思想—希、汉　Ⅳ.①B502.232

中国版本图书馆 CIP 数据核字(2022)第 083898 号

权利保留,侵权必究。

希汉对照
柏拉图全集
Ⅶ.1

大希庇阿斯

溥林　译

商务印书馆出版
(北京王府井大街36号　邮政编码100710)
商务印书馆发行
北京通州皇家印刷厂印刷
ISBN 978-7-100-21185-7

2023年1月第1版　开本 710×1000　1/16
2023年7月北京第2次印刷　印张 12¼
定价:78.00元